Z 2628
A 2

TRAITÉ
SUR LES
APPARITIONS
DES ESPRITS,
ET
SUR LES VAMPIRES,
OU LES REVENANS
de Hongrie, de Moravie, &c.

Par le R. P. Dom AUGUSTIN CALMET, *Abbé de Sénones.*

Nouvelle édition revûe, corrigée & augmentée par l'Auteur :

Avec une lettre de MONSIEUR LE MARQUIS MAFFEI *sur la Magie.*

TOME II.

A PARIS,
Chez DEBURE l'aîné, Quai des Augustins, à l'image S. Paul.

M. D. CC. LI.
Avec Approbation & Privilege du Roi.

PRÉFACE.

CHAQUE siécle, chaque nation, chaque pays a ses préventions, ses maladies, ses modes, ses penchans, qui les caractérisent, & qui passent & se succedent les uns aux autres; souvent ce qui a paru admirable en un tems, devient pitoyable & ridicule dans un autre. On a vû des siécles où tout étoit tourné à certaines dévotions, certains genres d'études, certains exercices. On sçait que pendant plus d'un siécle le goût dominant de l'Europe étoit le voyage de Jérusalem. Les Rois, les Princes, les Seigneurs, les Evêques, les Ecclésiastiques, les Religieux, tous y couroient en foule. Les pélerinages de Rome ont été autrefois très-fréquens & très-fameux. Tout cela est tombé. On a vû des Provinces inondées de Flagellans, & il n'en est demeuré de reste que dans les confrairies de Pénitens qui subsistent en plusieurs endroits.

Nous avons vû dans ces pays-ci des sauteurs & des danseurs, qui à chaque instant sautoient & dansoient dans les rues, dans les places & jusques dans les Eglises. Les Convulsionaires de nos jours semblent les avoir fait revivre ; la postérité s'en étonnera, comme nous nous en raillons aujourd'hui. Sur la fin du siecle seizième & au commencement du dix-septiéme, on ne parloit en Lorraine que de Sorciers & de Sorcieres. Il n'en est plus question depuis long-tems. Lorsque la Philosophie de Monsieur Descartes parut, quelle vogue n'eut-elle pas ? On méprisa l'ancienne Philosophie ; on ne parla plus que d'expériences physiques, de nouveaux systêmes, de nouvelles découver-

PRÉFACE. v

tes. M. Newton vient de paroître : tous les Esprits sont tournés de son côté. Le système de M. Law, les billets de Banque, les fureurs de la rue Quinquampoix, quels mouvemens n'ont-ils pas causés dans le Royaume ? C'est une espece de convulsion qui s'étoit emparée des François.

Dans ce siecle une nouvelle scene s'offre à nos yeux depuis environ soixante ans dans la Hongrie, la Moravie, la Silésie, la Pologne : on voit, dit-on, des hommes morts depuis plusieurs mois, revenir, parler, marcher, infester les villages, maltraiter les hommes & les animaux, sucer le sang de leurs proches, les rendre malades, & enfin leur causer la mort; en sorte qu'on ne peut se délivrer de leurs dangereuses visites & de leurs infestations, qu'en les exhumant, les empalant, leur coupant la tête, leur arrachant le cœur, ou les brûlant. On donne à ces Revenans le nom d'Oupires, ou Vampires, c'est-à-dire sangsues, & l'on en raconte des particularités si singulieres, si détaillées, & revêtues de circonstances si probables, & d'informations si juridiques, qu'on ne peut presque pas se refuser à la croyance que l'on a dans ces pays, que ces Revenans paroissent réellement sortir de leurs tombeaux, & produire les effets qu'on en publie.

L'Antiquité n'a certainement rien vû ni connu de pareil. Qu'on parcoure les Histoires des Hébreux, des Egyptiens, des Grecs, des Latins; on n'y rencontrera rien qui en approche.

Il est vrai que l'on remarque dans l'Histoire, mais rarement, que certaines personnes après avoir été quelque tems dans leurs tombeaux & tenues pour mortes, sont revenues en vie. On verra même, que les Anciens ont crû

PREFACE. vij

que la Magie pouvoit donner la mort, & évoquer les Ames des trépaſſés. On cite quelques paſſages, qui prouvent qu'en certain tems on s'eſt imaginé que les Sorciers ſuçoient le ſang des hommes & des enfans, & les faiſoient mourir. On vit auſſi au douziéme ſiecle en Angleterre & en Dannemarck quelques Revenans ſemblables à ceux de Hongrie. Mais en nulle Hiſtoire on ne lit rien d'auſſi commun ni auſſi marqué que ce qu'on nous raconte des Vampires de Pologne, de Hongrie & de Moravie.

L'Antiquité Chrétienne fournit quelques exemples de perſonnes excommuniées, qui ſont ſorties viſiblement & à la vûe de tout le monde de leurs tombeaux & des Egliſes, lorſque le Diacre ordonnoit aux Excommuniés & à ceux qui ne communioient point aux ſaints Myſteres de ſe retirer. Depuis pluſieurs ſiecles on ne voit plus rien de semblable, quoiqu'on n'ignore pas que les corps de plusieurs Excommuniés, morts dans l'Excommunication & dans les Censures, sont inhumés dans les Eglises.

La créance des nouveaux Grecs, qui veulent que les corps des Excommuniés ne pourrissent point dans leurs tombeaux, est une opinion qui n'a nul fondement, ni dans l'Antiquité, ni dans la bonne Théologie, ni même dans l'Histoire. Ce sentiment paroît n'avoir été inventé par les nouveaux Grecs Schismatiques, que pour s'autoriser & s'affermir dans leur séparation de l'Eglise Romaine. L'Antiquité Chrétienne croyoit au contraire, que l'incorruptibilité d'un corps étoit plûtôt une marque probable de la sainteté de la personne, & une preuve de la protection particuliére de Dieu sur un corps, qui a été pendant sa vie le Temple

PRÉFACE.

du saint Esprit, & sur une personne qui a conservé dans la justice & l'innocence le caractere du Christianisme.

Les Brucolaques de la Grece & de l'Archipel sont encore des Revenans d'une nouvelle espéce. On a peine à se persuader, qu'une Nation aussi spirituelle que la Grecque ait pû donner dans une idée aussi extraordinaire que celle-là. Il faut que l'ignorance ou la prévention soient extrêmes parmi eux, puisqu'il ne s'y est trouvé ni Ecclésiastique ni autre Ecrivain, qui ait entrepris de les détromper sur cet article.

L'imagination de ceux qui croyent que les morts mâchent dans leurs tombeaux, & font un bruit à peu-près semblable à celui que les porcs font en mangeant, est si ridicule, qu'elle ne mérite pas d'être sérieusement réfutée.

J'entreprens de traiter ici la matiére des Revenans ou des Vampires de Hongrie, de Moravie, de Silésie & de Pologne, au hazard d'être critiqué de quelque maniere que je m'y prenne: ceux qui les croyent véritables m'accuseront de témérité & de présomption, de les avoir révoqués en doute, ou même d'en avoir nié l'existence & la réalité; les autres me blâmeront d'avoir employé mon tems à traiter cette matiere, qui passe pour frivole & inutile dans l'esprit de bien des gens de bon sens. De quelque maniere qu'on en pense, je me saurai bon gré d'avoir approfondi une question, qui m'a paru importante pour la Religion: car si le Retour des Vampires est réel, il importe de le défendre & de le prouver; & s'il est illusoire, il est de conséquence pour l'intérêt de la Religion de détromper ceux qui le croyent véritable, & de détruire une erreur qui peut avoir de très-dangereuses suites.

TABLE
DES CHAPITRES
contenus dans ce second Volume.

CHAPITRE I. *La Résurrection d'un mort est l'ouvrage de Dieu seul*, 1

CHAP. II. *Résurrection de gens qui n'étoient pas vraiment morts*, 7

CHAP. III. *Résurrection d'un homme enterré depuis trois ans, ressuscité par S. Stanislas*, 10

CHAP. IV. *Un homme réellement mort peut-il paroître en son propre corps*, 15

CHAP. V. *Résurrection ou Apparition d'une fille morte depuis quelques mois*, 22

CHAP. VI. *Femme tirée vivante de son tombeau*, 29

CHAP. VII. *Revenans ou Vampires de Moravie*, 31

CHAP. VIII. *Morts de Hongrie qui sucent le sang des vivans*, 37

CHAP. IX. *Récit d'un Vampire, tiré des Lettres Juives, Lettre 137*, 39

CHAP. X. *Autres exemples de Revenans. Continuation du Glaneur*, 41

TABLE

CHAP. XI. *Raisonnement de l'Auteur des Lettres Juives sur les Revenans,* 46

CHAP. XII. *Suite du raisonnement du Glaneur Hollandois,* 54

CHAP. XIII. *Récit tiré du Mercure galant de 1693. & 1694. sur les Revenans,* 60

CHAP. XIV. *Conjectures du Glaneur de Hollande,* 61

CHAP. XV. *Autre lettre sur les Revenans,* 68

CHAP. XVI. *Vestiges prétendus du Vampirisme dans l'Antiquité,* 73

CHAP. XVII. *Revenans dans les pays Septentrionaux,* 82

CHAP. XVIII. *Revenans en Angleterre,* 84

CHAP. XIX. *Revenans au Pérou,* 86

CHAP. XX. *Revenans dans la Laponie,* 88

CHAP. XXI. *Retour d'un homme mort depuis quelques mois,* 89

CHAP. XXII. *Excommuniés qui sortent des Eglises,* 98

CHAP. XXIII. *Autres exemples des Excommuniés rejettés hors de la terre Sainte,* 102

CHAP. XXIV. *Exemple d'un Martyr excommunié rejetté hors de la terre,* 105

CHAP. XXV. *Homme rejetté hors de l'Eglise pour avoir refusé de payer la dîme,* 107

CHAP. XXVI. *Exemples de personnes qui ont donné des signes de vie après leur mort, & qui se sont retirées par respect pour faire place à de plus dignes,* 109

CHAP. XXVII. *Gens qui vont en pélerinage après leur mort,* 113

CHAP. XXVIII. *Raisonnement sur les Excommuniés qui sortent des Eglises,* 116

CHAP. XXIX. *Les Excommuniés pourrissent-ils en terre,* 122

CHAP. XXX. *Exemples pour montrer que les Excommuniés ne pourrissent point, & apparoissent aux vivans,* 124

CHAP. XXXI. *Exemples de ces retours des Excommuniés,* 127

CHAP. XXXII. *Broucolaque exhumé en présence de Monsieur de Tournefort,* 131

CHAP. XXXIII. *Le Démon a-t'il pouvoir de faire mourir, puis de rendre la vie à un mort,* 140

CHAP. XXXIV. *Examen du sentiment, qui veut que le Démon puisse rendre le mouvement à un corps mort,* 144

CHAP. XXXV. *Exemples de Fantômes qui ont apparu vivans, & ont donné plusieurs signes de vie.* 151

CHAP. XXXVI. *Dévouement pour faire mourir, pratiqué par les Payens.* 155

CHAP. XXXVII. *Exemples de dévouement parmi les Chrétiens.* 161

CHAP. XXXVIII. *Exemples de personnes qui se sont promis de se donner après leur mort des nouvelles de l'autre monde.* 170

CHAP. XXXIX. *Extrait des Ouvrages politiques de M. l'Abbé de S. Pierre.* 180

CHAP. XL. *Divers systêmes pour expliquer le retour des Revenans.* 193

CHAP. XLI. *Divers exemples de personnes enterrées encore vivantes.* 198

CHAP. XLII. *Exemples de personnes noyées, qui sont revenues en santé.* 203

CHAP. XLIII. *Exemples de femmes qu'on a crûes mortes, & qui sont revenues.* 207

CHAP. XLIV. *Peut-on faire l'application de ces exemples aux Revenans de Hongrie.* 211

CHAP. XLV. *Morts qui mâchent comme des porcs dans leurs tombeaux, &*

DES CHAPITRES. xv

qui dévorent leur propre chair, 213

CHAP. XLVI. *Exemple singulier d'un Revenant de Hongrie,* 216

CHAP. XLVII. *Raisonnement sur cette matiére,* 219

CHAP. XLVIII. *Les Vampires ou Revenans sont-ils véritablement morts,* 222

CHAP. XLIX. *Exemple d'un nommé Curma renvoyé au monde,* 238

CHAP. L. *Exemples de personnes qui s'extasient quand elles veulent, & qui demeurent sans aucun sentiment,* 247

CHAP. LI. *Application de ces exemples aux Vampires,* 251

CHAP. LII. *Examen du sentiment, qui veut que le Démon fascine les yeux de ceux à qui les Vampires apparoissent,* 260

CHAP. LIII. *Exemples de Ressuscités, qui racontent ce qu'ils ont vû dans l'autre vie,* 264

CHAP. LIV. *Les traditions des Payens sur l'autre vie viennent des Hébreux & des Egyptiens,* 270

CHAP. LV. *Exemples de Chrétiens ressuscités & renvoyés au monde. Vision de Vetin Moine d'Augie,* 276

CHAP. LVI. *Vision de Bertholde rapportée par Hincmar Archevêque de*

Reims, 280
CHAP. LVII. *Vision de S. Fursi*, 283
CHAP. LVIII. *Vision d'un Protestant d'Yorck, & autres*, 286
CHAP. LIX. *Conclusion de cette Dissertation*, 294
CHAP. LX. *Impossibilité morale que les Revenans sortent de leurs tombeaux*, 299
CHAP. LXI. *Ce qu'on raconte des corps des Excommuniés qui sortent de l'Eglise, est sujet à de très-grandes difficultés*, 303
CHAP. LXII. *Remarques sur la Dissertation touchant l'Esprit revenu à S. Maur des Fossés*, 316
CHAP. LXIII. *Dissertation d'un Anonyme, sur ce qu'on doit penser de l'apparition des Esprits, à l'occasion de l'aventure arrivée à S. Maur en 1706.* 333

Lettre de Monsieur le Marquis Maffei sur la Magie, 383
Lettre du R. P. Dom Calmet à M. Debure, 473

Fin de la Table des Chapitres
du Tome second.

DISSERTATION

DISSERTATION SUR LES REVENANS EN CORPS,

LES EXCOMMUNIE'S,

LES OUPIRES OU VAMPIRES,

BRUCOLAQUES, &c.

CHAPITRE I.

La Résurrection d'un Mort est l'ouvrage de Dieu seul.

APRES avoir traité dans une Dissertation particuliere la matiere des Apparitions des Anges, des Démons & des Ames séparées du corps, la connexité de la matiere m'invite à parler aussi des

Revenans, des Excommuniés, que la terre rejette, dit-on, de son sein, des Vampires de Hongrie, de Silésie, de Bohême, de Moravie, & de Pologne, & des Brucolaques de Grece. Je rapporterai d'abord ce qu'on en a dit & écrit; puis j'en tirerai quelques conséquences, & j'apporterai les raisons qu'on peut produire pour & contre leur existence & leur réalité.

Les Revenans de Hongrie, ou les Vampires, qui sont le principal objet de cette Dissertation, sont des hommes morts depuis un tems considérable, quelquefois plus quelquefois moins long, qui sortent de leurs tombeaux & viennent inquiéter les vivans, leur sucent le sang, leur apparoissent, font le tintamare à leurs portes & dans leurs maisons, & enfin leur causent souvent la mort. On leur donne le nom de Vampires ou d'Oupires, qui signifie, dit-on, en Esclavon une sang-suë. On ne se délivre de leurs infestations, qu'en les déterrant, en leur coupant la tête, en les empalant, ou les brûlant, ou leur perçant le cœur.

On a proposé plusieurs systêmes pour expliquer le Retour & ces Apparitions des Vampires. Quelques-uns les ont niées

& rejettées comme chimériques, & comme un effet de la prévention & de l'ignorance du Peuple de ces pays, où l'on dit qu'ils reviennent.

D'autres ont crû que ces gens n'étoient pas réellement morts, mais qu'ils avoient été enterrés tout vivans, & qu'ils revenoient d'eux-mêmes naturellement, & sortoient de leurs tombeaux.

D'autres croyent que ces gens sont très-réellement morts ; mais que Dieu par une permission, ou un commandement particulier, leur permet ou leur ordonne de revenir & de reprendre pour un tems leur propre corps : car quand on les tire de terre, on trouve leurs corps entiers, leur sang vermeil & fluide, & leurs membres souples & maniables.

D'autres soûtiennent que c'est le Démon qui fait paroître ces Revenans, & qui fait par leur moyen tout le mal qu'ils causent aux hommes & aux animaux.

Dans la supposition que les Vampires ressuscitent véritablement, on peut former sur leur sujet une infinité de difficultés. Comment se fait cette Résurrection ? est-ce par les forces du Revenant, par le retour de son Ame dans son corps ? est-ce un Ange, est-ce un Démon qui le ranime ? est-ce par l'ordre ou par la permission de Dieu qu'il ressuscite ? cette Résurrection est-elle volontaire de sa part & de son choix ? est-elle pour long-tems, comme celle des personnes à qui Jésus-Christ a rendu la vie, ou celle des personnes ressuscitées par les Prophetes & par les Apôtres ? ou est-elle seulement momentanée, & pour peu de jours ou pour peu d'heures, comme la résurrection que S. Stanislas opéra sur le Seigneur qui lui avoit vendu un champ, ou celle dont il est parlé dans la vie de S. Macaire d'Egypte & de S. Spiridion, qui firent parler des morts simplement pour rendre témoignage à la vérité, & puis les laisserent dormir en paix, attendant le dernier jour du Jugement ?

Je pose d'abord pour principe indubitable, que la Résurrection d'un mort vraiment mort est l'effet de la seule puissance de Dieu. Nul homme ne peut ni se ressusciter, ni rendre la vie à un autre homme, sans un miracle visible.

Jésus-Christ s'est ressuscité, comme il l'avoit promis : il l'a fait par sa propre vertu ; il l'a fait avec des circonstances toutes miraculeuses. S'il s'étoit ressuscité aussi-tôt qu'il fut descendu de la Croix, l'on auroit pû croire qu'il n'étoit pas bien mort, qu'il restoit encore en lui des semences de vie, qu'on auroit pû les réveiller en le réchauffant, ou en lui donnant des cordiaux & quelque chose capable de faire revenir ses esprits.

Mais il ne ressuscite qu'au troisiéme jour. Il avoit, pour ainsi dire, été tué même après sa mort, par l'ouverture que l'on fit de son côté avec une lance, qui le perça jusqu'au cœur, & qui lui auroit donné la mort, s'il n'eût pas été hors d'état de la recevoir.

Lorsqu'il ressuscita le Lazare (a) il attendit qu'il eût été quatre jours dans le tombeau, & qu'il commençât à se corrompre; ce qui est la marque la plus assurée qu'un homme est réellement décédé, sans espérance de retour à la vie, sinon par des voies surnaturelles.

La Résurrection que Job attendoit si fermement (b); & celle de cet homme qui ressuscita en touchant le corps du Prophete Elisée dans son tombeau (c); & l'enfant de la veuve de Sunam, à qui

(a) *Joan.* xj. 39.
(b) *Job.* xxj. 25.
(c) *III. Reg.* xiij. 21. 22.

le même Elisée rendit la vie (a); cette armée de squeletes, dont Ezechiel prédit la Résurrection (b), & qu'il vit en esprit s'exécuter à ses yeux, comme une figure & un gage du retour des Hébreux de leur captivité de Babylone; enfin toutes les Résurrections rapportées dans les livres sacrés de l'Ancien & du Nouveau Testament, sont des effets manifestement miraculeux, & attribués à la seule Toute-Puissance de Dieu. Ni les Anges, ni les Démons, ni les hommes les plus saints & les plus favorisés de Dieu, ne sçauroient par leur propre puissance rendre la vie à un mort réellement mort. Ils ne le peuvent que par la vertu de Dieu, qui quand il le juge à propos, est le maître d'accorder cette grace à leurs prieres & à leur intercession.

(a IV. Reg. iv.
(b) Ezech. xxxvij. 1. 2. 3.

CHAPITRE II.

Résurrections de gens qui n'étoient pas vraiment morts.

LEs Résurrections de quelques personnes qu'on avoit crûes mortes, & qui ne l'étoient pas, mais simplement endormies ou attaquées de létargie; & de celles que l'on tenoit pour mortes, ayant été noyées, & qui sont revenuës par le soin qu'on en a pris, par les remedes qu'on leur a donnés, ou par l'adresse des Médecins; ces sortes de gens ne doivent point passer pour vraiment ressuscités : ils n'étoient pas morts, ou ils ne l'étoient qu'en apparence.

Nous avons dessein de parler ici d'une autre sorte de gens ressuscités, qui étoient enterrés quelquefois depuis plusieurs mois, ou même depuis plusieurs années; qui auroient dû être étouffés dans leurs tombeaux, quand ils auroient été enterrés tout vivans; & dans qui l'on trouve encore des signes de vie, le sang liquide, les chairs entieres, le coloris beau & vermeil, les membres flexibles & maniables. Ces gens qui revien-

8 Dissertation sur les

nent ou le jour ou la nuit, inquiétent les vivans, leur fucent le fang, les font mourir, paroiſſent avec leurs habits dans leurs familles, s'aſſeyent à table, & font milles autres choſes, puis retournent dans leurs tombeaux, fans qu'on voie comment ils y fon rentrés. Ce font des eſpeces de Réſurrections momentanées : car au lieu que les autres morts dont parle l'Ecriture, ont vêcu, bû, mangé & converſé avec les autres hommes après leur Réſurrection, comme Lazare frere de Marie & de Marthe (a), & le fils de la veuve de Sunam reſſuſcité par Eliſée (b) ; ceux-ci ne paroiſſent que pendant un certain tems, en certains pays, dans certaines circonſtances, & ne paroiſſent plus dès qu'on les a empalés ou brûlés, ou qu'on leur a coupé la tête.

Si cette derniere ſorte de Reſſuſcités n'étoient pas réellement morts, il n'y a de merveilleux dans leur retour au monde, que la maniere dont il ſe fait, & les circonſtances dont il eſt accompagné. Ces Revenans ſe réveillent ils ſimplement de leur ſommeil, ou re

(a) *Joan. xij.* 2.
(b) *IV. Reg. viij.* 5.

prennent-ils leurs esprits, comme ceux qui sont tombés en syncope, en foiblesse, ou en défaillance, & qui au bout d'un certain tems reviennent naturellement à eux-mêmes, lorsque le sang & les esprits animaux ont repris leur cours & leur mouvement naturel ?

Mais comment sortir de leurs tombeaux sans ouvrir la terre, & comment y rentrer sans qu'il y paroisse ? A-t-on vû des létargies, ou des pamoisons, ou des syncopes durer des années entieres ? Si l'on veut que ce soient des Résurrections réelles, a-t-on vû des morts se ressusciter eux-mêmes & par leur propre vertu ?

S'ils ne sont pas ressuscités par eux-mêmes, est-ce par la vertu de Dieu qu'ils sont sortis de leurs tombeaux ? Quelle preuve a-t-on, que Dieu s'en soit mêlé ? quel est l'objet de ces Résurrections ? Est-ce pour manifester les œuvres de Dieu dans ces Vampires ? Quelle gloire en revient-il à la Divinité ?

Si ce n'est pas Dieu qui les tire de leurs tombeaux, est-ce un Ange, est-ce un Démon, est-ce leur propre Ame ? L'Ame séparée du corps peut-elle y rentrer quand elle le veut, & lui donner une nouvelle vie, ne fût-ce que pour un quart d'heure ? Un Ange ou un Démon peuvent-ils rendre la vie à un mort ? Non sans doute, sans l'ordre, ou du moins sans la permission de Dieu. On a examiné ailleurs cette question du pouvoir naturel des Anges & des Démons sur les corps humains, & l'on a fait voir que ni la révélation, ni la raison, ne nous donnent aucune lumiere certaine sur ce sujet.

CHAPITRE III.

Résurrection d'un homme enterré depuis trois ans, ressuscité par saint Stanislas.

Toutes les vies des Saints sont pleines de Résurrections de morts; on pourroit en composer de gros volumes.

Ces Résurrections ont un rapport manifeste à la matiere que nous traitons ici, puisqu'il est question de personnes mortes, ou tenues pour telles, qui apparoissent en corps & en ame aux vivans, & qui vivent après leur Résurrection. Je me contenterai de rapporter l'Histoire de S. Stanislas Evêque de Cracovie, qui reſſuſcita un homme mort depuis trois ans, avec des circonſtances ſi ſingulieres & d'une façon ſi publique, que la choſe eſt au-deſſus de la plus ſévére critique : ſi elle eſt bien véritable, elle doit être conſidérée comme un des plus inſignes miracles qui ſe liſent dans l'Hiſtoire. On avance que la vie du Saint a été écrite ou du tems de ſon Martyre (*a*), ou peu de tems après, par

(*a*) *Les R R. P P. Bollandiſtes ont crû, que la vie de S. Staniſlas qu'ils ont fait imprimer, étoit ancienne & à peu près du tems du Martyre du Saint, ou du moins qu'elle étoit priſe ſur une vie d'un Auteur preſque contemporain & original.* Mais on m'a fait remarquer depuis la premiere Edition de cette Diſſertation, que la choſe n'étoit nullement certaine ; que Mr. Baillet ſur le 7 Mai, dans la table critique des Auteurs, avance que la vie de S. Staniſlas n'a été écrite que 400 ans après ſa mort, ſur des mémoires peu certains & mutilés. Et dans la vie du Saint, il avoue qu'il n'y a que la tradition des Ecrivains du pays, qui puiſſe rendre croyable celle de la Réſurrection de Pierre. Monſieur l'Abbé Fleuri tom. xiij. de l'Hiſtoire Eccleſ. L. 62. ſous l'an 1079. ne convient pas non plus de ce qui eſt écrit dans cette vie, ni de ce qui l'a ſuivi ; toutesfois le miracle de la Réſurrection de Pierre eſt rapporté comme certain dans un diſcours de Jean de Polemac, pronon-

différens Auteurs exactement informés: car le Martyre du Saint, & surtout la Résurrection du mort dont nous allons parler, ont été vûs & connus d'une infinité de personnes, de toute la Cour du Roi Boleslas; & cet événement s'étant passé en Pologne, où les Vampires sont fréquens encore aujourd'hui, regarde par cet endroit plus particulierement le sujet que nous traitons.

L'Evêque S. Stanislas ayant acheté d'un Gentilhomme nommé Pierre une terre située sur la Vistule, dans le territoire de Lublin, au profit de son Eglise de Cracovie, en donna le prix au vendeur en présence de témoins, & avec les solennités requises dans le pays, mais sans écritures: car alors on n'écrivoit que rarement en Pologne ces sortes de ventes & d'achats; on se contentoit de témoins. Stanislas entra en possession de cette terre par l'autorité du Roi; & son Eglise en jouit paisiblement pendant environ trois ans.

Dans l'intervalle, Pierre qui l'avoit venduë, vint à mourir. Le Roi de Pologne Boleslas, qui avoit conçu une haine implacable contre le S. Evêque,

cé au Concile de Constance l'an 1433. tom. xij. Concil. pag. 1397.

qui l'avoit repris librement de ses excès, cherchant l'occasion de lui faire peine, suscita les trois fils de Pierre & ses héritiers, & leur dit de répéter la terre, que leur Pere avoit venduë, sous prétexte qu'elle n'avoit pas été payée : il leur promit d'appuyer leur demande, & de la leur faire rendre. Ces trois Gentilshommes firent donc citer l'Evêque en la présence du Roi, qui étoit alors à Solec occupé à rendre la justice sous des tentes à la campagne, selon l'ancienne maniere du pays, dans l'assemblée générale de la Nation. L'Evêque fut cité devant le Roi, & soûtint qu'il avoit acheté & payé la terre en question. Les témoins n'oserent rendre témoignage à la vérité. Le lieu où se tenoit l'assemblée étoit fort près de Pietravin; c'étoit le nom de la terre contestée. Le jour commencoit à baisser, & l'Evêque couroit grand risque d'être condamné par le Roi & par ses Conseillers. Tout d'un coup comme inspiré de l'Esprit divin, il promit au Roi de lui amener dans trois jours Pierre son vendeur; la condition fut acceptée avec moquerie, comme impossible à exécuter.

Le saint Evêque se rend à Pietravin, demeure en prieres, & s'exerce au jeûne avec les siens pendant trois jours;

le troisiéme jour il va en habits Pontificaux, accompagné de son Clergé & d'une multitude de peuple, au tombeau de Pierre, fait lever la tombe, & creuser jusqu'à ce que l'on trouvât le cadavre du mort tout décharné & corrompu. Le Saint lui ordonne de sortir, & de venir rendre témoignage à la vérité devant le tribunal du Roi. Il se leve: on le couvre d'un manteau; le Saint le prend par la main & le mene vivant aux pieds du Roi. Personne n'eut la hardiesse de l'interroger; mais il prit la parole, & déclara qu'il avoit vendu de bonne foi la terre au Prélat, & qu'il en avoit reçu le prix: après quoi il reprit sévérement ses fils, qui avoient ainsi malicieusement accusé le S. Evêque.

Stanislas lui demanda s'il souhaitoit rester en vie pour faire pénitence: il le remercia, & dit qu'il ne vouloit pas s'exposer de nouveau au danger de pécher. Stanislas le reconduisit à son tombeau; & y étant arrivé, il s'endormit de nouveau au Seigneur. On peut juger qu'une pareille scene eut une infinité de témoins, & que toute la Pologne en fut informée dans le moment. Le Roi n'en fut que plus irrité contre le Saint. Il le tua quelque tems après de sa propre main, comme il sortoit de l'Autel, & fit couper son corps en 72 parties, afin qu'on ne pût les rassembler, pour leur rendre le culte qui leur étoit dû, comme au corps d'un Martyr de la vérité, & de la liberté pastorale.

Venons à présent à ce qui fait le principal sujet de ces recherches, qui sont les Vampires ou Revenans de Hongrie & de Moravie, & autres pareils, qui paroissent seulement pour peu de tems dans leurs corps naturels.

CHAPITRE IV.

Un homme réellement mort peut-il apparoître en son propre corps ?

SI ce qu'on raconte des Vampires étoit bien vrai, la question que nous faisons ici seroit frivole & inutile ; on répondroit tout de suite : on voit tous les jours en Hongrie, en Moravie & en Pologne des personnes mortes & enterrées depuis long-tems, revenir, apparoître, tourmenter les hommes & les animaux, leur sucer le sang, les faire mourir.

Ces personnes reviennent dans leurs propres corps; on les voit, on les connoît, on les exhume, on leur fait leur procès, on les ampale, on leur coupe la tête, on les brûle. Il est donc non seulement possible, mais très-vrai & très-réel, qu'ils apparoissent dans leurs propres corps.

On pourroit ajoûter pour appuyer cette créance, que dans l'Ecriture même, on a des exemples de ces Apparitions: par exemple, à la Transfiguration du Sauveur, Elie & Moïse apparurent sur le Thabor (*a*), s'y entretenant avec Jesus-Christ. Nous savons qu'Elie est encore en vie, je ne le cite pas pour l'exemple; mais pour Moïse, sa mort n'est pas douteuse, & toutefois il paroît avec Elie dans son propre corps parlant avec Jesus-Christ. Les morts qui sortirent de leurs tombeaux à la Résurrection du Sauveur (*b*), & qui apparurent à plusieurs personnes dans Jérusalem, étoient dans leurs sepulchres depuis plusieurs années: leur mort n'étoit pas douteuse; & cependant ils apparurent, & rendirent témoignage à la Résurrection du Sauveur.

(*a*) *Matth.* ix. 34.
b) *Matth.* xxvij. 53.

Lorsque Jéremie apparut à Judas Machabée (a), & qu'il lui mit en main un glaive d'or, en lui disant: recevez cette épée comme un don de Dieu, avec laquelle vous surmonterez les ennemis de mon peuple d'Israël; ce fut apparemment ce Prophete en son propre corps, qui lui apparut, & lui fit ce présent, puisqu'on le reconnut à son air pour être le Prophete Jéremie.

Je ne parle point des personnes réellement ressuscitées par miracle, comme du fils de la veuve de Sunam ressuscité par Elisée; ni du mort qui ayant touché le cercueil du même Prophete, se leva sur ses pieds & ressuscita; ni du Lazare, à qui Jesus-Christ rendit la vie d'une maniere si miraculeuse & si éclatante. Ces personnes vêcurent, bûrent, mangerent, converserent parmi les hommes après, comme avant leur mort & leur Résurrection.

Ce n'est pas de ces sortes de personnes dont il est ici question. Je parle, par exemple, de Pierre ressuscité par Stanislas pour quelques heures, de ces personnes dont j'ai parlé dans le Traité sur l'apparition des Esprits, qui ont

(a) II. Mach. xiv. 14. 15.

apparu, parlé & découvert des choses cachées, & dont la Résurrection n'a été que momentanée, & seulement pour manifester la puissance de Dieu, afin de rendre témoignage à la vérité & à l'innocence, ou de soûtenir la créance de l'Eglise contre des hérétiques obstinés, comme on en lit divers exemples.

Saint Martin étant nouvellement fait Archevêque de Tours, conçut quelque soupçon contre un Autel que les Evêques ses Prédécesseurs avoient érigé à un prétendu Martyr, dont on ne connoissoit, ni le nom, ni l'Histoire, & dont aucun des Prêtres, ni des Ministres de la Chapelle ne pouvoient rien dire de certain. Il s'abstint pendant quelques tems d'aller en ce lieu, qui n'étoit pas éloigné de la ville. Un jour il s'y rendit accompagné d'un petit nombre de Religieux, & s'étant mis en prieres, il demanda à Dieu qu'il lui fit connoître qui étoit celui qui étoit enterré en ce lieu. Alors il apperçut à sa gauche un Spectre hideux & sale; & lui ayant ordonné de lui dire qui il étoit, le Spectre lui déclara son nom, & lui confessa qu'il étoit un voleur mis à mort pour ses crimes & ses violences, & qu'il n'avoit rien de commun avec les Martyrs. Ceux qui étoient présens entendirent fort bien ce qu'il disoit, mais ne virent pas la personne. Saint Martin fit renverser son tombeau, & guérit le peuple superstitieux de son ignorance.

Le Philosophe Celse écrivant contre les Chrétiens, soûtenoit que les Apparitions de Jesus-Christ à ses Apôtres n'étoient pas réelles, mais que c'étoient de simples ombres qui apparoissoient. Origenes rétorquant son raisonnement (a) lui dit, que les Payens racontent diverses Apparitions d'Esculappe & d'Apollon, à qui ils attribuent le pouvoir de prédire l'avenir. Si l'on admet ces Apparitions comme réelles, parce qu'elles sont attestées par quelques personnes, pourquoi ne pas reconnoitre pour vraies celles de Jesus-Christ, qui sont racontées par des témoins oculaires, & qui sont crûes par tant de millions de personnes ?

Il raconte ensuite cette Histoire. Aristée qui est d'une des meilleures maisons de Proconèse, étant un jour entré dans la boutique d'un foulon, y mourut subitement. Le foulon ayant bien fermé sa porte, courut incontinent

(a) Origen. contra Celsum, lib. 1. pag. 123. 124.

avertir les parens du mort ; mais comme le bruit s'en fut aussi-tôt répandu par la Ville, un homme de Cyzique, qui venoit d'Astace, assûra que cela ne pouvoit être, parce qu'il avoit rencontré Aristée sur le chemin de Cyzique, & lui avoir parlé ; ce qu'il soûtint hautement devant tout le peuple de Proconèse.

Là-dessus les parens arrivent chez le foulon avec tout l'appareil nécessaire pour enlever le corps ; mais étant entrés dans la maison, ils n'y trouverent Aristée ni mort ni vivant. Sept ans après il se fit voir dans Proconèse même : il y fit ces vers que l'on nomme arimaspées, & il disparut ensuite pour la seconde fois. C'est ce qu'on en dit dans ces Villes-là.

Trois cens quarante ans après cet événement, le même Aristée se fit voir à Métaponte en Italie, & ordonna aux Métapontins de bâtir un Autel à Apollon, & d'élever tout auprès une statuë à l'honneur d'Aristée de Proconèse, ajoûtant qu'ils étoient les seuls des peuples d'Italie, qu'Apollon eût honorés de sa présence ; que pour lui qui leur parloit, il avoit accompagné ce Dieu sous la figure d'un corbeau ; & leur ayant ainsi parlé, il disparut.

Les Métapontins envoyerent consulter sur cette Apparition l'Oracle de Delphes, qui leur dit de suivre le conseil qu'Aristée leur avoit donné, & qu'ils s'en trouveroient bien. En effet ils éleverent une statue à Appollon, que l'on y voyoit encore du tems d'Hérodote (a), & en même tems une autre statue à Aristée, qui se voyoit dans un petit bois de lauriers, qui étoit au milieu de la place publique de Métaponte. Celse ne faisoit aucune difficulté de croire tout cela sur la foi d'Hérodote & de Pindare ; & il refusoit de croire ce que les Chrétiens enseignoient des miracles de J C. rapportés dans l'Evangile, & scellés par le sang des Martyrs. Origenes ajoûte : qu'el auroit pû être le dessein de la Providence, en faisant pour ce Proconésien les miracles dont on vient de parler ? Quel fruit auroit-elle voulu que les hommes en tirassent ? Au lieu que ce que les Chrétiens racontent de Jesus-Christ, s'est fait pour confirmer une doctrine salutaire au genre humain. Il faut donc ou rejetter comme fabuleux cette Histoire d'Aristée, ou attribuer tout ce qu'on en dit à l'opération du mauvais Esprit.

(a) Herodot. lib. 4.

CHAPITRE V.

Résurrection ou Apparition d'une fille morte depuis quelques mois.

PHlegon affranchi de l'Empereur Adrien (a) dans le fragment du livre qu'il avoit écrit des choses merveilleuses, dit qu'à Tralles en Asie, un certain Machates hôtelier avoit habitude avec une fille nommée Philinnium, fille de Demostrate & de Chariton; cette fille étant morte & mise dans le tombeau, continua de venir la nuit pendant près de six mois voir son galant, de boire, de manger, de coucher avec lui. Un jour la nourrice de cette fille la reconnut, lorsqu'elle étoit assise auprès de Machates : elle courut en donner avis à Chariton mere de la fille, qui après avoir fait beaucoup de difficultés, vint enfin à l'hôtellerie ; mais comme il étot fort tard, & que tout le monde étoit couché, elle ne put contenter sa curiosité. Elle reconnut toutefois les habits de sa fille, &

___
(a) *Phlegon, de mirabilib.* §. 8. *Gronov. stiq. Græc. pag.* 2694.

crut la reconnoître couchée avec Machates. Elle revint le lendemain matin; mais s'etant égarée en chemin, elle ne trouva plus sa fille, qui s'étoit déja retirée. Machates lui raconta toute la chose, comme depuis un certain tems elle venoit le trouver chaque nuit; & pour preuve de ce qu'il disoit, il ouvrit sa cassette, & lui montra l'anneau d'or que Philinnium lui avoit donné, & la bande dont elle couvroit son sein, qu'elle lui avoit laissée la nuit précédente.

Chariton ne pouvant plus douter de la vérité du fait, s'abandonna aux cris & aux larmes; mais comme on promit de l'avertir la nuit suivante, quand Philinnium reviendroit, elle s'en retourna chez elle. Le soir la fille revint à son ordinaire, & Machates envoya aussi-tôt en avertir ses Pere & Mere: car il commençoit à craindre que quelqu'autre fille n'eût pris les habits de Philinnium dans son sépulchre pour lui faire illusion.

Demostrate & Chariton étant arivés, reconnurent leur fille & coururent l'embrasser; mais elle s'écria: mon Pere & ma Mere, pourquoi avez-vous envié mon bonheur, en m'empêchant de demeurer encore trois jours avec cet hôtelier sans faire mal à personne : car je ne suis pas venue ici sans la permission des Dieux, cest-à-dire du Démon, puisqu'on ne peut attribuer à Dieu ni à un bon Esprit une chose comme celle-là. Votre curiosité vous coûtera cher. Au même tems elle tomba roide morte, & étenduë sur le lit.

Phlegon qui avoit quelque commandement dans la Ville, arrêta la foule, & empêcha le tumulte. Le lendemain le peuple étant assemblé au Théatre, on convint d'aller visiter le caveau où reposoit Philinnium, qui étoit décedée environ six mois auparavant. On y trouva les morts de sa famille rangés chacun dans son rang; mais on n'y trouva pas le corps de Philinnium. Il y avoit seulement un anneau de fer que Machates lui avoit donné, avec une coupe dorée, qu'elle avoit aussi reçûe de lui. Après cela on retourna au logis de Machates, où le corps de la fille étoit demeuré couché par terre.

On consulta un Devin, qui dit qu'il falloit l'enterrer hors des limites de la Ville, appaiser les Furies & Mercure terrestre, faire des funérailles solennelles aux Dieux Manes, & sacrifier à Jupiter

Jupiter l'Hospitalier, à Mercure & à Mars. Phlegon ajoûte en parlant à celui à qui il écrit: Si vous jugez à propos d'en informer l'Empereur, écrivez-le moi, afin que je vous envoie quelques-uns de ceux qui ont été temoins de toutes ces choses.

Voilà un fait bien circonstancié, & revêtu de tous les caractéres qui peuvent le faire passer pour véritable. Cependant combien de difficultés ne renferme-t-il pas? Cette fille étoit-elle vraiment morte, ou n'étoit elle qu'endormie? Sa Résurrection se fit-elle par ses propres forces, & à sa volonté, ou étoit-ce un Démon qui lui rendit la vie? Il semble qu'on ne peut douter que ce ne fût son propre corps; toutes les circonstances du récit de Phlegon le persuadent. Si elle n'étoit pas morte, & que tout ce qu'elle faisoit ne fût qu'un jeu & une scène qu'elle donnoit pour contenter sa passion avec Machatès, il n'y a rien dans tout ce récit de fort incroyable: on sait de quoi l'amour déréglé est capable, & jusqu'à quel point il peut porter une personne éprise d'une passion violente.

Le même Phlegon dit, qu'un soldat Syrien de l'armée d'Antiochus, après

Tome II.   B

avoir été tué aux Termopyles, parut en plein jour dans le camp des Romains, où il parla à plusieurs personnes.

Haralde ou Hrappe, Danois, qui se fit enterrer à l'entrée de sa cuisine, & qui apparoissant après sa mort, fut blessé par un nommé Olaüs Pa, qui laissa le fer de sa lance dans la plaie; ce Danois paroissoit donc dans son propre corps. Étoit-ce son Ame qui le remuoit, ou un Démon, qui se servoit de ce corps mort pour inquieter & effrayer les vivans ? le faisoit-il par ses propres forces ou par la permission de Dieu ? & quelle gloire à Dieu, quel avantage aux hommes pouvoit-il revenir de ces Apparitions ? Niera-t-on tous ces faits racontés d'une maniere si circonstanciée par des Auteurs éclairés, & qui n'ont nul intrérêt, ni nulle envie de nous tromper.

Saint Augustin raconte, que pendant son séjour à Milan (a), un jeune homme étoit poursuivi en justice par un particulier, qui lui répétoit une dette déja acquittée par son pere, mais dont la quittance ne se trouvoit point. L'Ame du pere apparut à son fils, & lui enseigna où étoit la quittance, qui lui

(a) *Aug. de curâ pro mortuis.*

donnoit tant d'inquiétude.

Saint Macaire l'Égyptien reſſuſcita un homme mort (a), pour rendre témoignage à l'innocence d'un autre homme accuſé de l'avoir tué. Le mort diſculpa l'accuſé, mais ne voulut pas nommer l'auteur du meurtre.

Le même S. Macaire fit parler un autre mort enterré depuis quelque tems, pour découvrir un dépôt, qu'il avoit reçû & caché à l'inſçû de ſa femme. Le mort déclara que l'argent étoit enfoüi au pied de ſon lit.

Le même S. Macaire ne pouvant autrement réfuter un Hérétique Eunomien, ſelon les uns, ou Hieracite, ſelon les autres, lui dit : allons au tombeau d'un mort & demandons lui, qu'il nous inſtruiſe de la vérité dont vous ne voulez pas convenir. L'Hérétique n'oſa s'y préſenter ; mais S. Macaire s'y rendit accompagné d'une multitude de perſonnes : il interrogea le mort, qui lui répondit du fond de ſon tombeau, que ſi l'Hérétique avoit paru dans l'aſſemblée, il ſe ſeroit levé pour le convaincre, & pour rendre témoignage à la vérité. S. Macaire lui ordonna de s'en-

_____
(a) Roſweid. vit. P. P. l. 2. pag. 480.

dormir au Seigneur, jufqu'au tems que J. C. à la fin du monde le reffufciteroit en fon rang.

Les Anciens qui ont rapporté le même fait, varient en quelques circonftances, comme il eft affez ordinaire quand on ne raconte les chofes que de mémoire.

Saint Spiridion, Evêque de Trimitonte en Egypte (*a*), avoit une fille nommée Iréne, qui demeura vierge jufqu'à fa mort. Après fon décès un particulier vint demander à S. Spiridion un dépôt qu'il avoit confié à Iréne à l'infçû de fon pere. On chercha par toute la maifon fans rien trouver : enfin Spiridion va au tombeau de fa fille, & l'appellant par fon nom, lui demanda où étoit le dépôt. Elle le déclara, & Spiridion le rendit.

Un faint Abbé nommé Erricle reffufcita pour un moment un homme qui avoit été tué (*b*), & de la mort duquel on accufoit un Religieux, qui en étoit très-innocent. Le mort rendit juftice à l'accufé, & l'Abbé Erricle lui dit: dormez en paix, jufqu'à ce que le Seigneur vienne au dernier jour pour vous reffufciter à l'éternité.

(*a*) *Sozomen. Hift. Eccl. lib.* 1. c. xj.
(*b*) *Vit. P. P. lib.* 3. *pag.* 650.

Toutes ces Réfurrections momenta-nées peuvent servir à expliquer comment les Revenans de Hongrie sortent de leurs tombeaux, puis y rentrent, après s'être fait voir & sentir pendant quelque tems. Mais la difficulté sera toûjours de savoir: 1°. si la chose est vraie: 2°. s'ils peuvent se ressusciter eux-mêmes: & 3°. s'ils sont réellement morts ou seulement endormis. De quelque côté qu'on envisage ce fait, il paroît toûjours également impossible & incroyable.

CHAPITRE VI.

Femme tirée vivante de son tombeau.

ON lit dans un livre nouveau une Histoire, qui a quelque rapport à celle-ci. Un Marchand de la ruë Saint Honoré à Paris avoit promis sa fille à un de ses amis Marchand comme lui dans la même ruë. Un Financier s'étant présenté pour épouser la fille, fut préferé au jeune homme, à qui elle avoit été promise. Le mariage s'accomplit, & la jeune femme étant tombée malade, fut tenue pour morte, ensévelie

& enterrée. Le premier amant se doutant qu'elle étoit tombée en léthargie ou en syncope, la fit tirer de terre pendant la nuit; on la fit revenir, & il l'épousa. Ils passerent en Angleterre, & y vêcurent tranquillement pendant quelques années. Au bout de dix ans ils revinrent à Paris, où le premier mari ayant reconnu sa femme dans une promenade, la réclama en justice, & ce fut la matiere d'un grand procès. La femme & son mari se défendoient sur ce que la mort avoit rompu les liens du premier mariage. On accusoit même le premier mari d'avoir trop précipitamment fait enterrer sa femme. Les amans prévoyant qu'ils pourroient succomber, se retirerent de nouveau dans une Terre étrangere, où ils finirent leurs jours. Ce fait est si singulier, qu'il trouvera difficilement créance parmi les Lecteurs. Je ne le donne que pour ce qu'il est. C'est à ceux qui l'avancent, à le garantir & à le prouver.

Qui nous dira que dans l'Histoire de Phlegon, la jeune Philinnium ne fût pas ainsi mise dans le caveau sans être bien morte, & que toutes les nuits elle ne vint voir Machatès son amant? Cela étoit bien plus aisé pour elle, que ne l'auroit été le retour de la femme de Paris qui avoit été enſévelie, enterrée, & étoit demeurée couverte de terre & enveloppée de linge pendant aſſez long-tems.

L'autre exemple rapporté dans le même ouvrage, eſt d'une fille tombée en ſyncope & tenuë pour morte, qui devint enceinte pendant cet intervalle, ſans ſavoir l'auteur de ſa groſſeſſe. C'étoit un Religieux, qui s'étant fait connoître, prétendoit faire annuller ſa profeſſion comme ayant été forcée. Il y eut ſur cela un gros procès, dont on conſerve encore aujourd'hui les factums. Le Religieux fut relevé de ſes vœux, & épouſa la fille. Cet exemple revient encore à celui de Philinnium, & à celui de la jeune femme de la ruë S. Honoré. Ces perſonnes pouvoient n'être pas mortes, ni par conſéquent reſſuſcitées.

CHAPITRE VII.
Venons à préſent à l'examen du fait des Revenans ou Vampires de Moravie.

J'Ai appris de feu Monſieur de Vaſſimont, Conſeiller de la Chambre des Comtes de Bar, qu'ayant été envoyé en Moravie par feu ſon Alteſſe Royale Leopold premier Duc de Lorraine, pour les affaires de Monseigneur le Prince Charles son frere, Evêque d'Olmuz & d'Osnabruch, il fut informé par le bruit public, qu'il étoit assez ordinaire dans ce pays-là de voir des hommes décédés quelque tems auparavant, se présenter dans les compagnies, & se mettre à table avec les personnes de leur connoissance sans rien dire ; mais que faisant un signe de tête à quelqu'un des assistans, il mouroit infailliblement quelques jours après. Ce fait lui fut confirmé par plusieurs personnes, & entr'autres par un ancien Curé, qui disoit en avoir vû plus d'un exemple.

Les Evêques & les Prêtres du pays consulterent Rome sur un fait si extraordinaire ; mais on ne leur fit point de réponse, parce qu'on y regarda apparemment tout cela comme de pures visions, ou des imaginations populaires. On s'avisa ensuite de déterrer les corps de ceux qui revenoient ainsi, de les brûler, ou de les consumer en quelques autres manieres. Ainsi l'on s'est délivré de l'importunité de ces Spectres, qui sont aujourd'hui beaucoup moins fréquens dans ce pays qu'auparavant. C'est ce que disoit ce bon Prêtre.

Ces apparitions ont donné occasion

à un petit ouvrage intitulé : *Magia posthuma*, composé par Charles Ferdinand de Schertz, imprimé à Olmuz en 1706. dédié au Prince Charles de Lorraine Evêque d'Olmutz & d'Osnabruch. L'Auteur raconte, qu'en un certain village une femme étant venuë à mourir munie de tous ses Sacremens, fut enterrée dans le cimetiere à la maniere ordinaire. Quatre jours après son décès, les habitans du Village ouirent un grand bruit & un tumulte extraordinaire, & virent un Spectre qui paroissoit tantôt sous la forme d'un chien, tantôt sous celle d'un homme, non à une personne, mais à plusieurs, & leur causoit de grandes douleurs, leur serrant la gorge, & leur comprimant l'estomac jusqu'à les suffoquer : il leur brisoit presque tout le corps, & les réduisoit à une foiblesse extrême, en sorte qu'on les voyoit pâles, maigres, & exténués.

Le Spectre attaquoit même les animaux, & l'on a trouvé des vaches abbatues & demi-mortes ; quelquefois il les attachoit l'une à l'autre par la queuë. Ces animaux par leurs mugissemens marquoient assez la douleur qu'ils ressentoient. On voyoit les chevaux comme accablés de fatigue, tout en sueur, principalement sur le dos, échauffés, hors d'haleine, chargés d'écume comme après une longue & pénible course. Ces calamités durerent plusieurs mois.

L'Auteur que j'ai nommé, examine la chose en Jurisconsulte; & raisonne beaucoup sur le fait & sur le droit. Il demande, si supposé que ces troubles, ces bruits, ces vexations viennent de cette personne qui en est soupçonnée, on peut la brûler, comme on fait les corps des autres Revenans qui sont nuisibles aux vivans. Il rapporte plusieurs exemples de pareilles apparitions, & des maux qui s'en sont ensuivis; comme d'un Pâtre du village de Blow, près de la Ville de Kadam en Bohême, qui parut pendant quelque tems, & qui appelloit certaines personnes, lesquelles ne manquoient pas de mourir dans la huitaine. Les paysans de Blow déterrerent le corps de ce Pâtre, & le ficherent en terre avec un pieu, qu'ils lui passerent à travers le corps.

Cet homme en cet état se moquoit de ceux qui lui faisoient souffrir ce traitement, & leur disoit qu'ils avoient bonne grace de lui donner ainsi un bâton pour se défendre contre les chiens. La même nuit il se releva, & effraya par sa présence plusieurs personnes, & en suffoqua plus qu'il n'avoit fait jusqu'alors. On le livra ensuite au bourreau, qui le mit sur une charrette pour le transporter hors du village & l'y brûler. Ce cadavre hurloit comme un furieux, & remuoit les pieds & les mains comme vivant ; & lorsqu'on le perça de nouveau avec des pieux, il jetta de très-grands cris, & rendit du sang très-vermeil, & en grande quantité. Enfin on le brûla, & cette execution mit fin aux Apparitions & aux infestations de ce Spectre.

On en a usé de même dans les autres endroits, où l'on a vû de semblables Revenans, & quand on les a tirés de terre, ils ont paru vermeils, ayant les membres souples & maniables, sans vers & sans pourriture ; mais non sans une très-grande puanteur. L'Auteur cite divers autres Ecrivains, qui attestent ce qu'il dit de ces Spectres, qui paroissent encore, dit-il, assez souvent dans les montagnes de Silesie & de Moravie. On les voit & de nuit & de jour, on apperçoit les choses qui leur ont appartenu se remuer & changer de place, sans qu'il y ait personne qui les touche. Le seul reméde contre ces apparitions est de couper la tête & de brûler le corps de ceux qui reviennent.

Toutefois on n'y procéde pas sans forme de justice : on cite & on entend les témoins ; on examine les raisons ; on considere les corps exhumés, pour voir si l'on y trouve les marques ordinaires, qui font conjecturer que ce sont ceux qui molestent les vivans, comme la mobilité, la souplesse dans les membres, la fluidité dans le sang, l'incorruption dans les chairs. Si ces marques se rencontrent, on les livre au bourreau, qui les brûle. Il arrive quelquefois que les Spectres paroissent encore pendant trois ou quatre jours après l'exécution. Quelquefois on differe d'enterrer pendant six ou sept semaines les corps des personnes suspectes. Lorsqu'elles ne pourrissent point, & que leurs membres demeurent souples & maniables, comme s'ils étoient vivans, alors on les brûle. On assure comme certain, que les habits de ces personnes se meuvent, sans qu'aucune personne vivante les touche ; & l'on a vû depuis peu à Olmuz, continue toûjours notre Auteur, un Spectre qui jettoit des pierres, & causoit de grands troubles aux habitans.

CHAPITRE VIII.

Morts de Hongrie, qui sucent le sang des Vivans.

IL y a environ quinze ans qu'un soldat étant en garnison chez un paysan Haïdamaque, frontiére de Hongrie, vit entrer dans la maison, comme il étoit à table auprès du maître de la maison son hôte, un inconnu qui se mit aussi à table avec eux. Le maître du logis en fut étrangement effrayé, de même que le reste de la compagnie. Le soldat ne savoit qu'en juger, ignorant de quoi il étoit question. Mais le maître de la maison étant mort dès le lendemain, le soldat s'informa de ce que c'étoit. On lui dit que c'étoit le pere de son hôte, mort & enterré depuis plus de dix ans, qui s'étoit ainsi venu asseoir auprès de lui, & lui avoit annoncé & causé la mort.

Le soldat en informa d'abord le Régiment, & le Régiment en donna avis aux Officiers Généraux, qui donnerent commission au Comte de Cabreras Capitaine du Régiment d'Alandetti Infanterie, de faire information de ce fait. S'étant transporté sur les lieux avec d'autres Officiers, un Chirurgien & un Auditeur, ils ouirent les dépositions de tous les gens de la maison, qui attesterent d'une maniére uniforme, que le Revenant étoit pere du maître du logis, & que tout ce que le soldat avoit dit & rapporté étoit dans l'exacte vérité ; ce qui fut aussi attesté par tous les habitans du village.

En conséquence on fit tirer de terre le corps de ce spectre, & on le trouva comme un homme qui vient d'expirer, & son sang comme d'un homme vivant. Le Comte de Cabreras lui fit couper la tête, puis le fit remettre dans son tombeau. Il fit encore information d'autres pareils Revenans, entr'autres d'un homme mort depuis plus de trente ans, qui étoit revenu par trois fois dans sa maison à l'heure du repas, avoit sucé le sang au col, la premiére fois à son propre frere, la seconde à un de ses fils, & la troisiéme à un valet de la maison ; & tous trois en moururent sur le champ. Sur cette déposition le Commissaire fit tirer de terre cet homme, & le trouvant comme le premier, ayant le sang fluide, comme l'auroit un homme en vie, il ordonna qu'on lui passât un grand clou dans la temple, & ensuite qu'on le remît dans le tombeau.

Il en fit brûler un troisiéme, qui étoit enterré depuis plus de seize ans, & avoit sucé le sang, & causé la mort à deux de ses fils. Le Commissaire ayant fait son rapport aux Officiers Généraux, on le députa à la Cour de l'Empereur, qui ordonna qu'on envoyât des Officiers de Guerre, de Justice, des Médecins & des Chirurgiens, & quelques Sçavans pour examiner les causes de ces évenemens si extraordinaires. Celui qui nous a raconté ces particularités, les avoit apprises de Monsieur le Comte de Cabreras à Fribourg en Brisgau en 1730.

CHAPITRE IX.

Récit d'un Vampire, tiré des Lettres juives; Lettre 137.

VOICI ce qu'on lit dans les lettres juives, nouvelle édition 1738. Lettre 137.

On vient d'avoir dans ces quartiers de Hongrie une scène de Vampirisme qui est duement attestée par deux Officiers du Tribunal de Belgrade, qui ont fait descente sur les lieux, & par un Officier des troupes de l'Empereur à Gradisch, qui a été témoin oculaire des procédures.

Au commencement de Septembre mourut dans le village de Kisilova, à trois lieues de Gradisch, un vieillard âgé de soixante deux ans, &c. Trois jours après avoir été enterré, il apparut la nuit à son fils, & lui demanda à manger; celui-ci lui en ayant servi, il mangea, & disparut. Le lendemain le fils raconta à ses voisins ce qui étoit arrivé. Cette nuit le pere ne parut pas; mais la nuit suivante il se fit voir, & demanda à manger. On ne sait pas si son fils lui en donna ou non; mais on trouva le lendemain celui-ci mort dans son lit: le même jour, cinq ou six personnes tomberent subitement malades dans le Village, & moururent l'un après l'autre peu de jours après.

L'Officier ou Bailli du lieu informé de ce qui étoit arrivé, en envoya une relation au Tribunal de Belgrade, qui fit venir dans le Village deux de ces Officiers avec un boureau pour examiner cette affaire. L'Officier Impérial, dont on tient cette relation, s'y rendit de Gradisch, pour être témoin d'un fait, dont il avoit si souvent oui parler.

On ouvrit tous les tombeaux de ceux qui étoient morts depuis six semaines : quand on vint à celui du Vieillard, on

REVENANS EN CORPS. 41

le trouva les yeux ouverts, d'une couleur vermeille, ayant une respiration naturelle, cependant immobile comme mort; d'où l'on conclut qu'il étoit un signalé Vampire. Le boureau lui enfonça un pieu dans le cœur. On fit un bûcher, & l'on réduisit en cendres le cadavre. On ne trouva aucune marque de Vampirisme, ni dans le cadavre du fils, ni dans celui des autres.

Graces à Dieu, nous ne sommes rien moins que crédules. Nous avouons que toutes les lumiéres de Physique que nous pouvons approcher de ce fait, ne découvrent rien de ces causes. Cependant nous ne pouvons refuser de croire véritable un fait attesté juridiquement, & par des gens de probité : nous copierons ici ce qui est arrivé en 1732. & que nous avons inséré alors dans le Glaneur N°. xviij.

CHAPITRE X.

Autres Exemples de Revenans. Continuation du Glaneur.

DANS un certain canton de la Hongrie, nommé en Latin *Oppida Heidonum*, au de-là du Tibisque, *vulgò*

Teiffe, c'eſt-à-dire, entre cette riviére qui arroſe le fortuné terroir de Tockay, & la Tranſilvanie, le peuple connu ſous le nom de *Heiduque* (a), croit que certains morts, qu'ils nomment Vampires, ſucent tout le ſang des vivans, enſorte que ceux-ci s'exténuent à vûe d'œil, au-lieu que les cadavres, comme des ſang-ſues, ſe rempliſſent de ſang en telle abondance, qu'on le voit ſortir par les conduits, & même par les porres. Cette opinion vient d'être confirmée par pluſieurs faits, dont il ſemble qu'on ne peut douter, vû la qualité des témoins qui les ont certifiés. Nous en rapporterons ici quelques-uns des plus conſidérables.

Il y a environ cinq ans, qu'un certain Heiduque habitant de Médreïga, nommé *Arnold Paul*, fut écraſé par la chûte d'un chariot de foin. Trente jours après ſa mort, quatre perſonnes moururent ſubitement, & de la maniére que meurent, ſuivant la tradition du pays, ceux qui ſont moleſtés des Vampires. On ſe reſſouvint alors, que cet Arnold Paul avoit ſouvent raconté, qu'aux environs de Caſſova & ſur les frontiéres de la Ser-

(a) *Cette Hiſtoire eſt apparemment la même, que nous avons rapportée ci-devant ſous le nom de* Haïdamaque, *arrivée en 1729. ou 1730.*

vie Turque, il avoit été tourmenté par un Vampire Turc : car ils croyent aussi, que ceux qui ont été Vampires passifs pendant leur vie, les deviennent actifs après leur mort, c'est-à-dire, que ceux qui ont été sucés, sucent aussi à leur tour ; mais qu'il avoit trouvé moyen de se guérir, en mangeant de la terre du sépulchre du Vampire & en se frottant de son sang : précaution qui ne l'empêcha pas cependant de le devenir après sa mort, puisqu'il fut exhumé quarante jours après son enterrement, & qu'on trouva sur son cadavre toutes les marques d'un Archivampire. Son corps étoit vermeil, ses cheveux, ses ongles, sa barbe s'étoient renouvellés, & ses veines étoient toutes remplies d'un sang fluide, & coulant de toutes les parties de son corps sur le linceul dont il étoit environné. Le Hadnagi, ou le Bailli du lieu, en présence de qui se fit l'exhumation, & qui étoit un homme expert dans le Vampirisme, fit enfoncer, selon la coutume, dans le cœur du défunt Arnold Paul un pieu fort aigu, dont on lui traversa le corps de part en part, ce qui lui fit, dit-on, jetter un cri effroyable, comme s'il étoit en vie. Cette expédition faite, on lui coupa la tête, & l'on brûla le tout. Après cela on fit la même expédition sur les cadavres de ces quatre autres personnes mortes de Vampirisme, crainte qu'ils n'en fissent mourir d'autres à leur tour.

Toutes ces expéditions n'ont cependant pû empêcher, que vers la fin de l'année derniére, c'est-à-dire au bout de cinq ans, ces funestes prodiges n'ayent recommencé, & que plusieurs habitans du même village ne soient péris malheureusement. Dans l'espace de trois mois, dix-sept personnes de différent sexe & de différent âge sont mortes de Vampirisme, quelques-unes sans être malades, & d'autres après deux ou trois jours de langueur. On rapporte entr'autres, qu'une nommée Stanoska, fille du Heiduque Jotuitzo, qui s'étoit couchée en parfaite santé, se réveilla au milieu de la nuit toute tremblante, en faisant des cris affreux, & disant que le fils du Heiduque Millo mort depuis neuf semaines avoit manqué de l'étrangler pendant son sommeil. Dès ce moment elle ne fit plus que languir, & au bout de trois jours elle mourut. Ce que cette fille avoit dit du fils de Millo le fit d'abord reconnoître pour un Vampire : on l'exhuma, & on le trouva tel. Les principaux du lieu, les Médecins, les Chirurgiens examinerent comment le

Vampirifme avoit pû renaître, après les précautions qu'on avoit prifes quelques années auparavant.

On découvrit enfin, aprés avoir bien cherché, que le défunt Arnold Paul avoit tué non feulement les quatre perfonnes dont nous avons parlé, mais auffi plufieurs beftiaux, dont les nouveaux Vampires avoient mangé, & entr'autres le fils de Millo. Sur ces indices, on prit la réfolution de déterrer tous ceux qui étoient morts depuis un certain tems, &c. Parmi une quarantaine, on en trouva dix-fept avec tous les fignes les plus évidens de Vampirifme: auffi leur a-t'on transpercé le cœur & coupé la tête, & enfuite on les a brûlés & jetté leurs cendres dans la riviére.

Toutes les informations & exécutions dont nous venons de parler, ont été faites juridiquement, en bonne forme, & atteftées par plufieurs Officiers, qui font en garnifon dans le pays, par les Chirurgiens Majors des Régimens, & par les principaux habitans du lieu. Le procès-verbal en a été envoyé vers la fin de Janvier dernier au Confeil de guerre Impérial à Vienne, qui avoit établi une commiffion militaire, pour examiner la vérité de tous ces faits.

C'est ce qu'ont déclaré le Hadnagi Barriarar, & les anciens Heiduques, & ce qui a été signé par Battuer, premier Lieutenant du Régiment d'Alexandre de Wirtemberg, Clickstenger, Chirurgien-Major du Régiment de Fruftemburch, trois autres Chirurgiens de la Compagnie, Guoichitz, Capitaine à Stallath.

———

CHAPITRE XI.

Raisonnemens de l'Auteur des Lettres juives sur les Revenans.

IL y a deux différens moyens pour détruire l'opinion de ces prétendus Revenans, & montrer l'impoffibilité des effets, qu'on fait produire à des cadavres entiérement privés de fentiment. Le premier eft d'expliquer par des caufes phyfiques tous les prodiges du Vampirifme : le fecond eft de nier totalement la vérité de ces Hiftoires; & ce dernier parti eft fans doute le plus certain & le plus fage. Mais comme il y a des perfonnes à qui l'autorité d'un certificat donné par des gens en place paroît une démonftration évidente de la réalité du conte le plus abfurde, avant de montrer combien peu on doit faire fonds sur toutes les formalités de justice dans les matiéres qui regardent uniquement la Philosophie, je supposerai pour un tems qu'il meurt réellement plusieurs personnes du mal qu'on appelle le Vampirisme.

Je pose d'abord ce principe, qu'il se peut faire qu'il y ait des cadavres, qui quoique enterrés depuis plusieurs jours, répandent un sang fluide par les conduits de leurs corps. J'ajoûte encore qu'il est très-aisé, que certaines gens se figurent d'être sucés par les Vampires, & que la peur que leur cause cette imagination, fasse en eux une révolution assez violente pour les priver de la vie. Etant occupés toute la journée de la crainte que leur inspirent ces prétendus Revenans, est-il fort extraordinaire, que pendant leur sommeil les idées de ces Fantômes se présentent à leur imagination, & leur causent une terreur si violente, que quelques-uns en meurent dans l'instant, & quelques-autres peu après? Combien de gens n'a-t'on point vûs, que des frayeurs ont fait expirer dans l'instant? La joie même n'a-t'elle pas produit un effet aussi funeste?

J'ai vû dans les Journaux de Leipsik (a)

(a) Supplem. ad visa Erudit. Lips. an 1738, t. 2.

le précis d'un petit ouvrage intitulé : *Philosophicæ & Christianæ cogitationes de Vampiriis, à Joanne Christophoro Herenbergio*; Pensées Philosophiques & Chrétiennes sur les Vampires, par Jean Christophe Herenberg, à Gérolferliste en 1733. in-8º. L'Auteur nomme un assez grand nombre d'Ecrivains, qui ont déja traité cette matiere; il parle en passant d'un spectre, qui lui apparut à lui-même en plein midi : il soûtient que les Vampires ne font pas mourir les vivans, & que tout ce qu'on en débite, ne doit être attribué qu'au trouble de l'imagination des malades : il prouve par diverses expériences que l'imagination est capable de causer de très-grands dérangemens dans le corps & dans les humeurs : il montre qu'en Esclavonie on empaloit les meurtriers, & qu'on y perçoit le cœur du coupable par un pieu qu'on lui enfonçoit dans la poitrine; qu'on a exercé le même châtiment envers les Vampires, les supposant auteurs de la mort de ceux, dont on dit qu'ils sucent le sang. Il donne quelques exemples de ce supplice exercé contr'eux, l'un de l'an 1337. & l'autre de 1347. Il parle de l'opinion de ceux qui croyent, que les morts mangent dans leurs tombeaux; sentiment dont il tâche de prouver l'antiquité par

Tertullien

Tertullien au commencement de son livre de la Résurrection, & par S. Augustin l. 8. c. 27. de la Cité de Dieu, & au sermon 15. des Saints.

Voilà à peu près le précis de l'ouvrage de M. Herenberg sur les Vampires. Le passage de Tertullien *(a)* qu'il cite, prouve fort bien que les Payens offroient de la nourriture à leurs morts, même à ceux dont ils avoient brûlé les corps, dans la croyance que leurs ames s'en repaissoient : *defunctis parentant, & quidem impensissimo studio, pro moribus eorum, pro temporibus esculentorum, ut quos sentire quicquam negant, escam desiderare præsumant;* ceci ne regarde que les Payens.

Mais S. Augustin en plusieurs endroits parle de la coûtume des Chrétiens, surtout de ceux d'Afrique, de porter sur les tombeaux de la viande & du vin, dont on faisoit des repas de dévotion, & où l'on invitoit les pauvres, en faveur desquels ces offrandes étoient principalement instituées. Cette pratique est fondée sur le passage du livre de Tobie *(b)* : *mettez votre pain & votre vin sur la sépulture du juste, & gardez-vous d'en manger, ni d'en boire avec les pécheurs.* Sainte Moni-

─────────
(a) Tertull. de Resurrect. initio.
(b) Tob. iv.

Tome II. C

que, mere de S. Augustin (*a*) ayant voulu faire à Milan ce qu'elle avoit accoutumé de faire en Afrique, S. Ambroise Evêque de Milan témoigna qu'il n'approuvoit pas cette pratique qui n'étoit pas connue dans son Eglise : la Sainte s'abstint d'y porter un panier plein de fruits, & du vin, dont elle goûtoit trés-sobrement avec celles qui l'accompagnoient, abandonnant le reste aux pauvres. S. Augustin remarque au même endroit, que quelques Chrétiens intempérans abusoient de ces offrandes pour prendre du vin avec excès : *ne ulla occasio se ingurgitandi daretur ebriosis.*

Saint Augustin (*b*) fit tant néanmoins par ses remontrances & ses prédications, qu'il déracina entiérement cette coutume qui étoit commune dans toute l'Afrique, & dont l'abus n'étoit que trop général. Dans ses livres de la Cité de Dieu (*c*) il reconnoît, que cet usage n'est ni général ni approuvé dans l'Eglise ; & que ceux qui le font, se contentent d'offrir cette nourriture sur les tombeaux des Martyrs,

---

(*a*) *Aug. Confess. l.* 6. *c.* 2.
(*b*) *Idem, Epist.* 22. *ad Aurel. Carthag. Et Epist.* 29. *ad Alipi. Item de moribus. Eccl. c.* 34.
(*c*) *Idem, lib.* 8. *de Civit. Dei, c.* 27.

afin que par leurs mérites ces offrandes soient sanctifiées, après quoi ils les emportent, & s'en servent pour leur nourriture, & pour celle des pauvres: *quicumque suas epulas eò deferunt, quod quidem à melioribus Christianis non fit, & in plerisque terrarum nulla talis est consuetudo; tamen quicumque id faciunt, quas cùm apposuerint, orant, & auferunt, ut vescantur, vel ex eis etiam indigentibus largiantur.* Il paroît par deux Sermons qui ont été attribués à S. Augustin (a) qu'autrefois cette coûtume s'étoit glissée à Rome; mais elle n'y a guére subsisté, & y a été blâmée & condamnée.

Or s'il étoit vrai que les morts mangeassent dans leurs tombeaux, & qu'ils eussent envie ou besoin de manger, comme le croyoient ceux dont parle Tertullien, & comme il semble qu'on peut l'inférer de la pratique de porter de la viande, des fruits & du vin sur les tombeaux des Martyrs & des Chrétiens : je crois même avoir des preuves certaines, qu'en certains endroits l'on mettoit auprès du corps des morts en terre dans les cimetiéres, ou dans les Eglises, de la viande,

---

(a) *Aug. Serm.* 35. *de Sanctis. nunc in dice, co. 5. Serm.* cxc. cxcj. p. 328.

du vin, & d'autres liqueurs. J'ai dans notre cabinet plusieurs vases d'argile & de verre, même des assiétes, où l'on voit des osselets de cochon & de volailles, le tout trouvé bien avant sous la terre dans l'Eglise de l'Abbaye de S. Mansuy près la ville de Toul.

On m'a fait remarquer que ces monumens trouvés dans la terre étoient enfoncés dans une terre vierge, qui n'avoit jamais été remuée, & auprès de certains vases ou urnes remplies de cendres, & contenant quelques petits os, qui n'avoient pû être consumés par les flammes; & comme on sait que les Chrétiens ne brûloient pas leurs morts, & que ces vases dont nous parlons, sont placés au-dessous du terrain remué dans lequel on trouve les tombeaux des Chrétiens, on en a inféré avec assez de probabilité, que ces vases, la nourriture & la boisson qu'on enterroit auprès d'eux, étoient destinés, non pour des Chrétiens, mais pour des Payens. Ceux-ci au moins croyoient donc que les morts mangeoient dans l'autre vie. On ne peut douter que les anciens Gaulois (*a*) ne fussent dans cette persuasion : ils sont souvent représentés sur leurs tom-

(*a*) Antiquité expliquée, t. 4. pag. 86.

beaux avec des bouteilles à la main, & des paniers pleins de fruits & d'autres choses comestibles, ou des vases à boire & des gobelets. (a) Ils emportoient même les contrats & obligations de ce qui leur étoit dû, pour s'en faire payer dans les Enfers. *Negotiorum ratio, etiam exactio crediti deferebatur ad inferos.*

Or s'ils croyoient que les morts mangeoient dans leurs tombeaux, qu'ils pouvoient revenir, visiter, consoler, instruire, inquiéter les vivans, & leur prédire leur mort prochaine ; le retour des Vampires n'est donc ni impossible, ni incroyable dans l'idée de ces Anciens.

Mais comme tout ce qu'on dit des morts, qui mangent dans leurs tombeaux ou hors de leurs tombeaux, est chimérique, & hors de toute vraisemblance, que la chose est même impossible & incroyable, quel que soit le nombre & la qualité de ceux qui l'ont crû, ou qui ont paru le croire, je dirai toujours que le retour des Vampires est insoûtenable & impraticable.

(a) *Mela, lib.* 2. *c.* 4.

CHAPITRE XII.

Suite du raisonnement du glaneur Hollandois.

EN examinant le récit de la mort des prétendus Martyrs du Vampirisme, je découvre les symptômes d'un fanatisme épidémique, & je vois clairement que l'impression que la crainte fait sur eux, est la vraie cause de leur perte. Une nommée Stanoska fille, dit-on, du Heiduque Sovitzo, qui s'étoit couchée en parfaite santé, se réveilla au milien de la nuit toute tremblante & faisant des cris affreux, disant que le fils du Heiduque Millo, mort depuis neuf semaines, avoit manqué de l'étrangler pendant son sommeil. Dès ce moment elle ne fit que languir, & au bout de trois jours elle mourut.

Pour quiconque a des yeux tant soit peu philosophiques, ce seul récit ne doit-il pas lui montrer, que ce prétendu vampirisme n'est qu'une imagination frappée. Voilà une fille qui s'éveille, qui dit qu'on a voulu l'étrangler, & qui cependant n'a point été sucée, puisque ses cris ont empêché le Vampire de faire son repas. Elle ne l'a pas été apparemment dans la suite, puisqu'on ne la quitta pas sans doute pendant les autres nuits, & que si le Vampire l'eût voulu molester, ses plaintes en eussent averti les assistans. Elle meurt pourtant trois jours après. Sa frayeur & son abattement, sa tristesse & sa langueur marquent évidemment combien son imagination étoit frappée.

Ceux qui se sont trouvés dans les villes affligées de la peste, savent par expérience à combien de gens la crainte coûte la vie. Dès-qu'un homme se sent attaqué du moindre mal, il se figure qu'il est atteint de la maladie épidémique, & il se fait en lui un si grand mouvement, qu'il est presque impossible qu'il résiste à cette révolution. Le Chevalier de Maisin m'a assûré, lorsque j'étois à Paris, que se trouvant à Marseille pendant la contagion qui régnoit dans cette Ville, il avoit vû mourir une femme de la peur qu'elle eut d'une maladie assez légére de sa servante, qu'elle croyoit atteinte de la peste; la fille de cette femme fut malade à la mort.

D'autres personnes qui étoient dans la même maison, se mirent au lit, envoyerent chercher un Médecin, & assuroient qu'elles avoient la peste. Le Médecin arrivé visita d'abord la servante & les autres malades, & aucun d'eux n'avoit la maladie épidémique: il tâcha de rendre le calme à leurs esprits, & leur ordonna de se lever & de vivre à leur ordinaire; mais tous ses soins furent inutiles auprès de la Maîtresse de la maison, qui mourut deux jours après de la seule frayeur.

Considérez le second récit de la mort d'un Vampire passif, & vous verrez les preuves les plus évidentes des terribles effets de la crainte & des préjugés; voyez ci-devant Chapitre XI. Cet homme trois jours après avoir été enterré apparoît la nuit à son fils, demande à manger, mange & disparoît. Le lendemain le fils raconte à ses voisins ce qui lui étoit arrivé. Cette nuit le Pere ne parut pas; mais la nuit suivante on trouva le fils mort dans son lit. Qui peut ne pas voir dans ces paroles les marques les plus certaines de la prévention & de la peur? La première fois qu'elles agissent sur l'imagination du prétendu molesté du Vampirisme, elles ne produisent point leur entier effet, & ne font que disposer son esprit à être plus susceptible d'en être vivement frappé; aussi cela ne manqua-t'il pas d'arriver, & de produire l'effet qui naturellement devoit suivre. Prenez-garde que

REVENANS EN CORPS.

le mort ne revint point la nuit du jour que son fils communiqua son songe à ses amis, parce que, selon toutes les apparences, ceux-ci veillerent avec lui, & l'empêcherent de se livrer à la crainte.

Je viens à présent à ces cadavres pleins d'un sang fluide, dont la barbe, les cheveux & les ongles se renouvellent. L'on peut rabattre les trois quarts de ces prodiges : encore a-t'on bien de la complaisance d'en admettre une petite partie. Tous les Philosophes connoissent assez, combien le peuple, & même certains Historiens grossissent les choses qui paroissent tant soit peu extraordinaires. Cependant il n'est pas impossible d'en expliquer physiquement la cause.

L'expérience nous apprend qu'il y a certains terrains, qui sont propres à conserver les corps dans toute leur fraîcheur. Les raisons en ont été souvent expliquées, sans que je me donne la peine d'en faire un récit particulier. Il se trouve à Toulouse un caveau dans une Eglise de Moines, où les corps restent si parfaitement dans leur entier, qu'il y en a qui y sont depuis près de deux siécles, qui paroissent vivans.

On les a rangés de bout contre la muraille, & ils ont leurs habillemens ordinaires. Ce qu'il y a de plus particulier, est que les corps qu'on met de l'autre côté de ce même caveau, deviennent deux ou trois jours après la pâture des vers.

Quant à l'acroiſſement des ongles, des cheveux & de la barbe, on l'apperçoit très-ſouvent dans pluſieurs cadavres. Tandis qu'il reſte encore beaucoup d'humidité dans les corps, il n'y a rien de ſurprenant que pendant quelque tems on voie quelques augmentations dans des parties, qui n'exigent point les eſprits vitaux.

Le ſang fluide, coulant par les canaux du corps, ſemble former une plus grande difficulté ; mais on peut donner des raiſons phyſiques de cet écoulement. Il pourroit fort bien arriver, que la chaleur du ſoleil venant à échauffer les parties nitreuſes & ſulfureuſes, qui ſe trouvent dans les terres propres à conſerver les corps, ces parties s'étant incorporées dans les cadavres nouvellement enterrés, viennent à fermenter, décoagulent & défigent le ſang caillé, le rendent liquide, & lui donnent le moyen de s'écouler peu à peu par les canaux.

Ce ſentiment eſt d'autant plus probable, qu'il eſt confirmé par une expérience. Si l'on fait bouillir dans un vaiſſeau de verre ou de terre une partie de chile ou de lait mêlée avec deux parties d'huile de tartre faite par défaillance, la liqueur de blanche qu'elle étoit deviendra rouge, parce que le sel de tartre aura raréfié & entiérement diffous la partie du lait la plus huileuse, & l'aura convertie en une espéce de sang. Celui qui se forme dans les vaisseaux du corps est un peu plus rouge; mais il n'est pas plus épais. Il n'est donc pas impossible que la chaleur cause une fermentation, qui produise à peu près les mêmes effets que cette expérience; & l'on trouvera cela beaucoup plus aisé, si l'on considére, que les sucs des chairs & des os ressemblent beaucoup à du chile, & que les graisses & les moëlles sont les parties les plus huileuses du chile. Or toutes ces parties, en fermentant, doivent par la régle de l'expérience se changer en une espéce de sang. Ainsi outre celui qui seroit décoagulé & défigé, les prétendus Vampires répandroient encore celui qui se formeroit de la fonte des graisses.

CHAPITRE XIII.

Récit tiré du Mercure galant de 1693. & 1694. sur les Revenans.

LEs mémoires publics des années 1693 & 1694. parlent des Oupires, Vampires ou Revenans, qui se voient en Pologne, & sur-tout en Russie. Ils paroissent depuis midi jusqu'à minuit, & viennent sucer le sang des hommes ou des animaux vivans en si grande abondance, que quelquefois il leur sort par la bouche, par le nez, & principalement par les oreilles, & que quelquefois le cadavre nage dans son sang répandu dans son cercueil (*a*). On dit que le Vampire a une espéce de faim, qui lui fait manger le linge qu'il trouve autour de lui. Ce rédivive ou Oupire sorti de son tombeau, ou un Démon sous sa figure, va la nuit embrasser & serrer violemment ses proches ou ses amis, & leur suce le sang, jusqu'à les affoiblir, les exténuer & leur causer enfin la mort. Cette persécution ne s'arrête pas à une seule personne ; elle s'étend jusqu'à la derniére personne de la

___
(*a*) *V. Moréri sur le mot.* Sryges.

famille, à moins qu'on n'en interrompe le cours en coupant la tête, ou en ouvrant le cœur du Revenant, dont on trouve le cadavre dans son cercueil mol, fléxible, enflé & rubicond, quoiqu'il soit mort depuis long-tems. Il sort de son corps une grande quantité de sang, que quelques-uns mêlent avec de la farine pour faire du pain ; & ce pain mangé à l'ordinaire, les garantit de la vexation de l'Esprit, qui ne revient plus.

CHAPITRE XIV.

Conjectures du glaneur de Hollande en 1733. N°. ix.

LE glaneur Hollandois, esprit peu crédule, suppose la vérité de ces faits comme certains, n'ayant aucune bonne raison pour la contester ; il en raisonne d'une maniére peu sérieuse, & prétend que les peuples chez qui l'on voit des Vampires, sont très-ignorans & très-crédules, en sorte que les apparitions dont on parle ne sont que des effets de leur imagination frappée. Le tout est occasionné & augmenté par la mauvaise nourriture de ces peuples, qui la plûpart du tems ne mangent que du pain fait d'avoine, de racines, & d'écorce d'arbre, alimens qui ne peuvent engendrer qu'un sang grossier, & par conséquent très-disposé à la corruption, & à produire dans l'imagination des idées sombres & fâcheuses.

Il compare ce mal à celui de la morsure d'un chien enragé, qui communique son venin à la personne qui est mordue. Ainsi ceux qui sont infectés du Vampirisme, communiquent ce dangereux poison à ceux qu'ils fréquentent. De-là les insomnies, les rêves & les prétendues apparations des Vampires.

Il conjecture que ce poison n'est autre chose qu'un ver qui se nourrit de la plus pure substance de l'homme, qui ronge incessamment son cœur, qui fait mourir le corps, & qui ne l'abandonne pas même au fond du tombeau. Il est certain que les corps de ceux qui ont été empoisonnés, ou qui meurent de contagion, ne deviennent point roides après leur mort, parce que le sang ne se congéle point dans les veines; au contraire il se raréfie, & bouillonne à peu près de même que dans les Vampires, à qui la barbe, les cheveux & les ongles croissent, dont la peau est vermeille, qui paroissent engraissés, à cause du sang qui se gonfle & abonde de toutes parts.

Quant au cri que les Vampires font lorsqu'on leur enfonce le pieu dans le cœur, rien n'est plus naturel : l'air qui s'y trouve renfermé & que l'on en fait sortir avec violence, produit nécessairement ce bruit en passant par la gorge. Souvent les corps morts en font bien sans qu'on les touche. Il conclut qu'il n'y a que l'imagination dérangée pat la mélancolie ou la superstition, qui puisse se figurer que la maladie dont on vient de parler, soit produite par des cadavres Vampires, qui viennent sucer jusqu'à la dernière goutte de sang.

Un peu auparavant il dit qu'en 1732. on découvrit encore des Vampires dans la Hongrie, la Moravie, & la Servie Turque ; que ce phénomène est trop bien avéré pour qu'on en puisse douter ; que plusieurs Physiciens Allemands ont composé d'assez gros volumes en Latin & en Allemand sur cette matière ; que les Académies & les Universités Germaniques retentissent encore aujourd'hui des noms d'Arnold Paul, de Stanoske fille de Sovitzo & du Heiduque Millo, tous fameux Vampires du quartier de Médreïga en Hongrie.

Voici une lettre qui a été écrite à un de mes amis pour m'être communiquée au sujet des Revenans de Hongrie (*a*); l'Auteur pense bien autrement que le glaneur au sujet des Vampires.

Pour satisfaire aux demandes de Monsieur l'Abbé Dom Calmet concernant les Vampires, le soussigné a l'honneur de l'assûrer, qu'il n'est rien de plus vrai & de si certain, que ce qu'il en aura sans doute lû dans les actes publics & imprimés, qui ont été insérés dans les Gazettes par toute l'Europe; mais à tous ces Actes publics qui ont paru, Monsieur l'Abbé doit s'attacher pour un fait véridique & notoire à celui de la députation de Belgrade ordonnée par feu S. M. Imp. Charles VI. de glorieuse mémoire, & exécutée par feu son Altesse Sérénissime le Duc Charles Alexandre de Wurtemberg, pour lors Vice-Roi, ou Gouverneur du Royaume de Servie; mais je ne puis pour le présent citer l'année, ni le mois, ni le jour, faute de mes papiers, que je n'ai point présentement près de moi.

Ce Prince fit partir une députation de Belgrade moitié d'Officiers militaires, & moitié du Civil, avec l'Audi-

---

(*a*) *Il y a lieu de croire que ceci n'est qu'une répétition de ce qui a déja été dit ci-dessus,* ch. x.

teur Général du Royaume, pour se transporter dans un village, où un fameux Vampire décédé depuis plusieurs années faisoit un ravage excessif parmi les siens : car notez que ce n'est que dans leur famille & parmi leur propre parenté, que ces suceurs de sang se plaisent à détruire notre espéce. Cette députation fut composée de gens & de sujets reconnus par leurs mœurs, & même par leur savoir, irréprochables & même savans parmi les deux ordres : ils furent fermentés, & accompagnés d'un Lieutenant des Grenadiers du Régiment du Prince Alexandre de Wurtemberg, & de 24 Grenadiers dudit Régiment.

Tout ce qu'il y eut d'honnêtes gens, le Duc lui même qui se trouverent à Belgrade, se joignirent à cette députation, pour être spectateurs oculaires de la preuve véridique qu'on alloit faire.

Arrivé sur les lieux, l'on trouva que dans l'espace de quinze jours le Vampire oncle de cinq tant neveus que niéces, en avoit déja expédié trois & un de ses propres freres. Il en étoit au cinquiéme, belle jeune fille sa niece, & l'avoit déja sucée deux fois, lorsque l'on mit fin à cette triste tragédie par les opérations suivantes.

On se rendit avec les Commissaires députés pas loin de Belgrade, dans un village, & cela en public, à l'entrée de la nuit, à sa sépulture. Ce Monsieur n'a pû me dire les circonstances du tems auquel les précédens morts avoient été sucés, ni les particularités à ce sujet. La personne après avoir été sucée, se trouva dans un état pitoyable de langueur, de foiblesse, de lassitude, tant le tourment est violent. Il y avoit environ trois ans qu'il étoit enterré ; l'on vit sur son tombeau une lueur semblable à celle d'une lampe, mais moins vive.

On fit l'ouverture du tombeau, & l'on y trouva un homme aussi entier, & paroissant aussi sain qu'aucun de nous assistans ; les cheveux, & les poils de son corps, les ongles, les dents, & les yeux, (ceux-ci demi-fermés) aussi fermement attachés après lui, qu'ils le sont actuellement après nous qui avons vie, & qui existons, & son cœur palpitant.

Ensuite l'on procéda à le tirer hors de son tombeau, le corps n'étant pas à la vérité flexible, mais n'y manquant nulle partie, ni de chair, ni d'os ; ensuite on lui perça le cœur avec une espéce de lange de fer rond & pointu : il en sortit une matiere blanchâtre & fluide, avec du sang, mais le sang dominant sur la matiere; le tout n'ayant aucune mauvaise odeur; ensuite de quoi on lui trancha la tête avec une hache semblable à celle dont l'on se sert en Angleterre pour les exécutions: il en sortit aussi une matiere & du sang semblable à celle que je viens de dépeindre, mais plus abondamment à proportion de ce qui sortit du cœur.

Au surplus on le rejetta dans sa fosse, avec force chaux vive pour le consommer plus promptement; & dès-lors sa Niece qui avoit été sucée deux fois, se porta mieux. A l'endroit où ces personnes sont sucées, il se forme une tache très-bleuatre; l'endroit du sucement n'est pas déterminé, tantôt c'est en un endroit, tantôt c'est en un autre. C'est un fait notoire attesté par les Actes les plus autentiques, & passé à la vûe de plus de 1300 personnes toutes dignes de foi.

Mais je me réserve pour satisfaire plus en plein la curiosité du savant Abbé Dom Calmet, de lui détailler plus en plein ce que j'ai vû à ce sujet de mes propres yeux, & le remettrai à Monsieur le Chevalier de saint Urbain pour le lui envoyer, trop charmé en cela, comme en toute autre chose, de trouver des occafions à lui prouver, que personne n'eſt avec une ſi parfaite véneration & reſpect que

> Son très-humble & très-obéïſſant Serviteur L. de Beloz, ci-devant Capitaine dans le Régiment de feu S. A. S. le Prince Alexandre de Wurtemberg, & ſon Aide de camp, & actuellement premier Capitaine des Grenadiers dans le Régiment de Monſieur le Baron de la Trenck.

CHAPITRE XV.

Autre lettre ſur les Revenans.

POur ne rien omettre de tout ce qui peut éclaircir cette matiere, je mettrai encore ici la lettre d'un fort honnête homme & fort inſtruit de ce qui regarde les Revenans, écrite à ſon parent.

Vous ſouhaitez, mon cher couſin, être informé au juſte de ce qui ſe paſſe en Hongrie au ſujet de certains Revenans, qui donnent la mort à bien des gens en ce pays-là. Je puis vous en parler ſavamment: car j'ai été pluſieurs années dans ces quartiers-là, & je ſuis naturellement curieux. J'ai ouï en ma vie raconter une infinité d'Histoires, ou prétenduës telles, sur les Esprits & Sortileges; mais de mille à peine ai-je ajoûté foi à une seule: on ne peut être trop circonspect sur cet article sans courir risque d'en être la dupe. Cependant il y a certains faits si averés, qu'on ne peut se dispenser de les croire. Quant aux Revenans de Hongrie, voici comme la chose s'y passe. Une personne se trouve attaquée de langueur, perd l'appétit, maigrit à vûe d'œil, & au bout de huit ou dix jours, quelquefois quinze, meurt sans fiévre ni aucun autre symptôme, que la maigreur & le desséchement.

On dit en ce pays-là que c'est un Revenant qui s'attache à elle & lui suce le sang. De ceux qui sont attaqués de cette maladie, la plûpart croyent voir un Spectre blanc, qui les suit par tout comme l'ombre fait le corps. Lorsque nous étions en quartier chez les Valaques dans le Bannat de Temeswar, deux Cavaliers de la Compagnie dont j'étois Cornette, moururent de cette maladie, & plusieurs autres qui en étoient encore attaqués, en seroient morts de même, si un Caporal de notre Compagnie n'avoit fait cesser la maladie, en exécutant le remede que les gens du pays emploient pour cela. Il eſt des plus particuliers, & quoiqu'infaillible, je ne l'ai jamais lû dans aucun rituel. Le voici.

On choſit un jeune garçon qui eſt d'âge à n'avoir jamais fait œuvre de ſon corps, c'eſt-à-dire, qu'on croit vierge. On le fait monter à poil ſur un cheval entier qui n'a jamais ſailli, & abſolument noir; on le fait promener dans le cimetiere, & paſſer ſur toutes les foſſes: celle où l'animal refuſe de paſſer malgré force coups de corvache qu'on lui délivre, eſt réputée remplie d'un Vampire; on ouvre cette foſſe, & l'on y trouve un cadavre auſſi gras & auſſi beau, que ſi c'étoit un homme heureuſement & tranquillement endormi: on coupe le col à ce cadavre d'un coup de bêche, dont il ſort un ſang des plus beaux & de plus vermeils, & en quantité. On jureroit que c'eſt un homme des plus ſains, & des plus vivans qu'on égorge. Cela fait, on comble la foſſe, & on peut compter que la maladie ceſſe, & que tous ceux qui en étoient attaqués, recouvrent leurs forces petit à petit, comme gens qui échapent d'une longue maladie, & qui ont été exténués de longue main. C'eſt ce qui arriva à nos Cavaliers qui en étoient attaqués. J'étois pour lors

Commandant de la Compagnie, mon Capitaine & mon Lieutenant étant abſens; je fus très-piqué que ce Caporal eût fait faire cette expérience ſans moi. J'eus toutes les peines du monde de me vaincre, & de ne le pas régaler d'une volée de coups de bâton, marchandiſe qui ſe donne à bon prix dans les troupes de l'Empereur. J'aurois voulu pour toutes choſes au monde être préſent à cette opération; mais enfin il fallut en paſſer par-là.

Un parent de ce même Officier m'a fait écrire le 17 Octobre 1746. que ſon frere qui a ſervi pendant 20 ans en Hongrie, & qui a très-curieuſement examiné tout ce qu'on y dit des Revenans, reconnoît que les peuples de ce pays ſont plus crédules & plus ſuperſtitieux que les autres peuples, & qu'ils attribuent les maladies qui leur arrivent à des Sortileges. Que d'abord qu'ils ſoupçonnent une perſonne morte de leur avoir envoyé cette incommodité, ils la déferent au Magiſtrat, qui ſur la dépoſition de quelques témoins fait exhumer le mort; on lui coupe la tête avec une bêche, & s'il en ſort quelque goute de ſang, ils en concluent que c'eſt le ſang qu'il a ſucé à la perſonne malade. Mais celui qui m'écrit paroît fort éloigné de croire ce que l'on en pense dans ce pays-là.

A Warsovie un Prêtre ayant commandé à un Sellier de lui faire une bride pour son cheval, mourut auparavant que la bride fût faite; & comme il étoit de ceux que l'on nomme Vampires en Pologne, il sortit de son tombeau habillé comme on a coutume d'inhumer les Ecclésiastiques, prit son cheval à l'écurie, monta dessus, & fut à la vûe de tout Warsovie à la boutique du Sellier, où d'abord il ne trouva que la femme qui fut effrayée, & appella son mari qui vint; & ce Prêtre lui ayant demandé sa bride, il lui répondit: Mais vous êtes mort, Mr. le Curé; à quoi il répondit: je te vas faire voir que non, & en même tems le frappa de telle sorte, que le pauvre Sellier mourut quelques jours après, & le Prêtre retourna à son tombeau.

L'intendant du Comte Simon Labienski, Staroste de Posnanie, étant mort, la Comtesse Douairiere de Labienski voulut par reconnoissance de ses services qu'il fût inhumé dans le caveau des Seigneurs de cette famille; ce qui fut exécuté. Quelque tems après le Sacristain qui avoit soin du caveau, s'apperçût qu'il y avoit du dérangement, & en avertit la Comtesse, qui ordonna suivant l'usage reçû

reçû en Pologne, qu'on lui coupât la tête; ce qui fut fait en préfence de plufieurs perfonnes, & entr'autres du fieur Jouvinski, Officier Polonois & Gouverneur du jeune Comte Simon Labienski, qui vit que lorfque le Sacriftain tira ce cadavre de fa tombe pour lui couper la tête, il grinça les dents, & le fang en fortit auffi fluide que d'une perfonne qui mourroit d'une mort violente, ce qui fit dreffer les cheveux à tous les affiftans, & l'on trempa un mouchoir blanc dans le fang de ce cadavre, dont on fit boire à tous ceux de la maifon pour n'être point tourmentés.

CHAPITRE XVI.

Veftiges prétendus du Vampirifme dans l'Antiquité.

Quelques Savans ont crû trouver des veftiges du Vampirifme dans la plus haute Antiquité; mais tout ce qu'ils en ont dit n'approche point de ce qu'on raconte des Vampires. Les Lamies, les Striges, les Sorciers qu'on accufoit de fucer le fang des vivans & de les faire mourir, les Magiciennes qu'on difoit faire périr les enfans nouveaux nés par des charmes & des maléfices, ne font rien moins que ce que nous entendons fous le nom de Vampires ; quand on avoueroit que ces fortes de Lamies & de Striges ont réellement exifté, ce que nous ne croyons pas que l'on puiffe jamais bien prouver.

J'avoue que ces termes fe trouvent dans les verfions de la Sainte Ecriture. Par exemple, Ifaïe décrivant l'état où devoit être réduite Babylone après fa ruine, dit qu'elle deviendra la demeure des Satyres, des Lamies, des Striges (en Hebreu *Lilith*) ; ce dernier terme, felon les Hebreux, fignifie la même chofe que les Grecs & les Latins expriment par *Strix* & *Lamia*, qui font des Sorcieres ou Magiciennes, qui cherchent à faire périr les enfans nouveaux nés. D'où vient que les Juifs pour les écarter, ont coûtume d'écrire aux quatre coins de la chambre d'une femme nouvellement accouchée, Adam, Eve, hors d'ici *Lilith*.

Les anciens Grecs connoiffoient ces dangereufes Sorcieres fous le nom de *Lamie*, & ils croyoient qu'elles dévoroient les enfans, ou leur fuçoient tout

le sang jusqu'à les faire mourir. Horace (*a*):
Neu pransæ Lamiæ vivum puerum extrahat
alvo.

Les Septante dans Isaïe traduisent l'Hébreu Lilith par *Lamia*. Euripide & le Scholiaste d'Aristophane en font aussi mention, comme d'un monstre funeste & ennemi des mortels. Ovide parlant des Striges, les décrit comme des oiseaux dangereux, qui volent la nuit & cherchent les enfans, pour les dévorer & se nourrir de leur sang.

Carpere dicuntur lactentia viscera rostris,
Et plenum poto sanguine guttur habent.
Est illis Strigibus nomen.

Ces préjugés avoient jetté de si profondes racines dans l'esprit des peuples barbares, qu'ils mettoient à mort les personnes soupçonnées d'être Striges, ou Sorcieres, & de manger les hommes vivans. Charle-magne dans ses Capitulaires, qu'il a composés pour les Saxons ses nouveaux sujets, (*b*) condamne à mort ceux

(*a*) *Horat. Art. Poët. v.* 340.
(*b*) *Capitul. Caroli magni pro partibus Saxoniæ*, 1. 6. *Siquis à Diabolo deceptus crediderit secundùm morem Paganorum, virum aliquem aut fœminam Strigem esse, & homines comedere, & propter hoc ipsum incenderit, vel carnem ejus ad comedendum dederit, vel ipsam comederit, capitis sensentiâ puniatur.*

D ij

qui croiront, qu'un homme ou une femme font Sorciers (*Striges effe*) & mangent les hommes vivans; il condamne de même ceux qui les feront brûler, ou donneront leur chair à manger, ou la mangeront eux-mêmes.

Où l'on peut remarquer, premierement, qu'on croyoit qu'il y avoit des gens qui mangeoient les hommes vivans, qu'on les faifoit mourir & brûler, qu'on mangeoit quelquefois leurs chairs, comme nous avons vû qu'en Ruffie on mange du pain pêtri avec le fang des Vampires, & que d'autres fois on expofoit leurs cadavres aux bêtes carnacieres, comme on fait encore dans les lieux où fe trouvent de ces Revenans, après les avoir empalés, ou leur avoir coupé la tête.

Les Loix des Lombards défendent de même de faire mourir la fervante d'une autre comme Sorciere, *Strix* ou *mafca*. Ce dernier mot *mafca*, d'où vient *mafque*, a la même fignification que le Latin *Larva*, un Efprit, un Fantôme, un Spectre.

On peut ranger au nombre des Revenans celui dont il eft parlé dans la Chronique de Sigebert fous l'an 858.

Théodore de Gaze (*a*) avoit dans la

(*a*) Le Loyer, des Spect. es, l. 2. f. 427.

Campanie une petite ferme qu'il faisoit cultiver par un laboureur : comme il travailloit à labourer la terre, il découvrit un vase rond, où étoient enfermées les cendres d'un mort; aussi-tôt il lui apparut un spectre, qui lui commanda de remettre en terre le même vase avec ce qu'il contenoit, sinon qu'il feroit mourir son fils aîné. Le laboureur ne tint compte de ces menaces, & peu de jours après son fils aîné fut trouvé mort dans son lit. Peu de tems après le même spectre lui apparut, lui réiterant le même commandement, & le menaça de faire mourir son second fils. Le laboureur avertit de tout ceci son maître Théodore de Gaze, qui vint lui-même en sa Métairie, & fit remettre le tout en sa place. Ce spectre étoit apparemment un Démon, ou l'ame d'un Payen enterré en cet endroit.

Michel Glycas (*a*) raconte que l'Empereur Basile ayant perdu son fils bien-aimé, obtint par le moyen d'un Moine noir de Santabaren de voir sondit fils, qui étoit mort peu auparavant; il le vit, & le tint embrassé assez long-tems, jusqu'à ce qu'il disparut entre ses bras. Ce n'étoit donc qu'un fantôme, qui parut sous la forme de son fils.

(*a*) *Mich. Glycas, part.* 4. *annal.*

Dans le Diocèse de Mayence on vit cette année un Esprit, qui se manifesta d'abord en jettant des pierres, frappant les murailles des maison, comme à grands coups de maillets, puis parlant & découvrant des choses inconnuës, les Auteurs de certains larcins, & d'autres choses propres à répandre l'esprit de discorde parmi les voisins. A la fin il porta sa fureur contre un particulier, qu'il affecta de persécuter & de rendre odieux à tout le voisinage, publiant que c'étoit lui qui excitoit la colere de Dieu contre tout le village. Il le poursuivoit en tout lieu, sans lui donner le moindre relâche; il brûla ses moissons ramassées dans sa maison, & mit le feu dans tous les lieux où il entroit.

Les Prêtres l'exorciserent, firent des prieres, jetterent de l'eau bénite; l'Esprit leur jetta des pierres, & blessa plusieurs personnes. Après que les Prêtres se furent retirés, on l'entendit comme se lamentant, & disant qu'il s'étoit caché sous la chappe d'un Prêtre qu'il nomma, & qu'il accusa d'avoir corrompu la fille d'un homme d'affaires du lieu : il continua ses infestations pendant trois ans, & ne cessa point qu'il n'eût brûlé toutes les maisons du village.

Voici un exemple qui peut se rapporter à ce qu'on raconte des Revenans de Hongrie, qui viennent annoncer la mort à leurs proches. Evode Evêque d'Upzale en Afrique écrit à S. Augustin en 415. (a) qu'un jeune homme qu'il avoit auprès de lui, qui lui servoit d'Ecrivain, & étoit d'une innocence & d'une pureté extraordinaire, étant venu à mourir à l'âge de vingt-deux ans, une vertueuse Veuve vit en songe un certain Diacre, qui avec d'autres Serviteurs & Servantes de Dieu ornoit un Palais qui paroissoit brillant, comme s'il eût été tout d'argent. Elle demanda pour qui on le préparoit: on lui dit, que c'étoit pour ce jeune homme qui étoit mort la veille. Elle vit ensuite dans le même Palais un Viellard vêtu de blanc, qui ordonna à deux personnes de tirer ce jeune homme du tombeau, & de le conduire au Ciel.

Dans la même maison, où ce jeune homme étoit mort, un Vieilliard à demi-endormi vit un homme avec une branche de laurier à la main, sur laquelle il y avoit quelque chose d'écrit.

Trois jours après la mort du jeune homme, son pere qui étoit Prêtre, & se

_____
(a) *Aug. Epist.* 658. & *Epist.* 258. pag. 361.

nommoit Armene, s'étant rétiré dans un Monastére, pour se consoler avec le Saint vieillard Thease Evêque de Manblose, le fils trépassé apparut à un Moine de ce Monastére, & lui dit que Dieu l'avoit reçû au nombre des bien-heureux, & qu'il l'avoit envoyé pour querir son Pere. En effet quatre jours après son pere sentit un peu de fiévre, mais si légere que le Medecin assûroit qu'il n'y avoit rien à craindre. Il ne laissa pas de se mettre au lit; & en même tems, comme il parloit encore, il expira.

Ce n'est pas de la frayeur dont il fut saisi: car il ne paroît pas qu'il ait rien sû de ce que le Moine avoit vû en songe.

Le même Evêque Evode raconte, qu'on a vû plusieurs personnes après leur mort aller & venir dans leurs maisons, comme auparavant, ou la nuit, ou même en plein jour. On dit aussi, ajoûte-t-il, que dans les lieux où il y a des corps enterrés, & sur-tout dans les Eglises, on entend souvent du bruit à une certaine heure de la nuit, comme de personnes qui prient à haute voix. Je me souviens, dit toûjours Evode, de l'avoir entendu dire à plusieurs, & entr'autres à un S. Prêtre, qui est témoin de ces Apparitions, pour avoir vû sortir du baptistere un grand nombre de ces Ames avec des corps éclatans de lumiere, & les avoir ensuite entendu prier au milieu de l'Eglise. Le même Evode dit de plus, que Profuture, Privat & Servile, qui avoient vêcu avec beaucoup de pieté dans le Monastére, lui avoient parlé à lui même depuis leur mort, & que ce qu'ils lui avoient dit étoit arrivé.

Saint Augustin après avoir rapporté ce que disoit Evode, reconnoît qu'il y a beaucoup de distinction à faire entre les visions vraies & les fausses, & témoigne qu'il voudroit bien avoir un moyen sûr pour en faire le juste discernement.

Mais qui nous donnera les lumieres nécessaires pour faire ce discernement si difficile, & néanmoins si nécessaire, puisque nous n'avons pas même de caracteres certains & démonstratifs, pour discerner infailliblement les vrais miracles d'avec les faux, ni pour faire la distinction des œuvres du Tout-Puissant des illusions de l'Ange de ténébres?

CHAPITRE XVII.

Revenans dans les pays Septentrionnaux.

Thomas Bartholin le fils dans son traité intitulé : *des causes du mépris que les anciens Danois encore gentils faisoient de la mort*, remarque (a) qu'un certain Hordus Islandois voyoit les Spectres des yeux du corps, se battoit contre eux & leur résistoit. Ces peuples ne doutoient pas, que les Ames des morts ne revinssent avec leurs corps, qu'ils abandonnoient ensuite, & retournoient dans leurs tombeaux. Bartholin raconte en particulier, qu'un nommé Asmond fils d'Alfus s'étant fait mettre tout vif dans le même sépulcre avec son ami Asvite, & y ayant fait porter à manger, en fut tiré quelque tems après tout en sang, ensuite d'un combat qu'il avoit eu à soûtenir contre Asvite, qui étoit revenu, & l'avoit cruellement assailli.

Il rapporte après cela ce que les Poëtes enseignent de l'évocation des Ames par

(a) *Thomas Bartholin, de causis contemptûs mortis à Danis, lib. 2. c. 2.*

les forces de la Magie, & du retour de ces Ames dans les corps qui ne sont pas corrompus, quoique morts depuis long-tems. Il montre que les Juifs ont crû de même, que les Ames revenoient de tems en tems visiter leurs corps morts pendant la premiere année de leur décès. Il fait voir que les anciens Peuples Septentrionnaux étoient persuadés que les personnes nouvellement décédées apparoissoient souvent avec leurs corps; & il en rapporte quelques exemples: il ajoûte qu'on attaquoit ces Spectres dangereux, qui infestoient & maltraitoient tous ceux qui avoient des champs aux environs de leurs tombeaux; qu'on coupa la tête à un nommé Gretter, qui revenoit ainsi. D'autres fois on leur passoit un pieu au travers du corps, & on les fichoit ainsi en terre.

Nam ferro secui mox caput ejus,
Perfodique nocens stipite corpus.

D'autres fois on tiroit le corps du tombeau, & on le réduisoit en cendres; on en usa ainsi envers un Spectre nommé Gardus, qu'on croyoit Auteur de toutes les funestes Apparitions qui s'étoient faites pendant l'hiver.

CHAPITRE XVIII.

Revenans en Angleterre.

Guillaume de Malmesburi dit (*a*) qu'en Angleterre on croyoit que les méchans revenoient après leur mort, & étoient ramenés dans leurs propres corps par le Démon, qui les gouvernoit & les faisoit agir : *nequam hominis cadaver post mortem Dæmone agente discurrere.*

Guillaume de Neubrige, qui fleurissoit après le milieu du douziéme siécle, raconte que de son tems on vit en Angleterre dans le territoire de Bukingham un homme, qui apparut en corps comme vivant à sa femme trois nuits consécutives, & ensuite à ses proches. On ne se défendoit de ses visites effrayantes qu'en veillant, & faisant du bruit quand on s'appercevoit qu'il vouloit venir. Il se fit même voir à quelques personnes pendant le jour. L'Evêque de Lincoln assembla sur cela son Conseil, qui lui dit que pareilles choses étoient souvent arrivées en Angleterre, & que le seul remede que l'on connût

(*a*) *Guillaume de Malmes. lib.* 2. *c.* 4.

à ce mal, étoit de brûler le corps du Revenant. L'Evêque ne put goûter cet avis, qui lui parut cruel : il écrivit d'abord une cédule d'absolution, qui fut mise sur le corps du défunt, qu'on trouva au même état que s'il avoit été enterré le même jour ; & depuis ce tems on n'en entendit plus parler.

L'Auteur de ce récit ajoûte, que ces sortes d'Apparitions paroîtroient incroyables, si l'on n'en avoit vû plusieurs exemples de son tems, & si l'on ne connoissoit plusieurs personnes qui en faisoient foi.

Le même de Neubrige dit au Chapitre suivant, qu'un homme qui avoit été enterré à Bervik, sortoit toutes les nuits de son tombeau, & causoit de grands troubles dans tout le voisinage. On disoit même qu'il s'étoit vanté, qu'il ne cesseroit point d'inquiéter les vivans, qu'on ne l'eût réduit en cendres. On choisit donc dix jeunes hommes hardis & vigoureux, qui le tirerent de terre, couperent son corps en pieces, & le mirent sur un bûcher, où il fut réduit en cendres; mais auparavant quelqu'un d'entre eux ayant dit, qu'il ne pourroit être consumé par le feu, qu'on ne lui eût arraché le cœur, on lui perça le côté avec un pieu, & quand on lui eut tiré le cœur par cette ouverutre, on mit le feu au bûcher : il fut consumé par les flammes, & ne parut pas davantage.

Les Payens croyoient de même que les corps des défunts n'étoient point en repos, ni à couvert des évocations de la Magie, tandis qu'ils n'étoient pas consumés par le feu, ou pourris sous la terre :

Tali tua membra sepulchro,
Talibus exuram Stygio cum carmine Sylvis,
Ut nullos cantata Magos exaudiat umbra ;

disoit une Magicienne dans Lucain à une Ame qu'elle évoquoit.

CHAPITRE XIX.

Revenans au Pérou.

L'Exemple que nous allons rapporter est arrivé au Pérou dans le Pays des Ititans. Une fille nommée Catherine mourut âgée de seize ans, d'une mort malheureuse, & coupable de plusieurs Sacrileges. Son corps immédiatement après son décès se trouva tellement infecté, qu'il fallut le mettre hors du logis en plein air, pour se délivrer de la mauvaise odeur qui en exhaloit. On entendit en même tems des hurlemens comme de chiens; & un cheval auparavant fort doux commença à ruer, à s'agiter, à frapper des pieds, à rompre ses liens. Un jeune homme qui étoit couché, fut tiré du lit par le bras avec violence; une servante reçut un coup de pied sur l'épaule, dont elle porta les marques pendant plusieurs jours. Tout ceci arriva avant que le corps de Catherine fût inhumé. Quelque tems après plusieurs habitans du lieu virent une grande quantité de tuiles & de briques renversées avec grand fracas dans la maison où elle étoit décédée. La servante du logis fut traînée par le pied, sans qu'il parût personne qui la touchât, & cela en présence de sa Maîtresse & de dix ou douze autres femmes.

La même servante entrant dans une chambre pour prendre quelques habits, apperçut Catherine qui s'élevoit pour saisir un vaisseau de terre : la fille se sauva aussi-tôt; mais le Spectre prit le vase, le jetta contre le mur, & le mit en mille pieces. La Maîtresse étant accourue au bruit, vit qu'on jettoit avec violence contre la muraille un quartier de briques. Le lendemain une image du Crucifix colée contre le mur fut tout d'un coup arrachée en présence de tout le monde, & brisée en trois pieces.

CHAPITRE XX.

Revenans dans la Laponie.

ON trouve encore des vestiges de ces Revenans dans la Laponie, où l'on dit que l'on voit grand nombre de Spectres, qui apparoissent parmi ces peuples, leur parlent, mangent avec eux, sans qu'on puisse s'en défaire ; & comme ils se persuadent, que ce sont les manes de leurs parens qui les inquiétent, ils n'ont point de moyens plus efficaces pour se garantir de leurs vexations, que d'enterrer les corps de leurs proches sous l'âtre du feu, afin apparemment qu'ils y soient plûtôt consumés. En général ils croyent, que les manes ou les Ames sorties du corps sont ordinairement malfaisantes, jusqu'à ce qu'elles soient rentrées en d'autres corps. Ils rendent quelque respect aux Spectres ou Démons, qu'ils croyent roder autour des rochers, des montagnes, des lacs & des rivieres, à peu près comme autrefois les Romains rendoient des honneurs aux Faunes, aux Dieux des bois, aux Nimphes, aux Tritons.

André Alciat (*a*) dit, qu'il fut consulté sur certaines femmes, que l'Inquisition avoit fait brûler comme Sorcieres, pour avoir fait mourir des enfans par leurs Sortileges, & avoir menacé les Meres d'autres enfans de les faire aussi mourir, lesquels en effet étoient morts la nuit suivante de maladies inconnues aux Médecins. Voilà encore de ces *Striges* ou Sorcieres, qui en veulent à la vie des Enfans.

Mais tout cela ne revient à notre sujet que très-indirectement. Les Vampires dont nous traitons ici, sont différens de tout cela.

CHAPITRE XXI.

Retour d'un homme mort depuis quelques mois.

Pierre le Vénérable (*b*), Abbé de Cluni, rapporte l'entretien qu'il eut en présence des Evêques d'Oleron & d'Osma en Espagne, & de plusieurs Religieux, avec un ancien Religieux nommé Pierre d'Engelbert, qui après avoir

(*a*). *Andr. Alciat. Parergon juris.* 8. c. 22.
(*b*) *Petrus Venerab. Abb. Cluniac. de miraculis. lib.* 1. *c.* 28. *pag.* 1293.

vêcu long-tems dans le siecle où il étoit en réputation de valeur & d'honneur, s'étoit retiré après la mort de sa femme dans l'Ordre de Cluni. Pierre le Vénérable l'étant venu voir, Pierre d'Engelbert lui raconta qu'un jour étant dans son lit bien éveillé, il vit dans sa chambre pendant un grand clair de Lune un nommé Sanche, qu'il avoit quelques années auparavant envoyé à ses frais au secours d'Alphonse Roi d'Arragon, qui faisoit la guerre en Castille. Sanche étoit retourné de cette expedition sain & sauf. Quelques tems après il tomba malade, & mourut dans sa maison.

Quatre mois après sa mort Sanche se fit voir à Pierre d'Engelbert, comme nous l'avons dit. Sanche étoit tout nud, n'ayant qu'un haillon qui couvroit ce que la pudeur veut qu'on tienne caché. Il se mit à découvrir les charbons du feu, comme pour se chaufer, ou pour se faire mieux distinguer. Pierre lui demanda qui il étoit. Je suis, répondit-il d'une voix cassée & enrouée, Sanche votre Serviteur. Et que viens-tu faire ici? Je vais, dit-il, en Castille avec quantité d'autres, afin d'expier le mal que nous avons fait pendant la guerre derniere, au même lieu où il a été commis : en mon particulier j'ai pillé les ornemens d'une Eglife, & je fuis condamné pour cela à faire ce voyage. Vous pouvez beaucoup m'aider par vos bonnes œuvres ; & Madame votre Epoufe qui me doit encore huit fols du refte de mon falaire, m'obligera infiniment de les donner aux pauvres en mon nom.

Pierre lui demanda des nouvelles d'un nommé Pierre de Fais fon ami, mort depuis peu : Sanche lui dit qu'il étoit fauvé. Et Bernier notre Concitoyen, qu'eft-il devenu ? Il eft damné, dit-il, pour s'être mal acquitté de fon Office de Juge, & pour avoir vexé & pillé la veuve & l'innocent. Pierre ajoûta : pourriez-vous me dire des nouvelles d'Alphonfe, Roi d'Arragon, mort depuis quelques années ? Alors un autre Spectre, que Pierre n'avoit pas encore vû, & qu'il remarqua diftinctement au clair de la Lune affis dans l'embrafure de la fenêtre, lui dit : Ne lui demandez pas des nouvelles du Roi Alphonfe, il ne peut pas vous en dire ; il n'y a pas affez long-tems qu'il eft avec nous, pour en fçavoir quelque chofe. Pour moi qui fuis mort il y a cinq ans, je puis vous en apprendre des nouvelles. Alphonfe a été avec nous quelque tems ; mais les Moines de Cluni l'en ont tiré : je ne fais où il eft à préfent. En même-tems adressant la parole à Sanche son compagnon: Allons, lui dit il, suivons nos compagnons, il est tems de partir. Sanche réitera ses instances à Pierre son Seigneur, & sortit de la maison.

Pierre éveilla sa femme qui étoit couchée auprès de lui, & qui n'avoit rien vû, ni rien oui de tout ce dialogue, & lui demanda: ne devez-vous rien à Sanche ce domestique qui nous a servis, & qui est mort depuis peu ? Je lui dois encore huit sols, répondit-elle ; à ces marques Pierre ne douta plus de la vérité de ce que Sanche lui avoit dit, donna aux pauvres ces huit sols, y en ajoûta beaucoup du sien, & fit dire des Messes & des prieres pour l'ame de ce défunt. Pierre étoit alors marié dans le monde ; mais quand il raconta ceci à Pierre le Vénérable, il étoit Moine de Cluni.

Saint Augustin raconte que Sylla (a) étant arrivé à Tarente, y offrit des sacrifices à ses Dieux, c'est-à-dire aux Démons; & ayant remarqué au haut du foye de la victime une espece de couronne d'or, l'Aruspice l'assura que cette couronne étoit le présage d'une victoire assurée, & lui dit de manger seul ce foye, où il avoit vû la couronne.

(a) L. 2. de Civ. Dei, cap. 24.

Presqu'au même moment, un serviteur de Lucius Pontius vint lui dire : Sylla, je viens ici de la part de la Déesse Bellone ; la victoire est à vous, & pour preuve de ma prédiction, je vous annonce, que bientôt le Capitole sera réduit en cendres. En même tems cet homme sortit du Camp en diligence ; & le lendemain il revint avec encore plus d'empressement, & assura que le Capitole avoit été brûlé ; ce qui se trouva vrai.

Saint Augustin ne doute pas, que le Démon, qui avoit fait paroître la couronne d'or sur le foye de la victime, n'ait inspiré ce Devin, & que ce même mauvais Esprit ayant prévû l'incendie du Capitole, ne l'ait fait annoncer après l'évenement par ce même homme.

Le même saint Docteur rapporte (a) après Julius Obsequens dans son Livre des prodiges, que dans les campagnes de Campanie, où quelque tems après les armées Romaines durant la guerre civile combattirent avec tant d'animosité, on ouit d'abord de grands bruits comme de Soldats qui combattent ; & ensuite plusieurs personnes assurerent avoir vû pendant quelques jours comme deux ar-

(a) Idem, cap. 25.

mées qui s'entre-choquoient ; après quoi on remarqua dans la même campagne comme les vestiges des combattans, & l'impression des pieds des chevaux, comme si réellement le combat s'y étoit donné. Saint Augustin ne doute pas, que tout cela ne soit l'ouvrage du Démon, qui vouloit rassurer les hommes contre les horreurs de la guerre civile, en leur faisant croire que leurs Dieux étant en guerre entr'eux, les hommes ne devoient pas être plus modérés, ni plus touchés des maux que la guerre entraîne avec soi.

L'Abbé d'Ursperg dans sa Chronique, sous l'an 1123. dit que dans le territoire de Vorms on vit pendant plusieurs jours une multitude de gens armés à pied & à cheval, allant & venant avec grand bruit, comme gens qui vont à une assemblée solennelle. Ils marchoient tous les jours vers l'heure de None à une montagne, qui paroissoit être le lieu de leur rendez-vous. Quelqu'un du voisinage plus hardi que les autres s'étant muni du signe de la croix, s'approcha d'un de ces gens armés, en le conjurant au nom de Dieu de lui déclarer ce que vouloit dire cette armée, & quel étoit leur dessein. Le soldat ou le Fantôme répondit : nous ne sommes pas ce que vous vous imaginez, ni de vains Fantômes, ni de vrais soldats ; mais nous sommes les Ames de ceux qui ont été tués en cet endroit il y a long-tems. Les armes & les chevaux que vous voyez, sont les instrumens de notre supplice, comme ils l'ont été de nos péchés. Nous sommes tout en feu, quoique vous ne voyez rien en nous qui paroisse enflammé. On dit que l'on remarqua en leur compagnie le Comte Emico, tué depuis peu d'années, qui déclara qu'on pourroit le tirer de cet état par des aumônes & par des prieres.

Trithême, dans sa chronique d'Hirsauge sur l'an 1013. (a) avance qu'on vit en plein jour, & en certain jour de l'année, une armée de Cavalerie & d'Infanterie, qui descendoit d'une montagne & se rangeoit dans la plaine voisine. On leur parla, & on les conjura ; ils déclarerent, qu'ils étoient les ames de ceux qui peu d'années auparavant avoient été tués les armes à la main dans cette même campagne.

Le même Trithême raconte ailleurs (b) l'apparition du Comte de Spanheim

(a) Trith. Chron. Hirs. pag. 155. ad an. 1013.
(b) Idem, Tom. 2. Chron. Hirs. pag. 227.

décedé depuis quelque tems, qui se fit voir dans les champs avec sa meute de chiens. Ce Comte parla à son Curé, & lui demanda des prieres.

Vipert Archiacre de l'Eglise de Toul, Auteur contemporain de la vie du Saint Pape Leon IX. mort en 1059. raconte (a) que quelques années avant la mort de ce saint Pape, on vit passer par la Ville de Narni une multitude infinie de personnes vêtuës de blanc, & qui s'avançoient du côté de l'Orient. Cette troupe défila depuis le matin jusqu'à trois-heures après midi ; mais sur le soir elle diminua notablement. A ce spectacle toute la ville de Narni monta sur les murailles, craignant que ce ne fussent des troupes ennemies, & les vit défiler avec une extrême surprise.

Un Bourgeois plus résolu que les autres sortit de la ville, & ayant remarqué dans la foule un homme de sa connoissance, l'appella par son nom, & lui demanda ce que vouloit dire cette multitude de Voyageurs; il lui répondit : Nous sommes des ames, qui n'ayant pas expié tous nos péchés, & n'étant pas encore assez pures pour entrer au Royaume des Cieux,

―――――――
(a) *Vita S. Leonis Papæ.*

allons

allons ainſi dans les ſaints lieux dans un eſprit de pénitence ; nous venons actuellement de viſiter le tombeau de Saint Martin, & nous allons de ce pas à Nôtre-Dame de Farfe. Cet homme fut tellement effrayé de cette viſion, qu'il en demeura malade pendant un an entier. C'eſt lui-même qui raconta la choſe au Pape Leon IX. Toute la ville de Narni fut témoin de cette proceſſion, qui ſe fit en plein jour.

La nuit qui précéda la bataille, qui ſe donna en Egypte entre Marc-Antoine (a) & Céſar, pendant que toute la ville d'Alexandrie étoit en une extrême inquiétude dans l'attente de cette action, on vit dans la ville comme une multitude de gens, qui crioient & hurloient comme aux Bacchanales, & l'on ouit le ſon confus de toutes ſortes d'inſtrumens en l'honneur de Bacchus, comme Marc-Antoine avoit accoutumé de célébrer ces ſortes de fêtes. Cette troupe après avoir parcouru une grande partie de la ville, en ſortit par la porte qui conduiſoit à l'Ennemi, puis diſparut.

C'eſt-là tout ce qui eſt venu à ma connoiſſance ſur le fait des Vampires & des

---

(a) *Plutarch. in Anton.*

Revenans de Hongrie, de Moravie, de Siléfie & de Pologne, & fur les autres Revenans de France & d'Allemagne. Nous nous expliquerons ci-après fur la réalité & les autres circonstances de ces fortes de Redivives ou de Reffufcités.

En voici une autre espece, qui n'est pas moins merveilleufe; ce font des excommuniés, qui fortent de l'Eglife & de leurs tombeaux avec leurs corps, & n'y rentrent qu'après le Sacrifice achevé.

CHAPITRE XXII.

Excommuniés qui fortent des Eglifes.

SAint Grégoire le Grand raconte (*a*) que S. Benoît ayant menacé d'excommunier deux Religieufes, ces Religieufes moururent en cet état. Quelques tems après, leur nourrice les voyoit fortir de l'Eglife dès que le Diacre avoit crié: que ceux qui ne communient pas fe retirent. La nourrice ayant fait favoir la chofe à S. Benoît, ce Saint envoya une oblation, ou un pain, afin qu'on l'offrît pour elles en figne de réconciliation; & depuis

(*a*) *Greg. magn. lib. 2. Dialog. c. 23.*

ce tems-là les deux Religieuses demeurerent en repos dans leurs sépulcres.

Saint Augustin dit (*a*) que l'on récitoit dans les dyptiques les noms des Martyrs, non pour prier pour eux, & les noms des Vierges Religieuses décédées pour prier pour elles. *Perhibet præclarissimum testimonium Ecclesiastica auctoritas, in quâ fidelibus notum est, quo loco Martyres, & quo defunctæ Sanctimoniales ad Altaris Sacramenta recitantur.* C'étoit donc peut-être lorsqu'on les nommoit à l'Autel, qu'elles sortoient de l'Eglise. Mais S. Grégoire dit expressément, que ce fut lorsque le Diacre cria à haute voix: que ceux qui ne communient pas se retirent.

Le même S. Grégoire raconte, qu'un jeune Religieux du même S. Benoît (*b*) étant sorti du Monastere sans aucune permission, & sans recevoir la bénédiction du saint Abbé, mourut dans sa désobéissance, & fut enterré en terre sainte. Le lendemain on trouva son corps hors du tombeau. Les parens en avertirent S. Benoît, qui leur donna une hostie consacrée, & leur dit de la mettre avec le respect convenable sur la poitrine du jeune Reli-

_____

(*a*) *Aug. de St. Virgin. c. xlv. pag. 364.*
(*b*) *Greg. lib. 2. Dialog. c. 24.*

gieux. On l'y mit, & la terre ne le rejetta plus de son sein.

Cet usage, ou plûtôt cet abus de mettre la Sainte Eucharistie dans le tombeau avec les morts, est fort singulier ; mais il n'est pas inconnu dans l'Antiquité. L'Auteur de la vie de S. Basile (*a*) le Grand donnée sous le nom de S. Amphiloque, dit que ce Saint réserva la troisieme partie d'une Hostie consacrée, pour être enterrée avec lui. Il la reçut, & expira l'ayant encore dans la bouche ; mais quelques Conciles avoient déja condamné cette pratique, & d'autres l'ont encore proscrite depuis, comme contraire à l'institution de Jesus-Christ (*b*).

On n'a pas laissé en quelques endroits de mettre des Hosties dans les tombeaux de quelques personnes recommandables par leur sainteté, comme dans le tombeau de saint Othmare Abbé de saint Gal (*c*), où l'on trouva sous sa tête plusieurs petits pains ronds, que l'on ne douta pas qui ne fussent des Hosties.

Dans la vie de saint Cutbert Evêque

(*a*) *Amphilo. in vit. S. Basilii.*
(*b*) *Vide Balsamon. ad Canon. 83. Concil. in Trullo, & Concil. Carthagin. iij. c. 6. Hipon. s. 5. Antissiod. c. 12.*
(*c*) *Vit. S. Othmari. c. 3.*

de Lindisfarne (*a*), on lit qu'on trouva sur sa poitrine quantité d'Hosties. Amalaire cite du Vénérable Bede, que l'on mit une Hostie sur la poitrine de ce Saint avant que de l'inhumer : *oblatâ super Sanctum pectus positâ* (*b*). Cette particularité ne se lit point dans l'Histoire de Bede, mais dans la seconde vie de saint Cutbert. Amalaire remarque que cet usage vient sans doute de l'Eglise Romaine, qui l'avoit communiqué aux Anglois; & le R. P. Menard (*c*) soûtient que ce n'est pas cette pratique, que les Conciles dont nous avons parlé condamnent, mais celle de donner la Communion aux morts, en leur insinuant l'Hostie dans la bouche. Quoi qu'il en soit de cette pratique, nous savons que le Cardinal Humbert (*d*) dans sa réponse aux objections du Patriarche Michel Cérularius, reproche aux Grecs d'enterrer la Sainte Eucharistie, lorsqu'il en restoit quelque chose après la Communion des Fideles.

(*a*) *Vit. S. Cutberti, lib.* 4. *c.* 2. *Apud Bolland.* 26. *Martii.*
(*b*) *Amalar. de Offic. Eccl. lib.* 4. *c.* 41.
(*c*) *Menard. not. in Sacrament. S. Greg. magn. pag.* 484. 485.
(*d*) *Humbert. Card. Bibliot. P. P. lib.* 18. *& Tom.* iv. *Concil.*

CHAPITRE XXIII.

Autres Exemples des Excommuniés rejettés hors de la terre sainte.

ON voit encore dans l'Histoire plusieurs autres exemples de corps morts des Excommuniés rejettés hors de la terre sainte ; par exemple, dans la vie de saint Gothard Evêque d'Hildesheim, (*a*) il est rapporté que ce Saint ayant excommunié certaines personnes pour leur rebellion & leurs péchés, elles ne laisserent pas malgré ses Excommunications d'entrer dans l'Eglise, & d'y demeurer contre la défense du Saint, pendant que les morts mêmes, qui y étoient enterrés depuis plusieurs années, & qui y avoient été mis sans qu'on sût leur Excommunication, lui obéissoient, se levoient de leurs tombeaux, & sortoient de l'Eglise. Après la Messe, le Saint s'adressant à ces rébelles, leur reprocha leur endurcissement, & leur dit, que ces morts s'éleveroient contre eux au jugement de Dieu.

(*a*) *Vit. S. Gothardi, sæcul.* 6. *Bened. parte* 1. *pag.* 434.

En même tems fortant de l'Eglife, il donna l'abfolution à ces morts excommuniés, & leur permit d'y rentrer, & de fe repofer dans leurs tombeaux comme auparavant. La vie de faint Gothard a été écrite par un de fes Difciples, Chanoine de fa Cathédrale ; & ce Saint eft mort le 4 Mai 938.

Dans le fecond Concile tenu à Limoges (a) en 1031. où fe trouverent grand nombre d'Evêques, d'Abbés, de Prêtres & de Diacres, on rapporta les exemples que nous venons de citer de S. Benoît, pour montrer le refpect que l'on doit avoir pour les fentences d'Excommunication prononcées par les Supérieurs Eccléfiaftiques. Alors l'Evêque de Cahors qui étoit préfent, raconta une chofe qui lui étoit arrivée peu de tems auparavant. Un Chevalier de mon Diocèfe ayant été tué dans l'Excommunication, je ne voulus pas acquiefcer aux prieres de fes amis, qui me follicitoient vivement de lui donner l'abfolution ; je voulois en faire un exemple, afin que les autres fuffent touchés de crainte. Mais il fut enterré par des Soldats, ou des Gentils-hommes (*milites*) fans ma permiffion, hors la préfence des

_____
(a) *Tom. ix. Concil. An.* 1031. *pag.* 702.

Prêtres, dans une Eglise dédiée à saint Pierre. Le lendemain matin on trouva son corps hors de terre, & jetté nud loin de-là, son tombeau demeurant entier, & sans aucune marque qu'on y eût touché. Les Soldats ou les Gentils-hommes (*milites*) qui l'avoient enterré, ayant ouvert la fosse, n'y trouverent que les linges dont il avoit été enveloppé ; ils l'enterrerent donc de nouveau, & couvrirent la fosse d'une énorme quantité de terre & de pierres. Le lendemain ils trouverent de nouveau le corps hors du tombeau, sans qu'il parût qu'on y eût travaillé. La même chose arriva jusqu'à cinq fois : à la fin ils l'enterrerent comme ils purent, loin du cimetiere, dans une terre profane ; ce qui remplit les Seigneurs voisins d'une si grande terreur, qu'ils me vinrent tous demander la paix. Voilà un fait revêtu de toutes les circonstances qui le peuvent rendre incontestable.

CHAPITRE XXIV.

Exemple d'un Martyr excommunié rejetté hors de la terre.

ON lit dans les Menées des Grecs au 15 d'Octobre, qu'un Religieux du désert de Sheti ayant été excommunié par celui qui avoit soin de sa conduite pour quelque désobéissance, sortit du désert, & vint à Alexandrie, où il fut arrêté par le Gouverneur de la ville, & dépoüillé du Saint habit, puis vivement sollicité de sacrifier aux faux Dieux. Le Solitaire résista généreusement, & fut tourmenté en diverses manieres, jusqu'à ce qu'enfin on lui trancha la tête, & l'on jetta son corps hors de la ville pour être déchiré par les chiens. Les Chrétiens l'enleverent pendant la nuit, & l'ayant embaumé & enveloppé de linges précieux, ils l'enterrerent dans l'Eglise comme Martyr, en un lieu honorable ; mais pendant le saint Sacrifice, le Diacre ayant crié tout haut à l'ordinaire: que les Cathécumenes & ceux qui ne communient pas se retirent, on vit tout à coup son tombeau s'ouvrir de lui même, & le corps du Martyr se retirer dans le vestibule de l'Eglise : après la Messe, il rentra dans son sepulcre.

Une personne de pieté ayant prié pendant trois jours, apprit par la voix d'un Ange, que ce Religieux avoit encouru l'Excommunication pour avoir désobéi à son Supérieur, & qu'il demeureroit lié, jusqu'à ce que ce même Supérieur lui eût donné l'absolution. On alla donc aussi-tôt au désert, & l'on amena le saint Vieillard, qui fit ouvrir le cercueil du Martyr, & lui donna l'absolution; après quoi il demeura en paix dans son tombeau.

Cet Exemple me paroit fort suspect. 1. Du tems que le désert de Sheti étoit peuplé de Solitaires, il n'y avoit plus de persécuteurs à Alexandrie. On n'y inquiétoit personne, ni sur la profession du Christianisme, ni sur la profession Religieuse; on y auroit bien plûtôt persécuté les Idolâtres & les Payens. La Religion Chrétienne étoit alors dominante & honorée dans toute l'Egypte, sur-tout à Alexandrie. 2. Les Religieux de Sheti étoient plûtôt Hermites que Cénobites; & un Religieux n'y avoit pas l'autorité d'excommunier son Confrere. 3. Il ne paroît pas que celui dont il s'agit, ait mérité l'Excommunication, du moins l'Excommunication majeure, qui privé le Fidele de l'entrée de l'Eglise, & de la participation des saints mysteres. Le texte Grec porte simplement qu'il demeura obéissant pendant quelque tems à son Pere spirituel; mais qu'ensuite étant tombé dans la désobéissance, il se retira des mains du Vieillard sans cause légitime, & s'en alla à Alexandrie. Tout cela mérite sans doute l'Excommunication même majeure, si ce Religieux quitta son état, & se retira du Monastere pour vivre en séculier; mais alors les Religieux n'étoient pas comme aujourd'hui liés par les vœux de stabilité & d'obéissance à leurs Supérieurs réguliers, qui n'avoient pas droit de les excommunier de la grande Excommunication. Nous en parlerons encore ci-après.

CHAPITRE XXV.

Homme rejetté hors de l'Eglise, pour avoir refusé de payer la dîme.

JEan Bromton Abbé de Sornat en Angleterre (*a*) dit qu'on lit dans de très-anciennes Histoires, que saint

(*a*) *Joan. Bromton, Chronic. vide ex Bolland. 26. Maii pag. 396.*

Augustin Apôtre d'Angleterre voulant persuader à un Gentil-homme de payer la dîme, Dieu permit que ce Saint ayant dit devant tout le peuple avant de commencer la Messe : que nul Excommunié n'assiste au saint Sacrifice, l'on vit aussi-tôt un homme enterré depuis environ 150 ans sortir de l'Eglise.

Après la Messe, saint Augustin, précédé de la croix, alla demander à ce mort pourquoi il étoit sorti ; le mort répondit, que c'étoit pour être mort dans l'Excommunication. Le Saint lui demanda où étoit le sepulcre du Prêtre, qui avoit porté contre lui la sentence d'Excommunication. On s'y transporta : saint Augustin lui ordonna de se lever ; il revint en vie, & déclara qu'il avoit excommunié cet homme pour ses crimes, & en particulier pour son obstination à refuser de payer la dîme. Puis par ordre de saint Augustin, il lui donna l'absolution, & le mort retourna en son tombeau. Le Prêtre pria le Saint de le laisser aussi rentrer dans son sepulcre, ce qui lui fut accordé. Cette Histoire me paroît encore plus suspecte que la précédente. Du tems de saint Augustin Apôtre de l'Angleterre, l'obligation de payer la dîme n'étoit pas commandée sous peine d'Excommunication, &

beaucoup moins 150 ans auparavant, surtout en Angleterre.

CHAPITRE XXVI.

Exemples de personnes qui ont donné des signes de vie après leur mort, & qui se sont retirées par respect pour faire place à de plus dignes.

Tertullien rapporte (*a*) un exemple dont il avoit été témoin : *de meo didici*. Une femme qui appartenoit à l'Eglise, à qui elle avoit été donnée pour esclave, étant morte à la fleur de son âge, après un seul mariage & fort court, fut apportée à l'Eglise. Avant qu'on la mît en terre, le Prêtre offrant le Sacrifice, & élevant les mains dans la priere, cette femme qui avoit ses mains étendues sur ses côtés, les leva en même tems, & les joignit en forme de suppliante, puis après la paix donnée, se remit en son premier état.

Tertullien ajoûte, qu'un autre corps mort & enterré dans un cimetiere, se retira à côté pour donner place à un autre

(*a*) *Tertull. de animâ, c. 5. pag. 597. Editi Pamelii.*

corps mort, qu'on vouloit enterrer auprès de lui. Il rapporte ces exemples à la suite de ce que Platon & Démocrite disoient, que les Ames demeuroient quelque tems auprès de leurs corps morts, qu'elles préservoient quelquefois de corruption, & faisoient encore croître leurs cheveux, la barbe & les ongles dans leurs tombeaux. Tertullien n'approuve pas le sentiment de ces Philosophes: il les réfute même assez bien; mais il avoue que les exemples dont je viens de parler, sont assez favorables à cette opinion, qui est aussi celle des Hébreux, comme nous l'avons vû ci-devant.

On dit qu'après la mort du fameux Abélard (a), qui avoit été enterré au Monastere du Paraclet, l'Abbesse Eloïse son Epouse étant aussi décédée, & ayant demandé d'être enterrée dans le même tombeau, Abélard à son approche étendit les bras, & la reçut dans son sein: *elevatis brachiis illam recepit, & ita eam amplexatus brachia sua strinxit.* Ce fait n'est certainement, ni prouvé, ni vrai-semblable. La Chronique dont il est tiré, l'avoir apparemment pris de quelque bruit populaire.

(a) *Chronic. Turon. inter opera Abælardi, pag.* 1195.

L'Auteur de la vie (a) de saint Jean l'Aumônier, qui fut écrite incontinent après sa mort par Leonce Evêque de Naples, ville de l'Isle de Cypre, raconte que saint Jean l'Aumônier étant mort à Amathunte dans la même Isle, son corps fut mis entre ceux de deux Evêques, qui se retirerent par respect de part & d'autre pour lui faire place, à la vûe de tous les assistans: *non unus, neque decem, neque centum viderunt, sed omnis turba, quæ convenit ad ejus sepulturam*, dit l'Auteur cité. Métaphraste qui avoit lû la vie du Saint en Grec, rapporte le même fait.

Evagre de Pont (b) dit qu'un saint Solitaire nommé Thomas, & surnommé Salus, parce qu'il contrefaisoit l'insensé, étant mort dans l'Hôpital de Daphné près la ville d'Antioche, fut enterré dans le cimetiere des étrangers; mais tous les jours on le trouvoit hors de terre éloigné des autres corps morts, qu'il évitoit. Les habitans du lieu en informerent Ephrem Evêque d'Antioche, qui le fit transporter dans la ville en solemnité, & l'enterra avec honneur dans le cimetiere; & depuis ce tems-là le peuple d'Antioche fait tous les ans la fête de sa translation.

(a) Bolland, t. 2. pag. 315. 13. Januar.
(b) Evagrius Pont. lib. 4. c. 53.

Jean Mosch (*a*) rapporte la même Histoire; mais il dit que ce furent des femmes enterrées près de Thomas Salus, qui sortirent de leurs tombeaux par respect pour le Saint.

Les Hébreux croyent ridiculement, que les Juifs qui sont enterrés hors de la Judée, rouleront sous terre au dernier jour pour se rendre dans la terre de promission, ne pouvant ressusciter ailleurs que dans la Judée.

Les Perses reconnoissent aussi un Ange le transport, qui a soin de donner aux corps morts la place & le rang à proportion de leurs mérites; si un homme de bien est enterré dans un pays infidéle, l'Ange de transport le conduit sous terre auprès d'un homme fidéle, & jette à la voirie le corps de l'infidéle enterré dans une terre sainte. Les Mahométans sont dans la même prévention : il croyent que l'Ange de transport plaça le corps de Noë, & ensuite celui d'Ali, dans le tombeau d'Adam. Je ne rapporte ces rêveries que pour en faire voir le ridicule. Quant aux Histoires racontées dans ce même Chapitre, on ne doit pas les recevoir sans examen : car elles demandent confirmation.

___

(*a*) Jean Mosch. prat. spirit. c. 88.

CHAPITRE XXVII.

Gens qui vont en pélerinage après leur mort.

UN Ecolier de la ville de Saint-Pons près Narbonne (*a*) étant décédé dans l'Excommunication, apparut à un de ses amis, & le pria d'aller dans la ville de Rhodès demander son absolution à l'Evêque. Il se mit en chemin pendant un tems de neiges ; l'Esprit qui l'accompagnoit sans en être vû, lui montroit le chemin, & ôtoit la neige. Etant arrivé à Rhodès, & ayant obtenu l'absolution qu'il demandoit pour son ami, l'Esprit le ramena à Saint-Pons, lui rendit graces de ce service, & prit congé de lui, promettant de lui en témoigner sa reconnoissance.

Voici une lettre qu'on m'écrit le 5 Avril 1745. qui a quelque rapport à ce qu'on vient de voir. Il s'est passé une chose ici ces jours derniers relative à votre Dissertation sur les Revenans, que je crois devoir vous écrire. Un homme de Létraye, village à quelques lieuës de Remi-

(*a*) *Melchior, l. de statu mortuorum.*

remont, perdit sa femme au commencement de Fevrier dernier, & s'est remarié la semaine avant le Carême. A onze heures du soir du jour de ses Nôces, sa femme apparut & parla à la nouvelle Epouse; le résultat de l'entretien fut d'obliger la nouvelle mariée d'acquitter pour la défunte sept pélerinages. Depuis ce jour, & toûjours à la même heure, la défunte apparut, & parla en présence du Curé du lieu & de plusieurs personnes; le 15 de Mars, au moment que cette femme se disposoit à partir pour se rendre à saint Nicolas, elle eut la visite de la défunte, qui lui dit de se hâter, & de ne pas s'effrayer des peines qu'elle essuyeroit dans son voyage.

Cette femme avec son mari, son beaufrere & sa belle-sœur, se mit en route, sans s'attendre que la morte seroit de la compagnie: elle ne l'a pas quittée jusqu'à la porte de l'Eglise de saint Nicolas. Ces bonnes gens arrivés à deux lieuës de saint Nicolas furent obligés de loger dans un cabaret qu'on appelle les Baraques. Là cette femme se trouva si mal, que les deux hommes furent obligés de la porter jusqu'au bourg de S. Nicolas. Aussi-tôt qu'elle fut sous la porte de l'Eglise, elle marcha sans peine, & ne ressentit plus aucune douleur. Ce fait m'a été rapporté, & à notre Pere Sacristain, par les quatre personnes; la derniere chose que la défunte dit à la nouvelle mariée, c'est qu'elle ne lui parleroit & ne la verroit plus, que lorsque la moitié de ses pelerinages seroit acquittée. La maniere simple & naturelle avec laquelle ces bonnes gens nous ont raconté ce fait, me fait croire qu'il est certain.

On ne dit pas que cette jeune femme ait encouru l'Excommunication; mais apparemment elle étoit liée par le vœu ou la promesse qu'elle avoit faite d'accomplir ces pelerinages, dont elle chargea l'autre jeune femme qui lui succéda: aussi voit-on qu'elle n'entra pas dans l'Eglise de saint Nicolas; elle accompagna seulement les pelerins jusqu'à la porte de l'Eglise.

On peut ajoûter ici l'exemple de cette foule de pelerins, qui du tems du Pape Leon IX. passerent aux pieds des murs de Narni, comme je l'ai rapporté plus haut, & qui faisoient leur Purgatoire allant de pelerinage en pelerinage.

CHAPITRE XXVIII.

Raisonnement sur les Excommuniés qui sortent des Eglises.

Tout ce que nous venons de rapporter des corps de personnes excommuniées qu'on voyoit sortir de leurs tombeaux pendant la Messe, & y rentrer après le Sacrifice, mérite une attention particuliere. Il semble qu'on ne peut nier ni contester une chose, qui se passoit aux yeux de tout un peuple, en plein jour, au milieu des plus redoutables Mysteres. Cependant on peut demander comment ces corps sortoient? Etoient-ils entiers ou en pourriture, nuds ou vêtus avec leurs propres habits, ou avec les linges qui les avoient enveloppés dans le tombeau? Où alloient-ils?

La cause de leur sortie est bien marquée; c'étoit l'Excommunication majeure. Cette peine ne se décerne que pour le péché mortel (*a*); ces personnes étoient

---

(*a*) *Concil. Meld. in Ca. nemo.* 41. *n.* 43. D. Thom. *iv. distinct.* 18. *q.* 20. *art.* 1. *quæstiuncula in corpore, &c.*

donc mortes en péché mortel, par conséquent damnées & en Enfer: car s'il n'est question que d'une Excommunication mineure & réguliere, pourquoi sortir de l'Eglise après la mort avec des circonstances si terribles & si extraordinaires, puisque cette Excommunication Ecclésiastique ne prive pas absolument de la communion des Fideles, ni de l'entrée de l'Eglise?

Si l'on dit que la coulpe étoit remise, mais non pas la peine d'Excommunication, & que les personnes demeuroient exclues de la communion de l'Eglise jusqu'après leur absolution donnée par le Juge Ecclésiastique; on demande si l'on peut absoudre un mort & lui rendre la communion de l'Eglise, à moins que l'on n'ait des preuves non équivoques de sa pénitence & de sa conversion, qui ayent précédé sa mort?

Deplus les personnes dont nous venons de rapporter les exemples, ne paroissent pas avoir été déliées de la coulpe, comme on pourroit le supposer. Les textes que nous avons cités, marquent assez, qu'elles étoient mortes dans leurs péchés; & ce que dit saint Grégoire le Grand dans l'endroit cité de ses Dialogues, répondant à Pierre son Interlocuteur, suppose que ces Religieuses étoient décédées sans avoir fait pénitence.

D'ailleurs c'est une regle constante de l'Eglise, qu'on ne peut communiquer, ou avoir de communion avec un mort, quand on n'a point eu de communion avec lui pendant sa vie. *Quibus viventibus non communicavimus, mortuis communicare non possumus*, dit le Pape saint Leon (*a*). On convient toutefois qu'une personne excommuniée, qui a donné des marques d'une sincere pénitence, quoiqu'elle n'ait pas eu le tems de se confesser, peut être réconciliée à l'Eglise (*b*), & recevoir la sépulture ecclésiastique après sa mort. Mais en général avant de recevoir l'absolution des péchés, il faut avoir reçu l'absolution des censures & de l'excommunication, si on l'a encourue: *absolutio ab excommunicatione debet præcedere excommunicationem à peccatis; quia quandiu aliquis est excommunicatus, non potest recipere aliquod Ecclesiæ Sacramentum*, dit S. Thomas (*c*).

(*a*) S. Leo Canone Commun. 1. a. 4. q. 2. Et Clemens III. in Capit. sacris. 12. de sepult. Eccl.

(*b*) Eveillon, traité des excommunicat. & monitoires, c. 4.

(*c*) D. Thom. in 4. sentent. dist. 1. qu. 3. art. 3. quæstiunc. 2. ad 2.

Suivant cette décision, il auroit donc fallu absoudre de l'Excommunication ces personnes, avant qu'elles pussent recevoir l'absolution de la coulpe de leurs péchés. Ici au contraire on les suppose absoutes de leurs péchés quant à la coulpe, pour pouvoir recevoir l'absolution des Censures.

Je ne vois pas comment on peut résoudre ces difficultés. 1. Comment absoudre un mort? 2. Comment l'absoudre de l'Excommunication, avant qu'il ait reçû l'absolution du péché? 3. Comment l'absoudre sans qu'il demande l'absolution, ni qu'il paroisse qu'il l'a demandée? 4. Comment absoudre des personnes qui meurent en péché mortel, & sans avoir fait pénitence? 5. Pourquoi ces personnes excommuniées retournent-elles en leur tombeaux après la Messe? 6. Si elles n'osoient rester dans l'Eglise pendant la Messe, en étoient-elles plus dignes avant qu'après le Sacrifice?

Il paroît certain que les Religieuses & le jeune Religieux dont parle saint Gregoire Pape, étoient mortes dans leurs péchés, & sans en avoir reçû l'absolution. Saint Benoît probablement n'étoit pas Prêtre, & ne les avoit pas absous quant à la coulpe.

On pourra dire que l'excommunication dont parle saint Grégoire, n'étoit pas majeure, & en ce cas le saint Abbé pouvoit les absoudre; mais cette excommunication mineure & réguliére méritoit-elle qu'ils sortissent ainsi d'une maniere si miraculeuse & si éclatante de l'Eglise? Les excommuniés par saint Gothard & le Gentilhomme mentionné au Concile de Limoges en 1031. étoient morts dans l'impénitence & dans l'excommunication, par conséquent dans le péché mortel, & cependant on leur accorde la paix & l'absolution, même après leur mort, à la simple priere de leurs amis.

Le jeune Solitaire dont parlent les Menées des Grecs, qui après avoir quitté sa cellule par inconstance & par désobéissance, avoit encouru l'excommunication, a-t-il pû recevoir la couronne du Martyre en cet état? & s'il l'a reçûe, n'a-t-il pas été en même tems réconcilié à l'Eglise? n'a-t-il pas lavé sa faute dans son sang? & si son excommunication n'étoit que réguliere & mineure, méritoit-il nonobstant son Martyre, d'être encore exclus après sa mort de la présence des saints mysteres?

Je ne vois point d'autre moyen, si ces faits sont tels qu'on les raconte, de les

les expliquer, qu'en difant que l'hiftoire ne nous a pas confervé les circonftances qui ont pû mériter l'abfolution à ces perfonnes, & l'on doit préfumer que les Saints, fur-tout les Evêques qui les avoient abfous, connoiffoient les regles de l'Eglife, & n'ont rien fait en cela que de jufte & de conforme aux Canons.

Mais il réfulte de tout ce qu'on vient de dire, que comme les corps des méchans fe retirent de la compagnie des Saints par un principe de vénération, & par le fentiment de leur indignité: auffi les corps des Saints fe féparent de ceux des méchans par des motifs oppofés, pour ne paroître pas avoir de liaifon avec eux, même après la mort, ni approuver leur mauvaife vie. Enfin fi ce qu'on vient de raconter eft vrai, les juftes mêmes & les Saints ont des déférences les uns pour les autres & fe font honneur dans l'autre vie, ce qui eft affez probable.

Nous allons voir des exemples qui femblent rendre équivoque & incertaine la preuve que l'on tire de l'incorruption du corps d'un homme de bien pour juger de la fainteté, puifqu'on foutient que les corps des Excommuniés ne pourriſſent point dans la terre, juſqu'à ce qu'on ait levé l'excommunication portée contre eux.

CHAPITRE XXIX.

Les Excommuniés pourriſſent-ils en terre ?

C'Eſt une très-ancienne opinion, que les corps des Excommuniés ne pourriſſent point; cela paroît dans la vie de S. Libentius, Archevêque de Breme, mort le 4 de Janvier 1013. Ce S. Prélat ayant excommunié des Pirates, l'un d'eux mourut, & fut enterré en Norwege : au bout de 70 ans on trouva ſon corps entier & ſans pourriture, & il ne fut réduit en cendres qu'après avoir reçû l'abſolution de l'Evêque Alvarede.

Les Grecs modernes pour s'autoriſer dans leur Schiſme, & pour prouver que le don des miracles & l'autorité Epiſcopale de lier & de délier ſubſiſte dans leur Egliſe, plus viſiblement même & plus certainement que dans l'Egliſe Latine & Romaine, ſoutiennent que parmi eux les corps de ceux qui ſont excommuniés ne pourriffent point, mais deviennent enflés extraordinairement, comme des tambours, & ne peuvent être corrompus ni réduits en cendres, qu'après avoir reçû l'abfolution de leurs Évêques ou de leurs Prêtres. Ils rapportent divers exemples de ces fortes de morts ainfi trouvés dans leurs tombeaux fans corruption, & enfuite réduits en pourriture, dès qu'on a levé l'excommunication. Ils ne nient pas toutefois, que l'incorruption d'un corps ne foit quelquefois une marque de fainteté (a); mais ils demandent qu'un corps ainfi confervé exhale une bonne odeur, qu'il foit blanc ou vermeil, & non pas noir, puant, enflé & tendu comme un tambour, ainfi que le font ceux des excommuniés.

On affûre que ceux qui ont été frappés de la foudre ne pourriffent point, & que c'eft par cette raifon que les Anciens ne les brûloient & ne les enterroient pas. C'eft le fentiment du Médecin Zachias; mais Paré après Comines croit, que la raifon pourquoi ils ne font pas fujets à la corruption, eft qu'ils font comme embaumés avec le fouffre de la foudre qui leur tient lieu de fel.

(a) *Goar, not. in Eucholog. pag.* 688.

En 1727. on découvrit dans un caveau près l'hôpital de Québec les cadavres entiers de 5 Religieuses mortes depuis 20 ans, qui quoique couvertes de chaux vive, rendoient encore du sang.

CHAPITRE XXX.

Exemples pour montrer que les Excommuniés ne pourrissent point, & apparoissent aux Vivans.

LEs Grecs racontent (*a*) que sous le Patriarche de Constantinople Manuel, ou Maxime, qui vivoit au quinziéme siécle, l'Empereur Turc de Constantinople voulut sçavoir la vérité de ce que les Grecs avançoient touchant l'incorruption des hommes morts dans l'excommunication. Le Patriarche fit ouvrir le tombeau d'une femme qui avoit eu un commerce criminel avec un Archevêque de Constantinople. On trouva son corps entier, noir & très-enflé; les Turcs l'en-

(*a*) [Vide Malva. lib. 1. Turco-græcia, pag. 86. 87.

fermerent dans un coffre sous le sceau de l'Empereur. Le Patriarche fit sa priere, donna l'absolution à la morte, & au bout de trois jours le coffre ayant été ouvert, l'on vit le corps réduit en poussiere.

Dans cela je ne vois point de miracle: tout le monde sçait, que les corps que l'on trouve quelquefois bien entiers dans leurs tombeaux, tombent en poussiere, dès qu'ils sont exposés à l'air. J'en excepte ceux qui ont été bien embaumés, comme les Momies d'Egypte, & les corps enterrés dans les lieux extrêmement secs, ou dans un terrain rempli de nitre & de sel, qui dissipe en peu de tems tout ce qu'il y a d'humide dans les cadavres, tant des hommes que des animaux; mais je ne comprends pas que l'Archevêque de Constantinople ait pû validement absoudre après la mort une personne décédée dans le péché mortel, & liée par l'excommunication.

Ils croient aussi que les corps de ces Excommuniés paroissent souvent aux vivans, tant de jour que de nuit, leur parlent, les appellent, les molestent. Leon Allatius entre sur cela dans un grand détail: il dit que dans l'Isle de Chio, les habitans ne répondent pas à la premiere voix qui les appelle, de peur que ce ne soit un Esprit ou un Revenant; mais si on les appelle deux fois, ce n'est point un Broucolaque (*a*): c'est le nom qu'ils donnent à ces Spectres. Si quelqu'un leur répond à la premiere voix, le Spectre disparoît, mais celui qui lui a parlé meurt infailliblement.

Pour se garantir de ces mauvais Génies, il n'y a point d'autre voie que de déterrer le corps de la personne qui a apparu & de le brûler, après avoir récité sur lui certaines prieres; alors son corps se réduit en cendres & ne paroît plus. On ne doute donc point que ce ne soient les corps de ces hommes criminels & malfaisans, qui sortent de leurs tombeaux, & causent la mort à ceux qui les voient & qui leur répondent, ou que ce ne soit le Démon, qui se sert de leurs corps pour effrayer les mortels & leur causer la mort.

On ne connoît point de moyen plus certain pour se délivrer de leur infestation & de leurs dangereuses apparitions, que de brûler & de mettre en pieces ces corps qui servent d'instrument à leur

---

(*a*) *Vide Bolland. mense Augusto, t. 2. pag.* 201 202. 203. *& Allati. Epist. ad Zachiam, n.* 12.

malice, ou de leur arracher le cœur, ou de les laisser pourrir avant que de les enterrer, ou de leur couper la tête, ou de leur percer les temples avec un gros clou.

CHAPITRE XXXI.

Exemple de ces retours des Excommuniés.

Ricaut dans l'Histoire qu'il a donnée de l'état présent de l'Eglise Grecque, reconnoît que ce sentiment qui veut que les corps des Excommuniés ne pourrissent point, est général, non seulement parmi les Grecs d'à présent, mais aussi parmi les Turcs. Il raconte un fait qu'il tenoit d'un Caloyer Candiot, qui lui avoit assuré la chose avec serment; il se nommoit Sophrone, fort connu & fort estimé à Smirne. Un homme étant mort en l'Isle de Milo excommunié pour une faute qu'il avoit commise dans la Morée, fut enterré sans cérémonie dans un lieu écarté, & non en terre sainte. Ses parens & ses amis étoient infiniment touchés de le voir en cet état, & les habitans de l'isle étoient toutes les nuits effrayés par des apparitions funestes qu'ils attribuoient à ce malheureux.

Ils ouvrirent son tombeau, & trouverent son corps entier, & ayant les veines gonflées de sang. Après avoir délibéré sur cela, les Caloyers furent d'avis de démembrer le corps, de le mettre en pieces, & de le faire bouillir dans le vin : car c'est ainsi qu'ils en usent envers les corps des Revenans.

Mais les parens du mort obtinrent à force de prieres qu'on différât cette exécution, & cependant envoyerent en diligence à Constantinople, pour obtenir du Patriarche l'absolution du jeune homme. En attendant, le corps fut mis dans l'Eglise, où l'on disoit tous les jours des Messes, & où l'on faisoit tous les jours des prieres pour son repos. Un jour que le Caloyer Sophrone dont on a parlé, faisoit le divin service, on entendit tout d'un coup dans le cercueil un grand bruit; on l'ouvrit, & l'on trouva qu'il étoit dissous comme un mort depuis sept ans : on remarqua le moment où le bruit s'étoit fait entendre, & il se trouva précisément à l'heure que l'absolution accordée par le Patriarche avoit été signée.

M. le Chevalier Ricaut de qui nous tenons ce récit, n'étoit ni Grec, ni Catholique Romain, mais bon Anglican : il remarque à cette occasion, que les Grecs estiment qu'un mauvais Esprit entre dans le corps des Excommuniés qui sont morts en cet état, & qu'il les préserve de la corruption, en les animant & en les faisant agir, à peu près comme l'ame anime & fait agir le corps.

Ils s'imaginent de plus que ces cadavres mangent pendant la nuit, se promenent, font la digestion de ce qu'ils ont mangé, & se nourrissent réellement ; qu'on en a trouvé qui étoient d'un coloris vermeil, & dont les veines encore tendues par la quantité de sang, quoique quarante jours après leur mort, ont jetté lorsqu'on les a ouvertes un ruisseau de sang aussi bouillant & aussi frais, que seroit celui d'un jeune homme d'un tempérament sanguin ; & cette créance est si généralement répandue, que tout le monde en raconte des faits circonstanciés.

Le Pere Theophile Raynaud, qui a écrit sur cette matiere un traité particulier, soûtient que ce retour des morts est une chose indubitable, & qu'on en a des preuves & des expériences très-certaines ; mais que de prétendre que ces Revenans qui viennent inquiéter les vivans, soient toujours des Excommuniés, & que ce soit là un privilege de l'Eglise Grecque Schismatique, de préserver de pourriture ceux qui ont encouru l'excommunication, & qui sont morts dans les censures de leur Eglise, c'est une prétention insoûtenable, puisqu'il est certain que les corps des Excommuniés pourrissent comme les autres, & qu'il y en a qui sont morts dans la communion de l'Eglise, tant Grecque que Latine, qui ne laissent pas de demeurer sans corruption. On en voit même des exemples parmi les Payens & parmi les animaux, dont on trouve quelque fois les cadavres sans corruption dans la terre & dans les ruines d'anciens bâtimens. On peut voir sur les corps des Excommuniés qu'on prétend qui ne pourrissent pas, le Pere Goar, Rituel des Grecs, p. 687. 688. Matthieu Paris, Histoire d'Angleterre, t. 2. p. 687. Adam de Brême, c. 75. Albert de Stade, sur l'an 1050. & Monsieur du Cange, Glossar. latinit. au mot *Imblocatus*.

CHAPITRE XXXII.

Broucolaque exhumé en préſence de Monſieur de Tournefort.

Monſieur Pitton de Tournefort raconte la maniere dont on exhuma un prétendu Broucolaque dans l'Iſle de Micon, où il étoit au premier Janvier 1701. Voici ſes paroles. Nous vîmes une ſcène bien différente (dans la même Iſle de Micon) à l'occaſion d'un de ces morts que l'on croit revenir après leur enterrement. Celui dont on va donner l'Hiſtoire, étoit un payſan de Micon, naturellement chagrin & querelleux ; c'eſt une circonſtance à remarquer par rapport à de pareils ſujets : il fut tué à la campagne, on ne ſait par qui, ni comment. Deux jours après qu'on l'eut inhumé dans une Chapelle de la ville, le bruit courut qu'on le voyoit la nuit ſe promener à grands pas ; qu'il venoit dans les maiſons renverſer les meubles, éteindre les lampes, embraſſer les gens par derriere, & faire mille petits tours d'eſpiegle.

On ne fit qu'en rire d'abord ; mais

l'affaire devint sérieuse, lorsque les plus honnêtes gens commencerent à se plaindre : les Papas mêmes convenoient du fait, & sans doute qu'ils avoient leurs raisons. On ne manqua pas de faire dire des Messes : cependant le paysan continuoit la même vie sans se corriger. Après plusieurs assemblées des principaux de la ville, des Prêtres & des Religieux, on conclut qu'il falloit, suivant je ne sais quel ancien Cérémonial, attendre les neuf jours après l'enterrement.

Le dixieme jour on dit une Messe dans la chapelle où étoit le corps, afin de chasser le Démon que l'on croyoit s'y être renfermé. Ce corps fut déterré après la Messe, & l'on se mit en devoir de lui arracher le cœur : le boucher de la ville assez vieux, & fort mal adroit, commença à ouvrir le ventre au lieu de la poitrine ; il fouilla long-tems dans les entrailles, sans y trouver ce qu'il cherchoit. Enfin quelqu'un l'avertit qu'il falloit percer le diaphragme, le cœur fut arraché avec l'admiration des assistans : le cadavre cependant sentoit si mal, qu'on fut obligé de brûler de l'encens ; mais la fumée confonduë avec les exhalaisons de cette charogne ne fit qu'en augmenter la puanteur, & commença d'échauffer la cervelle de ces pauvres gens.

Leur imagination frappée du spectacle se remplit de visions: on s'avisa de dire qu'il sortoit une fumée épaisse de ce corps. Nous n'osions pas dire que c'étoit celle de l'encens. On ne crioit que Vroucolacas dans la Chapelle & dans la place qui est au devant. (C'est le nom qu'on donne à ces prétendus Revenans.) Le bruit se répandoit dans les ruës comme par mugissemens, & ce nom sembloit être fait pour ébranler la voute de la Chapelle. Plusieurs des assistans assûroient que le sang de ce malheureux étoit bien vermeil: le Boucher juroit que le corps étoit encore tout chaud ; d'où l'on concluoit que le mort avoit grand tort de n'être pas bien mort, ou pour mieux dire, de s'être laissé ranimer par le Diable. C'est-là précisément l'idée d'un Vroucolacas ; on faisoit alors retentir ce nom d'une maniere étonnante. Il entra dans ce tems une foule de gens, qui protesterent tout haut, qu'ils s'étoient bien apperçus que ce corps n'étoit pas roide, lorsqu'on le porta de la campagne à l'Eglise pour l'enterrer, & que par conséquent c'étoit un vrai Vroucolacas ; c'étoit-là le refrein.

Je ne doute pas qu'on n'eût soûtenu

qu'il ne puoit pas, si nous n'eussions été présens, tant ces pauvres gens étoient étourdis du coup & infatués du retour des morts. Pour nous qui nous étions placés auprès du cadavre pour faire nos observations plus exactement, nous faillîmes à crever de la grande puanteur qui en sortoit. Quand on nous demanda ce que nous croyons de ce mort, nous répondîmes que nous le croyons très-bien mort; mais comme nous voulions guérir, ou au moins ne pas aigrir leur imagination frappée, nous leur représentâmes qu'il n'étoit pas surprenant que le Boucher se fût apperçû de quelque chaleur en fouillant dans des entrailles qui se pourrissoient; qu'il n'étoit pas extraordinaire qu'il en fût sorti quelques vapeurs, puisqu'il en sort d'un fumier que l'on remuë; que pour ce prétendu sang vermeil, il paroissoit encore sur les mains du Boucher, que ce n'étoit qu'une bourbe fort puante.

Après tous ces raisonnemens, on fut d'avis d'aller à la marine, & de brûler le cœur du mort, qui malgré cette exécution fut moins docile, & fit plus de bruit qu'auparavant. On l'accusa de battre les gens la nuit, d'enfoncer les portes, & même les terrasses, de briser les fenêtres, de déchirer les habits, de vuider les cruches & les bouteilles. C'étoit un mort bien altéré : je crois qu'il n'épargna que la maison du Consul chez qui nous logions. Cependant je n'ai rien vû de si pitoyable, que l'état où étoit cette Isle.

Tout le monde avoit l'imagination renversée. Les gens du meilleur esprit paroissoient frappés comme les autres ; c'étoit une véritable maladie du cerveau, aussi dangereuse que la manie & que la rage. On voioit des familles entieres abandonner leurs maisons, & venir des extrémités de la ville porter leurs grabats à la place, pour y passer la nuit. Chacun se plaignoit de quelque nouvelle insulte. Ce n'étoient que gémissemens à l'entrée de la nuit ; les plus sensés se retiroient à la campagne.

Dans une prévention si générale nous prîmes le parti de ne rien dire ; non seulement on nous auroit traités de ridicules, mais d'infidéles. Comment faire revenir tout un peuple ? Ceux qui croyoient dans leur ame que nous doutions de la vérité du fait, venoient à nous comme pour nous reprocher notre incrédulité, & prétendoient prouver qu'il y avoit des Vroucolacas par quelques autorités tirées du P. Richard Missionnaire Jésuite. Il est

Latin, disoient ils, & par conséquent vous le devez croire. Nous n'aurions rien avancé de nier la consequence ; on nous donnoit tous les matins la Comédie par un fidele récit des nouvelles folies qu'avoit fait cet oiseau de nuit : on l'accusoit même d'avoir commis les péchés les plus abominables.

Les Citoyens les plus zelés pour le bien public croyoient qu'on avoit manqué au point le plus essentiel de la céremonie. Il ne falloit, selon eux, célébrer la Messe qu'après avoir arraché le cœur de ce malheureux : ils prétendoient qu'avec cette précaution, on n'auroit pas manqué de surprendre le Diable, & sans doute il n'auroit eu garde d'y revenir, au lieu qu'ayant commencé par la Messe, il avoit eu, disoient-ils, tout le tems de s'enfuir, & d'y revenir ensuite à son aise.

Après tous ces raisonnemens on se trouva dans le même embarras que le premier jour ; on s'assemble soir & matin, on raisonne, on fait des processions pendant trois jours & trois nuits, on oblige les Papas de jeûner : on les voyoit courir dans les maisons le goupillon à la main, jetter de l'eau bénite & en laver les portes ; ils en remplissoient même la bouche de ce pauvre Vroucolacas. Nous dîmes si souvent aux Administrateurs de la ville, que dans un pareil cas on ne manqueroit pas en Chrétienté de faire le guet la nuit, pour observer ce qui se passeroit dans la ville, qu'enfin on arrêta quelques vagabonds, qui assûrément avoient part à tous ces désordres. Apparemment ce n'en étoient pas les principaux auteurs, ou bien on les relâcha trop-tôt : car deux jours après pour se dédommager du jeûne qu'ils avoient fait en prison, ils recommencerent à vuider les cruches de vin de ceux qui étoient assez sots pour abandonner leurs maisons dans la nuit ; on fut donc obligé d'en revenir aux prieres.

Un jour comme on récitoit certaines oraisons, après avoir planté je ne sais combien d'épeés nuës sur la fosse de ce cadavre, que l'on déterroit trois ou quatre fois par jour, suivant le caprice du premier venu, un Albanois qui par occasion se trouva à Micon, s'avisa de dire d'un ton de Docteur, qu'il étoit fort ridicule en pareil cas de se servir des épées des Chrétiens. Ne voyez-vous pas, pauvres aveugles, disoit-il, que la garde de ces épées faisant une croix avec la poignée, empêche le Diable de sortir de ce corps ? que ne vous servezvez-vous plûtôt des fabres des Turcs? L'avis de cet habile homme ne fervit de rien: le Vroucolacas ne parut pas plus traitable, & tout le monde étoit dans une étrange confternation; on ne fçavoit plus à quel Saint fe vouer, lorfque tout d'une voix, comme fi l'on s'étoit donné le mot, on fe mit à crier par toute la ville que c'étoit trop attendre; qu'il falloit brûler le Vroucolacas tout entier; qu'après cela ils défioient le Diable de revenir s'y nicher; qu'il valoit mieux recourir à cette extrémité, que de laiffer déferter l'Ifle. En effet il y avoit des familles entieres qui plioient bagage, dans le deffein de fe retirer à Sira ou à Tine.

On porta donc le Vroucolacas par ordre des Adminiftrateurs à la pointe de l'Ifle de S. George, où l'on avoit préparé un grand bûcher avec du godron, de peur que le bois, quelque fec qu'il fût, ne brûlât pas affez vîte par lui-même. Les reftes de ce malheureux cadavre y furent jettés, & confumés dans peu de tems: c'étoit le premier jour de Janvier 1701. Nous vîmes ce feu en revenant de Delos: on pouvoit bien l'appeller un vrai feu de joie, puifqu'on n'entendit plus de plaintes contre le Vroucolacas; on fe contenta de dire que le Diable avoit été bien attrapé cette fois-là, & l'on fit quelque chanson pour le tourner en ridicule.

Dans tout l'Archipel on est persuadé qu'il n'y a que les Grecs du rit Grec, dont le Diable ranime le cadavre. Les habitans de l'Isle de Santorin appréhendent fort ces sortes de loup-garous : ceux de Micon, après que leurs visions furent dissipées, craignoient également les poursuites des Turcs & celles de l'Evêque de Tine. Aucun Papas ne voulut se trouver à Saint George, quand on brûla ce corps, de peur que l'Evêque n'exigeât une somme d'argent, pour avoir fait déterrer & brûler le mort sans sa permission. Pour les Turcs, il est certain qu'à la premiere visite ils ne manquerent pas de faire payer à la communauté de Micon le sang de ce pauvre Diable, qui devint en toute maniere l'abomination & l'horreur de son pays. Après cela ne faut-il pas avoüer, que les Grecs d'aujourd'hui ne sont pas de grands Grecs, & qu'il n'y a chez eux qu'ignorance & superstitions ? C'est ce que dit Monsieur de Tournefort.

CHAPITRE XXXIII.

Le Démon a-t-il pouvoir de faire mourir, puis de rendre la vie à un mort.

EN fuppofant le principe que nous avons établi comme indubitable au commencement de cette Differtation, que Dieu feul eft arbitre fouverain de la vie & de la mort; que lui feul peut donner la vie aux hommes, & la leur rendre après la leur avoir otée, la queftion que nous propofons ici, paroît hors de faifon & abfolument frivole, puifqu'elle regarde une fuppofition notoirement impoffible.

Cependant comme il y a quelques Savans qui ont crû que le Démon a le pouvoir de rendre la vie & de conferver de corruption pour un certain tems quelques corps, dont il fe fert pour faire illufion aux hommes & leur caufer de la frayeur, comme il arrive aux Revenans de Hongrie, nous la traiterons ici, & nous en rapporterons un exemple remarquable fourni par Monfieur Nicolas Remy Procureur général de Lorraine

(a) & arrivé de son tems, c'est-à-dire en 1581. à Dalhem, village situé entre la Moselle & la Sâre. Un nommé Pierron pâtre de son village, homme marié, ayant un jeune garçon, conçut un amour violent pour une jeune fille de son village; un jour qu'il étoit occupé de la pensée de cette jeune fille, elle lui apparut dans la campagne, ou le Démon sous sa figure. Pierron lui découvrit sa passion; elle promit d'y répondre à condition qu'il se livreroit à elle, & lui obéiroit en toutes choses. Pierron y consentit, & consomma son abominable passion avec ce Spectre. Quelque tems après Abrahel, c'est le nom que prenoit le Démon, lui demanda pour gage de son amour, qu'il lui sacrifiât son fils unique ; & elle lui donna une pomme pour la faire manger à cet enfant, qui en ayant goûté, tomba roide mort. Le pere & la mere au désespoir de ce funeste accident, se lamentent & sont inconsolables.

Abrahel paroît de nouveau au Pasteur, & promet de rendre la vie à l'enfant, si le pere vouloit lui demander cette grace, en lui rendant le culte d'adoration, qui n'est dû qu'à Dieu. Le paysan se met à

(a) Art. 11. pag. 14.

génoux, adore Abrahel, & auſſitôt l'enfant commence à revivre. Il ouvre les yeux, on le réchauffe, on lui frotte les membres, & enfin il commence à marcher & à parler; il étoit le même qu'auparavant, mais plus maigre, plus have, plus défait, les yeux battus & enfoncés, ſes mouvemens étoient plus lents & plus embarraſſés, ſon eſprit plus peſant & plus ſtupide. Au bout d'un an le Démon qui l'animoit, l'abandonna avec un grand bruit: le jeune homme tomba à la renverſe, & ſon corps infecté, & d'une puanteur inſupportable, eſt tiré avec un croc hors de la maiſon de ſon pere, & enterré ſans cérémonie dans un champ.

Cet événement fut rapporté à Nancy, & examiné par les Magiſtrats, qui informerent exactement du fait, entendirent les témoins, & trouverent que la choſe étoit telle qu'on vient de le dire. Du reſte l'Hiſtoire ne dit point comment ce payſan fut puni, ni s'il le fut. Peut-être ne put-on conſtater ſon crime avec le Démon incube; il n'y avoit probablement point de témoin. A l'égard de la mort de ſon fils, il étoit difficile de prouver qu'il en fût l'auteur.

Procope dans ſon hiſtoire ſecrette de l'Empereur Juſtinien avance ſérieuſement, qu'il est persuadé ainsi que plusieurs autres, que cet Empereur étoit un Démon incarné. Il dit la même chose de l'Impératrice Théodore son Epouse. Joseph l'Historien Juif dit, que ce sont les ames des impies & des méchans qui entrent dans les corps des possédés, qui les tourmentent, les font agir & parler.

On voit par saint Chrysostome, que de son tems plusieurs Chrétiens croyoient que les ames des personnes mortes de mort violente étoient changées en Démons, & que les Magiciens se servoient de l'ame d'un enfant qu'ils avoient mis à mort, pour leurs opérations magiques & pour découvrir l'avenir. S. Philastre met au nombre des Hérétiques ceux qui croyoient que les ames des scélerats étoient changées en Démons.

Selon le système de ces Auteurs, le Démon a pû entrer dans le corps de l'enfant du Pasteur Pierre, le remuer & le soûtenir dans une espéce de vie, tandis que son corps n'a pas été corrompu, ni ses organes dérangés; ce n'étoit pas l'ame de l'enfant qui l'animoit, mais le Démon qui lui tenoit lieu d'ame.

Philon croyoit que comme il y a de bons & de mauvais Anges, il y a aussi de bonnes & de mauvaises ames, & que les ames qui descendent dans les corps, y apportent leurs bonnes ou mauvaises qualités.

On voit par l'Evangile, que les Juifs du tems de notre Seigneur croyoient qu'un homme pouvoit être animé de plusieurs ames. Herode s'imaginoit que l'ame de Jean Baptiste, qu'il avoit fait décapiter, étoit entrée dans Jesus-Christ (*a*) & opéroit des miracles en lui. D'autres s'imaginoient que J. C. étoit animé de l'ame d'Elie (*b*), ou de Jeremie, ou de quelqu'autre des anciens Prophêtes.

CHAPITRE XXXIV.

Examen du sentiment qui veut, que le Démon puisse rendre le mouvement à un corps mort.

Nous ne pouvons approuver ces sentimens des Juifs, que nous venons de proposer. Ils sont contraires à notre sainte Religion & aux dogmes de nos écoles. Mais nous croyons que l'esprit qui a animé Elie, par exemple, s'est

(*a*) *Marc. vj.* 16. 17.
(*b*) *Matth. xvj.* 14.

reposé

reposé sur Elisée son disciple; & que l'esprit saint qui animoit le premier, anima aussi le second, & même S. Jean-Baptiste, qui selon la parole de J. C. est venu dans la vertu d'Elie pour préparer les voies au Messie. Ainsi dans les prieres de l'Eglise, on prie Dieu de remplir ses fideles de l'esprit des Saints; & de leur inspirer l'amour de ce qu'ils ont aimé, & l'horreur de ce qu'ils ont haï.

Que le Démon, & même un bon Ange, par la permission ou le commandement de Dieu, puissent ôter la vie à un homme; la chose paroît indubitable. L'Ange qui apparut à Sephora (*a*) comme Moïse revenoit de Madian en Egypte, & qui menaça de mettre à mort ses deux fils, parce qu'ils n'étoient par circoncis, de même que celui qui mit à mort les premiers nés des Egyptiens (*b*), & celui qui est nommé dans les Ecritures, *l'Ange exterminateur*, & qui frappa de mort les Hébreux murmurateurs dans le désert (*c*), & celui qui voulut mettre à mort Balaam & son ânesse (*d*); enfin

(*a*) *Exod. iv.* 24 25.
(*b*) *Exod. xij.* 12.
(*c*) *I. Cor. x.* 10. *Judith. viij.* 25.
(*d*) *Num. xxij.*

Tome II. G

celui qui mit à mort les soldats de l'armée de Sennacherib, & celui qui frappa les sept premiers maris de Sara fille de Raguel (a), & enfin celui dont le Psalmiste menace ses ennemis (b): *& Angelus Domini persequens eos.*

S. Paul parlant aux Corinthiens de ceux qui communioient indignement (c), ne dit-il pas que le Démon leur causoit des maladies dangereuses, dont plusieurs en mouroient? *Ideò inter vos multi infirmi & imbecilles, & dormiunt multi.* Croira-t'on que ceux que le même Apôtre livra à Satan (d), ne souffrirent rien dans leur corps; & que Judas ayant reçu du Fils de Dieu un morceau trempé dans la sausse (e), & Satan ayant entré dans son corps, ce mauvais Esprit ne troubla pas ses sens, son imagination, son cœur, & ne le conduisit point enfin à se détruire, & à se pendre de désespoir?

On peut croire que tous ces Anges étoient de mauvais Anges; quoi qu'on ne puisse nier, que Dieu n'emploie aussi quelquefois les bons Anges pour exer-

(a) Tob. iij. 7.
(b) Ps. xxxiv. 5. 6.
(c) I. Cor. II. 30.
(d) I. Tim. I. 20.
(e) Joan. cap. 13.

cer sa vengeance contre les méchans, & même pour châtier, corriger & punir ceux à qui Dieu veut faire miséricorde, comme il envoie ses Prophêtes, pour annoncer de bonnes & de mauvaises nouvelles, pour menacer & pour exciter à la pénitence.

Mais nous ne lisons nulle part, que ni les bons ni les mauvais Anges ayent jamais de leur autorité ni donné ni rendu la vie à personne. Ce pouvoir est réservé à Dieu seul (a): *Dominus mortificat & vivificat, deducit ad inferos & reducit*; le Démon, selon l'Evangile (b), dans les derniers tems, & avant le jugement dernier, fera par lui-même, ou par l'Ante-Christ & par ses suppôts, des prodiges capables d'induire à erreur, s'il étoit possible, même les Elus. Dès le tems de Jesus-Christ & de ses Apôtres, Satan suscita de faux Christs & de faux Apôtres, qui firent plusieurs miracles apparens, qui ressusciterent même des morts; du moins on soûtenoit qu'ils en avoient ressuscité. Saint Clément d'Alexandrie & Hegesippe font mention de quelques résurrec-

(a) I. Reg. ij. 6.
(b) Matth. xxiv. 24.

tions opérées par Simon le Magicien (a); on dit qu'Apollonius de Thyane ressuscita une fille qu'on portoit en terre. Si l'on en croit Apulée (b), Asclepiade rencontrant un convoi, ressuscita le corps que l'on portoit au bûcher. On assûre qu'Esculape rendit la vie à Hippolyte, fils de Thesée, à Glaucus fils de Minos, à Capanée tué à l'assaut de Thebes, à Admete Roi de Pheres en Thessalie. Elien atteste (c) que le même Esculape rejoignit la tête d'une femme à son cadavre, & lui rendit la vie.

Mais quand on auroit des certitudes pour tous les faits que nous venons de citer, je veux dire, quand ils seroient attestés par des témoins oculaires, bien instruits, désinteressés, ce qui n'est point, il faudroit sçavoir les circonstances de ces événemens, & alors on seroit plus en état de les contester, ou d'y donner son consentement: car il y a toute apparence que les morts ressuscités par Esculape ne sont que des personnes dangereusement malades, auxquelles cet habile Médecin a rendu la santé. La fille

(a) Clem. Alex. Itinerario. Hegesippus de Excidio Jerusalem, c. 2.
(b) Apulei Flondo. lib. 2.
(c) Ælian. de animalib. lib. 9. c. 77.

ressuscitée par Apollonius de Thyane n'étoit pas réellement morte; ceux mêmes qui la portoient au bûcher doutoient qu'elle fût décédée. Ce qu'on dit de Simon le Magicien, n'est rien moins que certain; & quand cet Imposteur par les secrets de la Magie auroit fait quelques prodiges sur des personnes mortes, ou réputées telles, il faudroit les imputer à ses prestiges, & à quelque subtilité qui aura substitué des corps vivans ou des Fantômes aux corps morts, à qui il se vantoit d'avoir rendu la vie. En un mot nous tenons pour indubitable, qu'il n'y a que Dieu seul qui puisse donner la vie à une personne réellement morte, soit immédiatement par lui-même, ou par le moyen des Anges, ou des Démons exécuteurs de ses volontés.

J'avoue que l'exemple de cet enfant de Dalhem est embarrassant. Que ce soit l'ame de l'enfant qui soit retournée dans son corps pour l'animer de nouveau, ou le Démon qui lui ait servi d'ame, l'embarras me paroît égal : on ne voit dans tout cet événement que l'ouvrage du mauvais Esprit. Dieu ne paroît pas y avoir aucune part. Or si le Démon peut prendre la place d'une ame dans un corps nouvellement décédé, ou s'il peut y faire rentrer l'ame qui l'animoit avant son décès, on ne pourra plus lui contester la puissance de rendre à un mort une espéce de vie; ce qui seroit une terrible tentation pour nous, qui serions portés à croire, que le Démon a un pouvoir, que la Religion ne nous permet pas de penser que Dieu partage avec aucun Etre créé.

Je voudrois donc dire, supposé la vérité du fait, dont je ne vois aucun lieu de douter, que Dieu pour punir le crime abominable du pere, & pour donner aux hommes un exemple de sa juste vengeance, a permis au Démon de faire dans cette occasion ce qu'il n'a peut-être jamais fait, & ne fera jamais, de posséder un corps, & de lui servir en quelque sorte d'ame, pour lui donner l'action & le mouvement pendant qu'il a pû conserver ce corps sans une trop grande corruption.

Et cet exemple peut admirablement s'appliquer aux Revenans de Hongrie & de Moravie, que le Démon remuera & animera, fera paroître & inquiéter les vivans, jusqu'à leur donner la mort. Je dis tout ceci dans la supposition que ce qu'on dit des Vampires soit véritable: car si tout cela est faux & fabuleux, c'est perdre le tems que de chercher les moyens de l'expliquer.

Au reste plusieurs Anciens, comme Tertullien & Lactance (a), ont crû que les Démons étoient les seuls auteurs de ce que font les Magiciens en évoquant les ames des morts. Ils font, disent-ils, paroître des Fantômes ou des corps empruntés, & fascinent les yeux des assistans, pour leur faire prendre pour vrai ce qui n'est qu'apparent.

CHAPITRE XXXV.

Exemples de Fantômes qui ont apparû vivans, & ont donné plusieurs signes de vie.

LE Loyer, dans son livre des Spectres, soûtient (b) que le Démon peut faire faire des mouvemens extraordinaires & involontaires aux possédés. Il peut donc aussi, avec la permission de Dieu, donner le mouvement à un homme mort & insensible.

(a) *Tertull. de anim. c.* 22.
(b) Le Loyer, *des Spectres,* L. 2. p. 376. 392. 393.

Il rapporte l'exemple de Polycrite Magiſtrat d'Etolie, qui apparut au peuple de Locres neuf ou dix mois après ſa mort, & leur dit de lui montrer ſon enfant qui étoit monſtrueux, & qu'on vouloit brûler avec ſa mere. Les Locriens malgré les remontrances du Spectre de Polycrite perſiſtant dans leur réſolution, Polycrite prit ſon enfant, le mit en pieces & le dévora, ne laiſſant que la tête, ſans que le peuple le pût chaſſer ni empêcher; après cela il diſparut. Les Etoliens vouloient envoyer conſulter l'oracle de Delphes; mais la tête de l'enfant commença à parler, & à leur prédire les malheurs qui devoient arriver à leur patrie & à ſa propre mere.

Après la bataille donnée entre le Roi Antiochus & les Romains, un Officier nommmé Buptage, demeuré mort ſur le champ de bataille, bleſſé de douze plaies mortelles, ſe leva tout d'un coup, & commença à menacer les Romains des maux qui leur devoient arriver de la part des peuples étrangers, qui devoient détruire l'Empire Romain. Il déſigna en particulier, que des armées ſortiroient de l'Aſie & viendroient déſoler l'Europe; ce qui peut marquer l'irruption des Turcs ſur les terres de l'Empire Romain.

Après cela Buptage monta ſur un

chêne, & prédit qu'il alloit être dévoré par un loup; ce qui arriva. Après que le loup eut dévoré le corps, la tête parla encore aux Romains, & leur deffendit de lui donner la sépulture. Tout cela paroît très-incroyable, & ne fut pas suivi de l'effet. Ce ne furent pas les peuples d'Asie, mais ceux du Nord qui renverserent l'Empire Romain.

Dans la guerre d'Auguste contre Sextus Pompée, fils du grand Pompée (a), un soldat d'Auguste nommé Gabinius eut la tête coupée par ordre du jeune Pompée, ensorte toutefois que la tête tenoit au coû par un petit filet. Sur le soir on ouit Gabinius qui se plaignoit. On accourut ; il dit qu'il étoit retourné des enfers pour découvrir à Pompée des choses très-importantes. Pompée ne jugea pas à propos de venir ; il y envoya quelqu'un de ses gens, auquel Gabinius déclara que les Dieux d'en haut avoient exaucé les destins de Pompée ; qu'il réussiroit dans ses desseins. Aussitôt qu'il eut ainsi parlé, il tomba roide mort. Cette prétendue prédiction fut démentie par les effets. Pompée fut vaincu, & César remporta tout l'avantage dans cette guerre.

(a) Pline l. 7. c. 52.

Une certaine Charlatane étant morte, un Magicien de la bande lui mit sous les aisselles un charme qui lui rendit le mouvement; mais un autre Magicien l'ayant envisagée, s'écria que ce n'étoit qu'une vile charogne, & aussi-tôt elle tomba roide morte, & parut ce qu'elle étoit en effet.

Nicole Aubri native de Vervins étant possédée de plusieurs Diables, un de ces Diables nommé Baltazo prit à la potence le corps d'un pendu près la plaine d'Arlon, & avec ce corps vint trouver le mari de Nicole Aubri, auquel il promit de délivrer sa femme de sa possession, s'il vouloit lui laisser passer la nuit avec elle. Le mari consulta le maître d'école qui se mêloit d'exorciser, & qui lui dit de se bien garder d'accorder ce qu'on lui demandoit. Le mari & Baltazo étant entrés en l'Eglise, la femme possédée l'appella par son nom, & aussitôt ce Baltazo disparut. Le maître d'école conjurant la possédée, Belzebut un des Démons découvrit ce qu'avoit fait Baltazo, & que si le mari avoit accordé ce qu'il demandoit, il auroit emporté Nicole Aubri en corps & en ame.

Le Loyer rapporte encore (a) quatre

―――――
(a) R.' 412, 413, & 414.

autres exemples de personnes à qui le Démon a paru rendre la vie, pour satisfaire la passion brutale de deux amants.

CHAPITRE XXXVI.

Dévouement pour faire mourir, pratiqué par les Payens.

LEs anciens Payens Grecs & Romains attribuoient à la Magie & au Démon la puissance de faire mourir les hommes par une maniere de dévouement, qui consistoit à former une image de cire, qu'on faisoit la plus ressemblante qu'il étoit possible à la personne à qui on vouloit ôter la vie; on la dévouoit à la mort par les secrets de la Magie, puis on brûloit la statuë de cire, & à mesure qu'elle se consumoit, la personne dévouée tomboit en langueur & enfin mouroit. Théocrite (*a*) fait parler une femme transportée d'amour; elle invoque la bergeronette, & prie que le cœur de Daphnis son bien-aimé se fonde comme l'image de cire qui le représente.

(*a*) *Theocrit. Idyl.* 2.

Horace (b) fait paroître deux Magiciennes qui veulent évoquer les Manes, pour leur faire annoncer les choses à venir.

D'abord elles déchirent avec les dents une jeune brebis dont elles répandent le sang dans une fosse, afin de faire venir les ames dont elles prétendent tirer réponse. Puis elles placent auprès d'elles deux statues, l'une de cire, l'autre de laine : celle-ci est la plus grande & la maîtresse de l'autre ; celle de cire est à ses pieds comme suppliante, & n'attendant que la mort. Après diverses cérémonies magiques, l'image de cire fut embrasée & consumée.

Lanea & effigies erat, altera cerea
  major
Lanea, quæ pœnis compesceret inferiorem.
Cerea suppliciter stabat, servilibus ut quæ
Jam peritura modis. . . ..
  Et imagine cereâ
  Largior arserit ignis.

Il en parle encore ailleurs ; & après avoir d'un ris moqueur fait ses plaintes à la Magicienne Canidia, disant qu'il est prêt à lui faire réparation d'honneur, il avoue qu'il ressent tous les effets de

(a) *Horat. serm. lib. I. Sat. 8.*

son art trop puissant, comme lui-même l'a expérimenté, pour donner le mouvement aux figures de cire, & pour faire descendre la lune du haut du Ciel.

Anque movere cereas imagines,
Ut ipse nôsti curiosus, & polo
Deripere lunam.

Virgile parle (a) aussi de ces opérations diaboliques, & de ces images de cire, dévouées par l'art magique.

Limus ut hic durescit, & hæc ut ceræ
liquescit
Uno eodemque igni ; sic nostro Daphnis
amore.

Il y a lieu de croire que ces Poëtes ne rapportent ces choses, que pour montrer le ridicule des prétendus secrets de la magie, & les cérémonies vaines & impuissantes des Sorciers.

Mais on ne peut disconvenir, que ces pratiques toutes vaines qu'elles sont, n'ayent été usitées dans l'Antiquité, & que bien des gens n'y ayent ajoûté foi, & n'en ayent follement redouté les efforts.

(a) *Virgil. Eclog.*

Lucien raconte les effets (a) de la magie d'un certain Hyperboréen, qui ayant formé un Cupidon, avec de la terre, lui donna la vie, & l'envoya querir une fille nommée Chryséis, dont un jeune homme étoit devenu amoureux. Le petit Cupidon l'amena, & le lendemain au point du jour la Lune que le Magicien avoit fait descendre du Ciel, y retourna. Hécaté qu'il avoit évoquée du fond de l'enfer, s'y enfuit, & tout le reste de cette scene disparut. Lucien se moque avec raison de tout cela, & remarque que ces Magiciens, qui se vantent d'avoir tant de pouvoir, ne l'exercent pour l'ordinaire qu'envers des gueux, & le sont eux-mêmes.

Les plus anciens exemples de dévouement sont ceux qui sont marqués dans l'Ancien Testament : Dieu ordonne à Moïse de dévouer à l'anathême les Cananéens du Royaume d'Arad (b). Il dévoue aussi à l'anathême tous les peuples du pays de Chanaan (c). Balac Roi de Moab (d) envoie vers le Devin Ba-

(a) Lucian. in Philops.
(b) Num. xiv. 49. xxj. 3.
(c) Deut. vij. 2. 3. Deut. xij. 1. 2. 3. &c.
(d) Num. xxij. 5. & seq.

laam pour l'engager à maudire & à dévouer le peuple d'Israël. Venez, lui dit-il par ses députés, & maudissez Israël : car je sai que celui que vous aurez maudit & dévoué sera maudit, & que celui que vous aurez beni, sera comblé de bénédictions.

Nous avons dans l'Histoire des exemples de ces malédictions, de ces dévouemens, & des évocations des Dieux tutelaires des villes par l'art magique. Les Anciens tenoient fort secrets les noms propres des villes (a), de peur que venant à la connoissance des ennemis, ils ne s'en servissent dans les évocations lesquelles, à leur sens, n'avoient aucune force à moins que le nom propre de la ville n'y fût exprimé. Les noms ordinaires de Rome, de Tyr & Carthage, n'étoient pas leur nom véritable & secret. Rome, par exemple, s'appelloit Valentia, d'un nom connu de très-peu de personnes; & l'on punit séverement Valerius Soranus, pour l'avoir révelé.

Macrobe (b) nous a conservé la formule d'un dévouement solennel d'une ville & des imprécations qu'on faisoit contre elle, en la dévouant à quelque

(a) Plin. li. 3. c. 5. & lib. 28. c. 2.
(b) Macrobius, lib. 3. c. 9.

Démon nuisible & dangereux. On trouve dans les Poëtes payens un grand nombre de ces invocations & de ces dévouemens magiques pour inspirer une passion dangereuse, ou pour causer des maladies. Il est surprenant, que ces superstitieuses & abominables pratiques soient passées jusques dans le Christianisme, & ayent été redoutées par des personnes, qui en devoient reconnoître la vanité & l'impuissance.

Tacite raconte (a) qu'à la mort de Germanicus, qu'on disoit avoir été empoisonné par Pison & par Plautine, on trouva dans la terre & dans les murailles des os de corps humains, des dévouemens, & des charmes ou vers magiques, avec le nom de Germanicus gravé sur des lames de plomb enduites de sang corrompu, des cendres à demi-brûlées, & d'autres maléfices, par la vertu desquels on croit que les ames peuvent être évoquées.

(a) Tacit. Ann. l. 2. Art. 69.

CHAPITRE XXXVII.

Exemple de dévouement parmi les Chrétiens.

Hector Boëthius (a) dans son histoire d'Ecosse raconte, que Duffus Roi de ce pays étant tombé malade d'une maladie inconnuë aux Médecins, étoit consumé par une fievre lente, passoit les nuits sans dormir, se desséchoit insensiblement : son corps se fondoit en sueur toutes les nuits ; il devenoit foible, languissant, moribond, sans néanmoins qu'il parût dans son pouls aucune altération. On mit tout en usage pour le soulager, mais inutilement. On désespere de sa vie, on soupçonne qu'il y a du maléfice. Cependant les peuples de Murray, canton de l'Ecosse, se mutinerent ne doutant pas que le Roi ne dût bien-tôt succomber à sa maladie.

Il se répandit un bruit sourd, que le Roi avoit été ensorcelé par des Magiciennes, qui demeuroient à Forrés petite ville de l'Ecosse septentrionale. On y envoya du monde pour les arrêter ; on les surprit dans leurs maisons, où l'une

(a) *Hector Boëthius, Hist. Scot. lib. xj c.* 318. 219.

d'elles arrosoit la figure de cire du Roi Duffus passeé dans une broche de bois devant un grand feu, devant lequel elle récitoit certaines prieres magiques, & assuroit, qu'à mesure que la figure se fondoit le Roi perdroit ses forces, & qu'enfin il mourroit lorsque la figure seroit entierement fondue: ces femmes déclarerent qu'elles avoient été engagées à faire ces maléfices par les principaux du pays de Murray, qui n'attendoient que le décès du Roi pour faire éclater leur révolte.

Aussi tôt on arrête ces Magiciennes, & on les fait mourir dans les flammes. Le Roi se porta beaucoup mieux, & en peu de jours il recouvra une parfaite santé. Ce récit se trouve aussi dans l'histoire d'Ecosse de Bucanan, qui dit l'avoir apprise de ses anciens.

Il fait vivre le Roi Duffus en 960. & celui qui a ajoûté des notes au texte de ces Historiens, reconnoît que cet usage de faire fondre par art magique des images de cire pour faire mourir des personnes, n'étoit point inconnu aux Romains, comme il paroît par Virgile & par Ovide, & nous en avons rapporté assez d'exemples. Mais il faut avouer, que tout ce qu'on raconte sur cela est fort suspect, non qu'ils ne se soit trouvé des

Magiciens & des Magiciennes, qui ont tenté de faire mourir des personnes de considération par ces sortes de moyens, & qui en attribuoient l'effet au Démon ; mais il n'y a guére d'apparence qu'ils y ayent jamais réussi. Si les Magiciens avoient le secret de faire ainsi périr tous ceux qu'ils voudroient, qui est le Prince, le Prélat, le Seigneur, qui seroit en sûreté ? S'ils pouvoient les faire mourir à petit feu, pourquoi ne les pas exterminer tout d'un coup en jettant au feu la figure de cire ? Qui peut avoir donné ce pouvoir au Démon ? Est-ce le Tout-Puissant pour satisfaire la vengeance d'une femmelette, ou la jalousie d'un amant ou d'une amante ?

Monsieur de S. André Médecin du Roi dans ses lettres sur les maléfices, voudroit expliquer les effets de ces dévouemens, supposé qu'ils soient vrais, par l'écoulement des esprits, qui sortent des corps des Magiciens ou des Magiciennes, & qui s'unissant aux petites parties qui se détachent de la cire, & aux atômes du feu qui les rendent encore plus actifs, se porteroient vers la personne qu'ils voudroient maléficier, & lui causeroient des sentimens de chaleur ou de douleur, plus ou moins forte, selon que l'action du feu feroit plus ou moins violente. Mais je ne crois pas que cet habile homme trouve beaucoup d'approbateurs de fon fentiment. Le plus court feroit, à mon fens, de nier les effets de ces maléfices : car fi ces effets font réels, ils font inexplicables à la Phyfique, & ne peuvent être attribués qu'au Démon.

Nous lifons dans l'hiftoire des Archevêques de Treves, qu'Eberard Archevêque de cette Eglife, qui mourut en 1067. ayant menacé les Juifs de les chaffer de fa ville, fi dans un certain tems ils n'embraffoient le Chriftianifme, ces malheureux réduits au défefpoir fubornerent un Eccléfiaftique, qui pour de l'argent leur bâtifa du nom de l'Evêque une ftatuë de cire, à laquelle ils attacherent des mêches ou des bougies, & les allumerent le famedi Saint, comme le Prélat alloit donner folennellement le Baptême.

Pendant qu'il étoit occupé à cette fainte fonction, la ftatuë étant à moitié confumée, Eberard fe fentit extrêmement mal ; on le conduifit dans la facriftie, où il expira bientôt après.

Le Pape Jean xxij. en 1317. fe plaignit par des lettres publiques, que des scélerats avoient attenté à sa vie par de pareilles opérations; & il paroît persuadé de leur efficacité, & qu'il n'a été préservé de la mort que par une protection particuliere de Dieu. Nous vous faisons savoir, dit-il, que quelques traîtres ont conspiré contre nous, & contre quelques-uns de nos freres les Cardinaux, & ont préparé des breuvages & des images pour nous faire périr, dont ils ont souvent cherché les occasions; mais Dieu nous a toujours conservés. La lettre est du 27 de Juillet.

Dès le 27 de Février, le Pape avoit donné commission d'informer contre ces empoisonneurs; sa lettre est adressée à Barthelemi Evêque de Fréjus, qui fut successeur du Pape en ce Siége, & à Pierre Tessier Docteur en Décret, depuis Cardinal. Le Pape y dit en substance: Nous avons appris, que Jean de Limoges, Jacques dit Crabançon, Jean d'Amant Médecin, & quelques autres s'appliquent par une damnable curiosité à la Necromancie, & autres arts magiques, dont ils ont des livres; qu'ils se sont souvent servis de miroirs & d'images consacrées à leur maniere; que se mettant dans des cercles, ils ont souvent invoqué les malins Esprits, pour faire périr les hommes par la violence des enchantemens, ou ont envoyé des maladies qui abrégent leurs jours. Quelquefois ils ont enfermé des Démons dans des miroirs, des cercles ou des anneaux, pour les interroger, non feulement fur le paffé, mais fur l'avenir, & faire des prédictions. Ils prétendent avoir fait plufieurs expériences en ces matieres, & ne craignent pas d'affurer qu'ils peuvent non feulement par certains breuvages ou certaines viandes, mais par de fimples paroles, abréger ou allonger la vie, ou l'ôter entierement, & guérir toutes fortes de maladies.

Le Pape donna une pareille commiffion le 22 d'Avril 1317. à l'Evêque de Riès, au même Pierre Teffier, à Pierre Defprés & à deux autres, pour informer de la conjuration formée contre lui & contre les Cardinaux, & dans cette commffion il dit : Ils ont préparé des breuvages pour nous empoifonner, nous & quelques Cardinaux, & n'ayant pas eu la commodité de nous les faire prendre, ils ont fait faire des images de cire fous nos noms, pour attaquer notre vie, en piquant ces images avec des enchantemens magiques & des invocations de Démons ; mais Dieu nous a préfervés, & a fait tomber entre nos mains trois de ces images.

On voit la description de semblables maléfices dans une lettre écrite trois ans après à l'Inquisiteur de Carcassone par Guillaume de Godin, Cardinal Evêque de Sabine, où il dit : Le Pape vous ordonne d'informer & de procéder contre ceux qui sacrifient aux Démons, les adorent, ou leur font hommage, en leur donnant pour marque un papier écrit, ou quelqu'autre chose, pour lier le Démon, ou pour faire quelque maléfice en l'invoquant ; qui abusant du Sacrement de Baptême, batisent des images de cire ou d'autres matieres avec invocation des Démons ; qui abusent de l'Eucharistie ou de l'Hostie consacrée, ou des autres Sacremens, en exerçant leurs maléfices. Vous procéderez contre eux avec les Prélats comme vous faites en matiere d'Hérésie : car le Pape vous en donne le pouvoir. La lettre est dattée d'Avignon le 22 d'Août 1320.

En faisant le procès à Enguerrand de Marigni, on produisit un Magicien, qu'on avoit surpris faisant des images de cire représentant le Roi Louis Hutin & Charles de Valois, & prétendant les faire mourir en piquant ou en faisant fondre ces images.

On raconte aussi que Come Rugieri

Florentin, grand Athée & prétendu Magicien, avoit une chambre secrette, où il s'enfermoit seul, & où il perçoit d'une aiguille une image de cire qui représentoit le Roi, après l'avoir chargé de malédictions & dévoué par des enchantemens horribles, espérant de faire mourir ce Prince de langueur.

Que ces conjurations, ces images de cire, ces paroles magiques ayent produit ou non leurs effets, cela prouve toûjours l'opinion qu'on en avoit, la mauvaise volonté des Magiciens, la crainte dont on en étoit frappé. Quoique leurs enchantemens & leurs imprécations ne fussent point suivies de l'effet, on croit apparemment avoir sur cela quelque expérience, qui les faisoit redouter à tort, ou avec raison.

L'ignorance de la Physique faisoit prendre alors pour surnaturels plusieurs effets de la nature; & comme il est certain par la foi, que Dieu a souvent permis aux Démons de tromper les hommes par des prodiges, & de leur nuire par des moyens extraordinaires, on supposoit sans l'examiner qu'il y avoit un art magique & des regles sûres pour découvrir certains secrets, ou faire certains maux par le moyen des Démons, comme si Dieu n'eût pas toujours toûjours été le Maître de les permettre ou de les empêcher, ou qu'il eût ratifié les pactes faits avec les malins Esprits.

Mais en examinant de près la prétendue Magie, on a seulement trouvé des empoisonnemens accompagnés de superstitions & d'impostures. Tout ce que nous venons de rapporter des effets de la magie, des enchantemens, de la sorcellerie, qu'on prétendoit causer de si terribles effets sur les corps & sur les biens des hommes, & tout ce qu'on raconte des dévouemens, des évocations, des figures magiques, qui étant consumées par le feu, causoient la mort aux personnes dévouées & enchantées; tout cela n'a rapport que très-imparfaitement à la matiere des Vampires, que nous traitons ici: à moins qu'on ne dise, que les Revenans sont suscités & évoqués par l'art magique, & que les personnes qui se croyent suffoquées, & enfin frappées de mort par les Vampires, ne souffrent ces peines que par la malice du Démon, qui fait apparoître leurs parens morts, & leur fait produire tous ces effets; ou simplement frappe l'imagination des personnes à qui cela arrive, & leur fait croire que ce sont leurs parens décédés qui viennent les tourmenter & les faire mourir, quoiqu'il n'y ait dans tout cela qu'une imagination fortement frappée qui agisse.

On peut aussi rapporter aux histoires des Revenans, ce qu'on raconte de certaines personnes qui se sont promis de revenir après leur mort, & de se donner des nouvelles de ce qui se passe en l'autre vie, & de l'état où elles s'y trouvent.

CHAPITRE XXXVIII.

Exemples des personnes qui se sont promis de se donner après leur mort des nouvelles de l'autre monde.

L'Histoire du Marquis de Rambouillet, qui apparut après sa mort au Marquis de Précy, est fameuse. Ces deux Seigneurs s'entretenant des choses de l'autre vie, comme gens qui n'étoient pas fort persuadés de tout ce qu'on en dit, se promirent l'un à l'autre que le premier des deux qui mourroit, en viendroit dire des nouvelles à l'autre. Le Marquis de Rambouillet partit pour la Flandre, où la guerre étoit alors, & le Marquis de Précy demeura à Paris arrêté par une grosse fiévre. Six semaines après en plein jour il entendit tirer les rideaux de son lit, & se tournant pour voir qui c'étoit, il apperçut le Marquis de Rambouillet en bufle & en bottes. Il sortit de son lit pour embrasser son ami; mais Rambouillet reculant de quelques pas, lui dit qu'il étoit venu pour s'acquitter de la parole qu'il lui avoit donnée; que tout ce qu'on disoit de l'autre vie étoit très-certain, qu'il devoit changer de conduite, & que dans la premiere occasion où il se trouveroit, il perdroit la vie.

Précy fit de nouveaux efforts pour embrasser son ami, mais il n'embrassa que du vent; alors Rambouilet voyant qu'il étoit incrédule à ce qu'il lui disoit, lui montra l'endroit où il avoit reçu le coup dans les reins, d'où le sang paroissoit encore couler. Précy reçut bientôt après par la poste la confirmation de la mort du Marquis de Rambouillet, & lui-même s'étant trouvé quelque tems après dans les guerres civiles à la bataille du fauxbourg saint Antoine, y fut tué.

Pierre le Vénérable Abbé de Cluny (a) raconte une Histoire à peu près semblable

(a) *Biblioth. Cluniac. de miraculis l.* 1. c. 7 *pag.* 1290.

à celle que nous venons de voir. Un Gentilhomme nommé Humbert, fils d'un Seigneur nommé Guichard de Belioc, dans le Diocèse de Mâcon, ayant un jour déclaré la guerre à d'autres Seigneurs de son voisinage, un Gentilhomme nommé Geofroi d'Iden reçut dans la mêlée une blessure dont il mourut sur le champ.

Environ deux mois après, ce même Geofroi apparut à un Gentilhomme nommé Milon d'Ansa, & le pria de dire à Humbert de Belioc, au service duquel il avoit perdu la vie, qu'il étoit dans les tourmens, pour l'avoir aidé dans une guerre injuste, & pour n'avoir pas expié avant sa mort ses péchés par la pénitence; qu'il le prioit d'avoir compassion de lui, & de son propre pere Guichard, qui lui avoit laissé de grands biens, dont il abusoit, & dont une partie étoit mal acquise; qu'à la vérité Guichard pere de Humbert avoit embrassé la vie Religieuse à Cluny; mais qu'il n'avoit pas eu le tems de satisfaire à la Justice de Dieu pour les péchés de sa vie passée; qu'il le conjuroit donc de faire offrir pour lui & pour son pere le Sacrifice de la Messe, de faire des aumônes, & d'employer les prieres des gens de bien pour leur procurer à l'un & à l'autre une prompte délivrance des peines qu'ils enduroient. Il ajoûta: Dites-lui que s'il ne vous écoute pas, je ferai contraint d'aller moi-même lui annoncer ce que je viens de vous dire.

Milon d'Anſa s'acquitta fidélement de ſa commiſſion: Humbert en fut effrayé; mais il n'en devint pas meilleur. Toutefois craignant que Guichard ſon pere ou Geofroi d'Iden ne vinſſent l'inquiéter, il n'oſoit demeurer ſeul, & ſur-tout pendant la nuit, il vouloit toujours avoir auprès de lui quelqu'un de ſes gens. Un matin donc qu'il étoit couché & éveillé dans ſon lit en plein jour, il vit paroître en ſa préſence Geofroi, armé comme à un jour de bataille, qui lui montroit la bleſſure mortelle qu'il y avoit reçue, & qui paroiſſoit encore toute fraîche. Il lui fit de vifs reproches de ſon peu de pitié envers lui & envers ſon propre pere, qui gémiſſoit dans les tourmens: prenez garde, ajoûta-t-il, que Dieu ne vous traite dans ſa rigueur, & ne vous refuſe la miſéricorde que vous nous refuſez; & ſur-tout gardez-vous bien d'exécuter la réſolution que vous avez priſe d'aller à la guerre avec le Comte Amedée: ſi vous y allez, vous y perdrez la vie & les biens.

Il parloit, & Humbert ſe diſpoſoit à lui répondre, lorſque l'Ecuyer Vichard de

Marzcy, Conseiller de Humbert, arriva venant de la Messe, & aussi-tôt le mort disparut. Dès ce moment Humbert travailla sérieusement à soulager son pere Geofroi, & résolut de faire le voyage de Jérusalem, pour expier ses péchés. Pierre le Vénérable avoit été très-bien instruit de tout le détail de cette Histoire, qui s'étoit passée l'année qu'il fit le voyage d'Espagne, & qui avoit fait grand bruit dans le pays.

Le Cardinal Baronius (a) homme très-grave & très-sage, dit qu'il a appris de plusieurs personnes très-sensées, & qui l'ont souvent oui prêcher aux peuples, & en particulier de Michel Mercati, Protonotaire du S. Siége, homme d'une probité reconnue & fort habile, sur-tout dans la Philosophie de Platon, à laquelle il s'appliquoit sans relâche avec Marsile Ficin son ami intime, aussi zélé que lui pour la doctrine de Platon.

Un jour ces deux grands Philosophes s'entretenant de l'immortalité de l'Ame, & si elle demeuroit & existoit après la mort du corps, après avoir beaucoup discouru sur cette matiere, ils se promirent l'un à l'autre, & se donnerent les mains que le premier d'entr'eux qui par-

(a) *Baronius ad an. Christi* 401. *tom.* 5. *Annal.*

tiroit de ce monde viendroit donner à l'autre des nouvelles de l'état de l'autre vie.

S'étant ainsi séparés, il arriva quelque tems après, que le même Michel Mercati étant bien éveillé, & étudiant de grand matin les mêmes matieres de Philosophie, il entendit tout d'un coup comme le bruit d'un Cavalier qui venoit en grande hâte à sa porte, & en même tems il entendit la voix de son ami Marsile Ficin, qui lui crioit: Michel, Michel, rien n'est plus vrai que ce qu'on dit de l'autre vie. En même tems Michel ouvrit la fenêtre, & vit Marsile monté sur un cheval blanc, qui se retiroit en courant. Michel lui cria de s'arrêter; mais il continua sa course jusqu'à ce qu'il ne le vit plus.

Marsile Ficin demeuroit alors à Florence, & y étoit mort à l'heure même qu'il étoit apparu, & avoit parlé à son ami. Celui-ci écrivit aussi-tôt à Florence pour s'informer de la vérité du fait, & on lui répondit, que Marsile étoit décédé au même moment que Michel avoit oui sa voix, & le bruit de son cheval à sa porte. Depuis cette avanture Michel Mercati, quoique fort reglé auparavant dans sa conduite, fut changé en un autre homme, & vêcut d'une maniere tout-à-fait exemplaire,

& comme un parfait modéle de la vie Chrétienne. On trouve grand nombre de pareils exemples dans Henri Morus, & Josué Grand-ville dans son ouvrage intitulé : le Saducéisme combattu.

En voici un tiré de la vie du B. Joseph de Lionisse Capucin Missionnaire, l. 1. p. 64. & suivantes. Un jour qu'il s'entretenoit avec son compagnon des devoirs de la Religion, de la fidélité que Dieu demande de ceux qui s'y sont consacrés, de la récompense qu'il a réservée aux parfaits Religieux, & de la févere justice qu'il exercera contre les serviteurs infidéles, Frere Joseph lui dit : Je veux que nous nous promettions mutuellement que celui de nous qui mourra le premier, apparoisse à l'autre, si Dieu le permet ainsi, pour l'instruire de ce qui se passe en l'autre, & de l'état où il se trouvera. Je le veux, répartit le saint Compagnon, je vous en donne ma parole : je vous engage aussi la mienne, répliqua le Frere Joseph.

Quelques jours après, le pieux Compagnon fut attaqué d'une maladie qui le réduisit au tombeau. Frere Joseph y fut d'autant plus sensible, qu'il connoissoit mieux que les autres la vertu du saint Religieux ; il ne douta pas que leur accord ne fût exécuté, ni que le mort ne lui apparût, lorsqu'il y penseroit le moins, pour s'acquitter de sa promesse.

En effet un jour que Frere Joseph s'étoit retiré dans sa chambre, l'après-midi il vit entrer un jeune Capucin, horriblement défait, d'un visage pâle & décharné, qui le salua d'une voix grêle & tremblante. Comme à la vûe de ce Spectre Joseph parut un peu troublé, ne vous effrayez pas, lui dit-il; je viens ici comme Dieu l'a permis, pour m'acquitter de ma promesse, & pour vous dire que j'ai le bonheur d'être du nombre des élus par la miséricorde du Seigneur. Mais apprenez qu'il est encore plus difficile d'être sauvé qu'on ne le croit dans le monde; que Dieu, dont la sagesse découvre les plus secrets replis des consciences, pese exactement toutes les actions qu'on a faites durant la vie, les pensées, les désirs, & les motifs qu'on se propose en agissant; & qu'autant qu'il est inexorable à l'égard des pécheurs, autant est-il bon, indulgent, & riche en miséricorde envers les Ames justes qui l'ont servi dans la vie; à ces mots le Fantôme disparut.

Voici un exemple d'une ame qui vient après sa mort visiter son ami, sans en être convenu avec lui (a). Pierre Gamrate, Evêque de Cracovie, fut transferé à l'Archevêché de Gnesne en 1548. & obtint dispense du Pape Paul III. de conserver encore son Evêché de Cracovie. Ce Prélat après avoir mené une vie déreglée pendant sa jeunesse, se mit sur la fin de sa vie à pratiquer plusieurs actions de charité, donnant tous les jours à manger à cent pauvres, à qui il envoyoit des mets de sa table. Et lorsqu'il alloit en voyage, il se faisoit suivre par deux chariots chargés d'habits & de chemises, qu'il faisoit distribuer aux pauvres selon leur besoin.

Un jour qu'il se disposoit à aller à l'Eglise sur le soir, la veille d'une bonne fête, & qu'il étoit demeuré seul dans son cabinet, il vit tout d'un coup paroître en sa présence un Gentilhomme nommé Curosius mort depuis assez long-tems, avec lequel il avoit été autrefois dans sa jeunesse trop uni pour faire le mal.

L'Archevêque Gamrate en fut d'abord effrayé; mais le mort le rassura, & lui dit qu'il étoit du nombre des bienheureux. Quoi! lui dit le Prélat, après une

(a) Stephani Damalevini Historia, pag. 291. apud Rainald. continuat. Baronii, ad an. 1545. t. 21. art. 62.

vie telle que tu as menée : car tu sais à quels excès nous nous sommes portés toi & moi dans notre jeunesse. Je le sçai, dit le mort ; mais voici ce qui m'a sauvé. Un jour étant en Allemagne, je me trouvai avec un homme qui proféroit des discours blasphématoires & injurieux à la Sainte Vierge. J'en fus irrité, je lui donnai un soufflet ; nous mettons l'épée à la main, je le tue, & de peur d'être arrêté & puni comme homicide, je prens la fuite sans beaucoup réfléchir sur l'action que j'avois faite. A l'heure de ma mort, je me trouvai dans de terribles inquiétudes par le remors de ma vie passée, & je ne m'attendois qu'à une perte certaine, lorsque la Sainte Vierge vint à mon secours, & intercéda si puissamment pour moi auprès de son fils, qu'elle m'obtint le pardon de mes péchés ; & j'ai le bonheur de jouir de la Béatitude.

Pour vous, vous n'avez plus que six mois à vivre ; & je suis envoyé pour vous avertir, que Dieu en considération de vos aumônes, & de votre charité envers les pauvres, veut vous faire miséricorde, & vous attend à pénitence. Profitez du tems, & expiez vos péchés passés. Après ces mots le mort disparut, & l'Archevêque fondant en larmes, commença à vivre d'une maniere si Chrétienne, qu'il fut l'édification de tous ceux qui en eurent connoissance. Il raconta la chose à ses plus intimes amis, & mourut en 1545. après avoir gouverné l'Eglise de Gnesne pendant environ cinq ans.

La fille de Dumoulin, fameux Jurisconsulte, ayant été inhumainement massacrée, dans son logis (a), apparut de nuit à son mari bien éveillé, & lui déclara par nom & par surnom ceux qui l'avoient tuée elle & ses enfans, le conjurant d'en tirer vengeance.

CHAPITRE XXXIX.

Extrait des Ouvrages politiques de M. l'Abbé de S. Pierre, tome 4. pag. 57.

ON me dit derniérement à Valogne, qu'un bon Prêtre de la Ville qui apprend à lire aux enfans, nommé M. Bezuel, avoit eu une apparition en plein jour, il y a dix ou douze ans; comme cela avoit fait d'abord beaucoup de bruit à cause de sa réputation de probité & de sincérité, j'eus la curiosité de l'en-

(a) Le Loyer, l. 3. p. 46. & 47.

tendre conter lui-même son avanture. Une Dame de mes parentes qui le connoissoit, l'envoya prier à diner hier 7 Janvier 1708. & comme d'un côté je lui marquai du désir de savoir la chose de lui-même, & que de l'autre c'étoit pour lui une sorte de distinction honorable, d'avoir eu en plein jour une apparition d'un de ses camarades, il nous la conta avant diner sans se faire prier, & d'une maniére assez naïve.

FAIT.

En 1695. nous dit M. Bezuel, étant jeune Ecolier d'environ 15 ans, je fis connoissance avec les deux enfans d'Abaquene Procureur, Ecoliers comme moi. L'aîné étoit de mon âge, le cadet avoit dix-huit mois de moins ; il s'appelloit Desfontaines : nous faisions nos promenades & toutes nos parties de plaisir ensemble, & soit que Desfontaines eût plus d'amitié pour moi, soit qu'il fût plus gai, plus complaisant, plus spirituel que son frere, je l'aimois aussi davantage.

En 1696. nous promenants tous deux dans le cloître des Capucins, il me conta qu'il avoit lû depuis peu une histoire de deux amis qui s'étoient promis, que celui qui mourroit le premier viendroit dire des nouvelles de son état au vivant ; que le mort revint, & lui dit des choses surprenantes. Sur cela Desfontaines me dit qu'il avoit une grace à me demander, qu'il me la demandoit instamment : c'étoit de lui faire une pareille promesse, & que de son côté il me la feroit ; je lui dis que je ne voulois point. Il fut plusieurs mois à m'en parler souvent & très sérieusement ; je résistois toujours. Enfin vers le mois d'Août 1696. comme il devoit partir pour aller étudier à Caen, il me pressa tant les larmes aux yeux, que j'y consentis : il tira dans le moment deux petits papiers qu'il avoit écrits tout prêts, l'un signé de son sang, où il me promettoit en cas de mort de me venir dire des nouvelles de son état, l'autre où je lui promettois pareille chose. Je me piquai au doigt, il en sortit une goutte de sang, avec lequel je signai mon nom ; il fut ravi d'avoir mon billet, & en m'embrassant il me fit mille remercimens.

Quelque tems après il partit avec son frere. Notre séparation nous causa bien du chagrin : nous nous écrivions de tems en tems de nos nouvelles, & il n'y avoit que six semaines que j'avois reçu de ses lettres, lorsqu'il m'arriva ce que je m'en vais vous conter.

Le 31 Juillet 1697. un Jeudi, il m'en souviendra toute ma vie, feu M. de Sortoville, auprès de qui je logeois & qui avoit eu de la bonté pour moi, me pria d'aller à un pré, près des Cordeliers, & d'aider à presser ses gens qui faisoient du foin; je n'y fus pas un quart d'heure, que vers les deux heures & demie je me sentis tout d'un coup étourdi, & pris d'une foiblesse: je m'appuyai envain sur ma fourche à foin, il fallut que je me misse sur un peu de foin, où je fus environ une demi-heure à reprendre mes esprits. Cela se passa; mais comme jamais rien de semblable ne m'étoit arrivé, j'en fus surpris, & je craignis le commencement d'une maladie: il ne m'en resta cependant que peu d'impression le reste du jour; il est vrai que la nuit je dormis moins qu'à l'ordinaire.

Le lendemain à pareille heure, comme je menois au pré M. de S. Simon petit fils de M. de Sortoville, qui avoit alors dix ans, je me trouvai en chemin attaqué d'une pareille foiblesse; je m'assis sur une pierre à l'ombre. Cela se passa, & nous continuames notre chemin: il

ne m'arriva rien de plus ce jour là;
& la nuit je ne dormis guére.

Enfin le lendemain deuxiéme jour
d'Août, étant dans le grenier où on ferroit
le foin que l'on apportoit du pré, pré-
cifément à la même heure, je fus pris
d'un pareil étourdiffement & d'une pareille foibleffe, mais plus grande que
les autres : je m'évanouis & perdis connoiffance ; un des laquais s'en apperçut :
on m'a dit qu'on me demanda alors qu'eft-
ce que j'avois, & que je répondis : J'ai
vû ce que je n'aurois jamais crû ; mais
il ne me fouvient ni ni de la demande
ni de la réponfe : cela cependant s'accorde à ce ce qu'il me fouvient avoir vû
alors comme une perfonne nue à mi-
corps, mais que je ne reconnus cependant
point. On m'aida à defcendre de l'échelle:
je me tenois bien aux échelons ; mais
comme je vis Desfontaines mon camarade
au bas de l'échelle, la foibleffe me reprit, ma tête s'en alla entre deux échelons, & je perdis encore connoiffance:
on me defcendit, & on me mit fur une
groffe poutre, qui fervoit de fiége dans
la grande place des Capucins ; je m'y
affis : je n'y vis plus alors M. de Sortoville, ni fes Domeftiques, quoique
préfens ; mais appercevant Desfontaines

vers le pied de l'échelle, qui me faisoit signe de venir à lui, je me reculai sur mon siége comme pour lui faire place, & ceux qui me voyoient & que je ne voyois point, quoique j'eusse les yeux ouverts, remarquerent ce mouvement.

Comme il ne venoit point, je me levai pour aller à lui : il s'avança vers moi, me prit le bras gauche de son bras droit, & me conduisit à trente pas de-là dans une rue écartée, me tenant ainsi accroché. Les domestiques croyant que mon étourdissement étoit passé, & que j'allois à quelques nécessités, s'en allerent chacun à leur besogne, excepté un petit laquais qui vint dire à M. de Sortoville que je parlois tout seul. M. de Sortoville crut que j'étois ivre ; il s'approcha, & m'entendit faire quelques questions & quelques réponses qu'il m'a dit depuis.

Je fus là près de trois quarts d'heure à causer avec Desfontaines. Je vous ai promis, me dit-il, que si je mourois avant vous, je viendrois vous le dire. Je me noyai avant-hier à la riviére de Caen, à peu près à cette heure ci : j'étois à la promenade avec tels & tels, il faisoit grand chaud, il nous prit envie de nous baigner, il me vint une foiblessé dans la riviére, & je tombai au fond. L'Abbé de Menil-Jean mon camarade plongea pour me reprendre, je saisis son pied ; mais soit qu'il eût peur que ce ne fût un Saumon, par ce que je le serrois bien fort, soit qu'il voulût promptement remonter sur l'eau, il secoua si rudement le jaret, qu'il me donna un grand coup sur la poitrine, & me jetta au fond de la riviére, qui est là fort profonde.

Desfontaines me conta ensuite tout ce qui leur étoit arrivé dans la promenade, & de quoi ils s'étoient entretenus. J'avois beau lui faire des questions s'il étoit sauvé, s'il étoit damné, s'il étoit en purgatoire, si j'étois en état de grace, & si je le suivrois de près, il continua son discours comme s'il ne m'avoit point entendu, & comme s'il n'eût point voulu m'entendre.

Je m'approchai plusieurs fois pour l'embrasser ; mais il me parut que je n'embrassois rien : je sentois pourtant bien qu'il me tenoit fortement par le bras, & que lorsque je tâchois de détourner ma tête pour ne le plus voir, parce que je ne le voyois qu'en m'affligeant, il me secouoit le bras, comme pour m'obliger à le regarder & à l'écouter.

Il me parut toujours plus grand que je ne l'avois vû, & plus grand même qu'il n'étoit lors de sa mort, quoiqu'il eût grandi depuis 18 mois que nous ne nous étions vûs: je le vis toujours à mi-corps & nud, la tête nue avec ses beaux cheveux blonds, & un écriteau blanc entortillé dans ses cheveux sur son front, sur lequel il y avoit de l'écriture, où je ne pus lire que ces mots, *In &c.*

C'étoit son même son de voix: il ne me parut ni gai ni triste; mais, dans une situation calme & tranquille: il me pria quand son frere seroit revenu, de lui dire certaines choses pour dire à son pere & à sa mere; il me pria de dire les sept pseaumes qu'il avoit eu en pénitence le Dimanche précédent, qu'il n'avoit pas encore récités; ensuite il me recommanda encore de parler à son frere, & puis me dit adieu, s'éloigna de moi en me disant, *jusques, jusques,* qui étoit le terme ordinaire dont il se servoit quand nous nous quittions à la promenade pour aller chacun chez nous.

Il me dit que lorsqu'il se noyoit, son frere en écrivant une traduction, s'étoit repenti de l'avoir laissé aller sans l'accompagner, craignant quelques accidens; il me peignit si bien où il s'étoit noyé, & l'arbre de l'avenue de Louvigni où il avoit écrit quelques mots, que deux ans après me trouvant avec le feu Chevalier de Gotot, un de ceux qui étoient avec lui lorſqu'il ſe noya, je lui marquai l'endroit même, & qu'en comptant les arbres d'un certain côté que Deſfontaines m'avoit ſpécifié, j'allois droit à l'arbre, & je trouvois ſon écriture: il me dit auſſi que l'article des ſept pſeaumes étoit vrai, & qu'au ſortir de confeſſion ils s'étoient dit leur pénitence; ſon frere me dit depuis qu'il étoit vrai qu'à cette heure là il écrivoit ſa verſion, & qu'il ſe reprocha de n'avoir pas accompagné ſon frere.

Comme je paſſai près d'un mois ſans pouvoir faire ce que m'avoit dit Deſfontaines à l'égard de ſon frere, il m'apparut encore deux fois avant diner, à une maiſon de campagne où j'étois allé dîner à une lieuë d'ici. Je me trouvai mal; je dis qu'on me laiſſât, que ce n'étoit rien, que j'allois revenir: j'allai dans le coin du jardin. Desfontaines m'ayant apparu, il me fit des reproches de ce que je n'avois pas encore parlé à ſon frere, & m'entretint encore un quart d'heure ſans vouloir répondre à mes queſtions.

En allant le matin à Notre-Dame de la Victoire, il m'apparut encore, mais pour moins de tems, & me preſſa toujours de parler à ſon frere, & me quitta en me diſant toujours *juſques*, *juſques*, & ſans vouloir répondre à mes queſtions.

C'eſt une choſe remarquable, que j'eus toujours une douleur à l'endroit du bras qu'il m'avoit ſaiſi la premiére fois, juſqu'à ce que j'euſſe parlé à ſon frere; je fus trois jours que je ne dormois pas de l'étonnement où j'étois. Au ſortir de la premiére converſation, je dis à M. de Varouville mon voiſin & mon camarade d'école, que Desfontaines avoit été noyé, qu'il venoit lui-même de m'apparoître & de me le dire: il s'en alla toujours courant chez les parens pour ſçavoir ſi cela étoit vrai; on en venoit de recevoir la nouvelle, mais par un mal entendu il comprit que c'étoit l'aîné. Il m'aſſura qu'il avoit lû la lettre de Desfontaines, & il le croyoit ainſi; je lui ſoûtins toujours que cela ne pouvoit pas être, & que Desfontaines lui-même m'étoit apparu: il retourna, revint, & me dit en pleurant, cela n'eſt que trop vrai.

Il ne m'eſt rien arrivé depuis, & voilà mon avanture au naturel: on l'a contée diverſement; mais je ne l'ai contée que comme je viens de vous le dire. Le fe

Chevalier de Gotot m'a dit que Desfontaines est aussi apparu à M. de Menil-Jean. Mais je ne le connois point; il demeure à vingt lieues d'ici du côté d'Argentan, & je ne puis en rien dire de plus.

Voilà un récit bien singulier & bien circonstancié rapporté par M. l'Abbé de S. Pierre, qui n'est nullement crédule, & qui met tout son esprit & toute sa philosophie à expliquer les évenemens les plus extraordinaires par des raisonnemens physiques, par le concours des atômes, des corpuscules, les écoulemens des esprits insensibles & de la transpiration. Mais tout cela est tiré de si loin, & fait une violence si sensible aux sujets & à leurs circonstances, que les plus crédules ne sauroient s'y rendre.

Il est surprenant que ces Messieurs qui se piquent de force d'esprit, & qui rejettent avec tant de hauteur tout ce qui paroît surnaturel, soient si faciles à admettre des systêmes philosophiques beaucoup plus incroyables, que les faits mêmes qu'ils combattent. Ils se forment des doutes souvent très-mal fondés, & les attaquent par des principes encore plus incertains. Cela s'appelle réfuter une difficulté par une autre, résoudre un doute par des principes encore plus douteux.

Mais, dira-t-on, d'où vient que tant d'autres personnes, qui s'étoient engagées de venir dire des nouvelles de l'immortalité de l'Ame après leur mort, ne sont pas revenues ? Sénéque parle d'un Philosophe Stoïcien, nommé Julius Canus, qui ayant été condamné à mort par Jules-César, dit hautement, qu'il alloit apprendre la vérité de cette question qui les partageoit, sçavoir si l'Ame étoit immortelle ou non. Et on ne lit pas qu'il soit revenu. La Motte le Vayer étoit convenu avec son ami Baranzan Barnabite, que le premier d'entr'eux qui mourroit, avertiroit l'autre de l'état où il se trouveroit. Baranzan mourut, & ne revint point.

De ce que les morts reviennent quelquefois, il seroit imprudent de conclure qu'ils reviennent toujours. Et de même ce seroit mal raisonner que de dire qu'ils ne reviennent jamais, parce qu'ayant promis de revenir, ils ne sont pas revenus. Il faudroit pour cela supposer, qu'il est au pouvoir des Ames de revenir & d'apparoître quand elles veulent, & si elles veulent ; mais il paroît indubitable au contraire que cela n'est point en leur pouvoir, & que ce n'est que par une permission très-particulière de Dieu, que les Ames séparées du corps paroissent quelquefois aux vivans.

On voit dans l'Hiſtoire du mauvais Riche, que Dieu ne voulut pas lui accorder la grace qu'il lui demandoit de renvoyer ſur la terre quelques-uns de ceux qui étoient avec lui dans l'Enfer. De pareilles raiſons tirées de l'endurciſſement ou de l'incrédulité des mortels, ont pû empêcher de même le retour de Julius Canus, ou de Baranzan. Le retour des Ames & leur apparition n'eſt pas une choſe naturelle, ni qui ſoit du choix des Trépaſſés. C'eſt un effet ſurnaturel & qui tient du miracle.

Saint Auguſtin, (a) dit à ce ſujet, que ſi les morts s'intéreſſent à ce qui regarde les vivans, & s'il eſt en leur pouvoir de revenir viſiter les vivans, ſainte Monique ſa Mere qui l'aimoit ſi tendrement, & qui le ſuivoit par mer & par terre pendant ſa vie, ne manqueroit pas de le viſiter toutes les nuits, & de le venir conſoler dans ſes peines; car il ne faut pas s'imaginer qu'elle ſoit devenue moins compatiſſante depuis qu'elle eſt devenue bienheureuſe : *abſit ut factà ſit vitâ feliciore crudelis.*

Le Retour des Ames, leurs appari-

―――――――――

(a) *Aug. de curâ gerend. pro mortuis*, c. 13. pag. 526.

tions, l'exécution des promesses que quelques personnes se sont faites de venir dire à leurs amis des nouvelles de ce qui se passe en l'autre monde, n'est pas en leur pouvoir. Tout cela est entre les mains de Dieu.

CHAPITRE XL.
Divers systêmes pour expliquer le retour des Revenans.

LA matiére des Revenans ayant fait dans le monde autant de bruit qu'elle en a fait, il n'est pas surprenant que l'on ait formé tant de divers systêmes, & qu'on ait proposé tant de maniéres pour expliquer leur retour & leurs opérations.

Les uns ont crû que c'étoit une résurrection momentanée causée par l'Ame du défunt qui rentroit dans son corps, ou par le Démon qui le ranimoit & le faisoit agir pendant quelque tems, tandis que son sang gardoit sa consistance & sa fluidité, & que ses organes n'étoient point entiérement corrompus & dérangés.

D'autres frappés des suites de ce principe & des conséquences qu'on en pourroit tirer, ont mieux aimé supposer, que ces Vampires n'étoient pas vraiment morts ; qu'ils conservoient encore certaines semences de vie, & que leurs Ames pouvoient de tems en tems les ranimer & les faire sortir de leurs tombeaux, pour paroître parmi les hommes, y prendre quelque nourriture, se rafraîchir, y renouveller leur suc nourricier & leurs esprits animaux, en suçant le sang de leurs proches.

On a imprimé depuis peu une Dissertation sur l'incertitude des signes de la mort, & l'abus des enterremens précipités, par Monsieur Jacques Benigne Vinslow, Docteur Régent de la Faculté de Médecine de Paris, traduite & commentée par Jacques Jean Bruhier, Docteur en Médecine à Paris, 1742. in-8°. Cet ouvrage peut servir à expliquer, comment des personnes qu'on a crûes mortes & qu'on a enterrées comme telles, se sont néanmoins trouvées vivantes assez long-tems après leurs obséques & leur enterrement. Cela rendra peut-être le Vampirisme moins incroyable.

M. Vinslow, Docteur & Régent de la Faculté de Médecine de Paris, soûtint au mois d'Avril 1740. une Thése, où il demande, si les expériences de Chirurgie sont plus propres que toutes autres à découvrir des marques moins incertaines d'une mort douteuse. Il y soûtint qu'il y a plusieurs rencontres, où les marques de la mort sont très-douteuses; & il produit plusieurs exemples de personnes qu'on a crûes mortes, & qu'on a enterrées comme telles, qui néanmoins se sont ensuite trouvées vivantes.

M. Bruhier Docteur en Médecine a traduit cette Thése en François, & y a fait des additions sçavantes, fort propres à fortifier le sentiment de Monsieur Vinslow. L'ouvrage est très-intéressant pour la matiére dont il traite, & fort agréable à lire, par la maniére dont il est écrit. Je vais en extraire ce qui peut servir à mon sujet. Je m'attacherai principalement aux faits les plus certains & les plus singuliers: car pour les rapporter tous, il faudroit transcrire tout le livre.

On sait que Jean Duns, surnommé Scot ou le Docteur subtil, eut le malheur d'être enterré vivant à Cologne, & que quand on ouvrit son tombeau quelque tems après, on trouva qu'il s'étoit rongé le bras (*a*). On raconte la même chose de l'Empereur Zenon, qui

(*a*) Ce fait est plus que douteux. Bzovius pour l'avoir avancé d'après quelques autres, fut traité de *Bovius*, c'est-à-dire, gros bœuf. Il se fit entendre du fond de son tombeau par des cris réitérés à ceux qui le veilloient. Lancisi célébre Médecin du Pape Clement XI. raconte, qu'à Rome il a été témoin d'une personne de distinction qui étoit encore vivante lorsqu'il écrivoit, qui reprit le mouvement & le sentiment, pendant qu'on chantoit son service à l'Église.

Pierre Zacchias, autre célébre Médecin de Rome, dit que dans l'Hôpital du Saint-Esprit, un jeune homme étant attaqué de peste, tomba dans une syncope si entière, qu'on le crut absolument mort. Dans le tems qu'on transportoit son cadavre avec beaucoup d'autres au de-là du Tibre, le jeune homme donna quelques signes de vie. On le reporta à l'Hôpital où il guérit. Deux jours après il tomba dans une pareille syncope. Pour cette fois il fut réputé mort sans

---

vaut donc mieux s'en tenir à ce que Moreri en a pensé. « Les ennemis de Scot ont publié, » dit-il, qu'ayant été attaqué d'apoplexie, il » fut d'abord enterré, & que quelque tems » après cet accident étant passé, il mourut » désespéré, se rongeant les mains... Mais » on a si bien réfuté cette calomnie autorisée » par Paul Joye, Latome & Bzovius, qu'il » ne se trouve plus personne qui veuille y ajou-» ter foi. »

retour : on le mit parmi les autres destinés à la sépulture ; il revint une seconde fois, & vivoit encore quand Zacchias écrivoit.

On raconte qu'un nommé Guillaume Foxlei âgé de 40 ans (*a*), s'étant endormi le 27 Avril 1546. demeura plongé dans son sommeil quatorze jours & quatorze nuits, sans aucune maladie précédente. Il ne pouvoit se persuader qu'il eût dormi plus d'une nuit ; il ne fut convaincu de son long sommeil, que quand on lui fit voir un bâtiment commencé quelques jours avant son assoupissement, & qu'il vit achever à son réveil. On dit que sous le Pape Gregoire II. un Ecolier dormit sept ans de suite à Lubec. Lilius Giraldus (*b*) rapporte, qu'un paysan dormit toute l'Automne & l'Hyver entier.

(*a*) *Larrey, dans Henri VIII. Roi d'Angleterre,* p. 536.
(*b*) *Lilius Giraldus, Hist. Poët. Dialog.* 8.

CHAPITRE XLI.

Divers exemples de personnes enterrées encore vivantes.

PLutarque raconte, qu'un homme étant tombé de haut sur son col, on le crut mort, sans qu'il eût la moindre apparence de blessure. Comme on le portoit en terre au bout de trois jours, il reprit tout-à-coup ses forces & revint à lui. Asclepiade (*a*) ayant rencontré un grand convoi d'une personne qu'on portoit en terre, obtint de voir & de toucher le mort: il y trouva des signes de vie, & par le moyen de quelques remédes il le rappella sur le champ & le rendit sain à ses parens.

Il y a plusieurs exemples de personnes qui ayant été enterrées, sont revenues ensuite, & ont encore vêcu long-tems en parfaite santé. On raconte en particulier (*b*), qu'une femme d'Orléans enterrée dans le cimetiére avec une ba-

---
(*a*) *Cels. lib. 2. c. 6.*
(*b*) *Le P. le Clerc ci-devant Procureur des Pensionnaires du Collége de Louis le Grand.*

gue à son doigt, qu'on n'avoit pû tirer en la mettant dans le cercueil ; la nuit suivante un Domestique attiré par l'espoir du gain, ouvrit le tombeau, rompit le cercueil, & ne pouvant arracher la bague, voulut couper le doigt de la personne, qui jetta un grand cri : le valet prit la fuite, la femme se débarrassa comme elle put de son drap mortuaire, revint chez elle, & survêquit à son mari.

M. Benard Maître Chirurgien à Paris atteste, qu'étant avec son pere à la Paroisse de Réal, on tira du tombeau, vivant & respirant, un Religieux de saint François qui y étoit renfermé depuis trois ou quatre jours, & qui s'étoit rongé les mains autour de la ligature qui les lui assujetissoit ; mais il mourut presque dans le moment qu'il eut pris l'air.

Plusieurs personnes ont parlé de cette femme d'un Conseiller de Cologne (a), qui ayant été enterrée en 1571. avec une bague de prix, le fossoyeur ouvrit le tombeau la nuit suivante, pour voler la bague. Mais la bonne Dame l'empoigna, & le força de la tirer du cercueil.

(a) *Misson, voyage d'Italie, tom.* 1. *lettre* 5. *Goulart, des Hist. admirables & mémorables, imprimé à Genève, en* 1678.

Il se dégagea néanmoins de ses mains, & s'enfuit. La ressuscitée alla frapper à la porte de sa maison ; on crut que c'étoit un Fantôme, & on la laissa assez long-tems languir à la porte : enfin on lui ouvrit, on la réchauffa, & elle revint en parfaite santé, & eut depuis trois fils qui furent gens d'Eglise. Cet événement est représenté sur le sépulcre de la personne dans un tableau, où l'Histoire est représentée, & de plus écrite en vers Allemands.

On ajoute que cette Dame, pour convaincre ceux du logis que c'étoit elle-même, dit au valet qui vint à la porte, que les chevaux étoient montés au grenier, ce qui se trouva vrai ; & on voit encore aux fenêtres du grenier de cette maison des têtes des chevaux en bois en signe de la vérité de la chose.

François de Civile, Gentilhomme Normand (a) étoit Capitaine de cent hommes dans la ville de Rouen, lorsqu'elle fut assiégée par Charles IX. & avoit alors 26 ans : il fut blessé à mort à la fin d'un assaut ; & étant tombé dans le fossé, quelques pionniers le mirent dans une fosse avec un autre corps,

---

(a) Misson, voyage, tom. 3.

& le couvrirent d'un peu de terre. Il y resta depuis onze heures du matin jusqu'à six heures & demie du soir, que son valet l'alla déterrer. Ce Domestique lui ayant remarqué quelques signes de vie, le mit dans un lit, où il demeura cinq jours & cinq nuits sans parler, ni sans donner aucun signe de sentiment, mais aussi ardent de fiévre, qu'il avoit été froid dans la fosse. La ville ayant été prise d'assaut, les valets d'un Officier de l'Armée victorieuse, qui devoient loger dans la maison où étoit Civile, le jetterent sur une paillasse dans une chambre de derriére, d'où les ennemis de son frere le jetterent par la fenêtre sur un tas de fumier, où il demeura plus de trois fois vingt-quatre heures en chemise. Au bout de ce tems, un de ses parens, surpris de le trouver vivant, l'envoya à une lieue de Rouen (*a*), où il fut traité, & se trouva enfin parfaitement guéri.

Dans une grande peste, qui attaqua la ville de Dijon en 1558. une Dame nommée Nicole Lentillet étant réputée morte de la maladie épidémique, fut jettée dans une grande fosse, où l'on en-

___

(*a*) *Goulart, loco citato.*

terroit les morts. Le lendemain de son enterrement au matin elle revint à elle, & fit de vains efforts pour sortir ; mais sa foiblesse & le poids des autres corps dont elle étoit couverte l'en empêcherent. Elle demeura dans cette horrible situation pendant quatre jours, que les enterreurs l'en tirerent, & la ramenerent chez elle, où elle se rétablit parfaitement.

Une Demoiselle d'Ausbourg étant tombée (a) en syncope, son corps fut mis sous une voûte profonde, sans être couvert de terre ; mais l'entrée de ce soûterrain fut murée exactement. Quelques années après quelqu'un de la même famille mourut : on ouvrit le caveau, & l'on trouva le corps de la Demoiselle tout à l'entrée de la clôture n'ayant point de doigts à la main droite, qu'elle s'étoit dévorée de désespoir.

Le 25 de Juillet 1688. mourut à Metz un garçon perruquier d'une attaque d'apoplexie, sur le soir après avoir soupé. Le 28 du même mois on l'entendit encore se plaindre plusieurs fois. On le déterra ; il fut visité par les Médecins & Chirurgiens. Le Médecin a soûtenu après qu'il

___
(a) M. Graffe, Epitre à Guil. Fabri, Centurie 2. observ. Chirurg. 516.

a été ouvert, qu'il n'y avoit que deux heures qu'il étoit mort. Ceci eſt tiré d'un manuſcrit d'un Bourgeois contemporain à Metz.

CHAPITRE XLII.

Exemples de perſonnes noyées, qui ſont revenues en ſanté.

Voici des exemples de perſonnes noyées (*a*), & qui ſont revenues pluſieurs jours après qu'on les avoit crûes mortes. Peclin raconte l'hiſtoire d'un Jardinier de Troninghalm en Suede, qui étoit encore vivant & âgé de ſoixante cinq ans, lorſque l'Auteur écrivoit. Cet homme étant ſur la glace pour ſecourir un autre homme qui étoit tombé dans l'eau, la glace ſe rompit ſous lui, & il enfonça dans l'eau à la profondeur de dix-huit aunes; ſes pieds s'étant attachés au limon, il y demeura pendant ſeize heures avant qu'on le tirât hors de l'eau. En cet état il perdit tout ſentiment, ſi

_____
(*a*) Guill. Derham, Extrait. Peclin, c. x. de aëre & alim. def.

ce n'est qu'il crut entendre les cloches qu'on sonnoit à Stokolm; il sentit l'eau qui lui entroit non par la bouche, mais par les oreilles: après l'avoir cherché pendant seize heures, on l'accrocha par la tête avec un croc, & on le tira de l'eau; on le mit dans des draps, on l'approcha du feu, on le frotta, on l'agita, enfin on le fit revenir. Le Roi & la Reine voulurent le voir & l'entendre, & lui firent une pension.

Une femme dans le même pays, après avoir été trois jours dans l'eau, fut de même rappellée à la vie par les mêmes moyens que le Jardinier. Un autre nommé Janas s'étant noyé à l'âge de dix-sept ans, fut tiré de l'eau sept semaines après; on le réchauffa, & on lui fit revenir les esprits.

Mr. d'Egly de l'Académie Royale des Inscriptions & des Belles-lettres de Paris, raconte qu'un Suisse habile plongeur s'étant enfoncé dans un creux de la riviere où il espéroit trouver de beaux poissons, y demeura environ neuf heures: on le tira de l'eau après l'avoir blessé en plusieurs endroits avec des crocs. Mr. d'Egly voyant que l'eau bouillonnoit sortant de sa bouche, soûtint qu'il n'étoit pas mort. On lui fit rendre de l'eau tant qu'on put pendant trois quarts-d'heures, on l'enveloppa de linges chauds, on le mit dans le lit, on le saigna, & on le sauva.

On en a vû qui sont revenus après avoir été sept semaines dans l'eau, d'autres moins long-tems : par exemple, Gocellin, neveu d'un Archevêque de Cologne, étant tombé dans le Rhin, y demeura quinze heures avant qu'on pût le retrouver. Au bout de ce tems on le porta au tombeau de saint Suitbert, & il revint en santé (a).

Le même S. Suitbert ressuscita encore un autre jeune homme noyé depuis plusieurs heures. Mais l'Auteur qui raconte ces miracles n'est pas d'une grande autorité.

On rapporte plusieurs exemples de personnes noyées, qui ont demeuré pendans quelques jours sous les eaux, & qui ensuite sont revenues en santé. Dans la seconde partie de la *Dissertation sur l'incertitude des signes de la mort*, par *M. Bruhier Docteur en Médecine*, imprimée à Paris en 1744. *pages* 102. 103. *& suiv.* on montre qu'on en a vû qui ont été 48 heures sous les eaux, d'autres pendant trois jours, d'autres pendant huit jours. Il y ajoûte l'exemple des chrysalides insectes, qui

(b. *Vita S. Suitberti apud Surium.* 1. *Martii.*

passent tout l'hyver sans donner le moindre signe de vie, & les insectes aquatiques, qui demeurent tout l'hyver dans le limon sans mouvement; ce qui arrive aussi aux grenouilles, & aux crapaux: les fourmis mêmes, contre l'opinion commune, sont pendant l'hyver dans un état de mort, qui ne cesse qu'au printems. Les hirondelles dans les pays Septentrionnaux s'enfoncent par pelotons dans les lacs & dans les étangs, même dans les rivieres, dans la mer, dans le sable, dans des troux de murailles, dans le creux des arbres, le fond des cavernes, pendant que d'autres hirondelles passent la mer pour chercher des climats plus chauds & plus tempérés.

Ce qu'on vient de dire des hirondelles, qui se trouvent au fond des lacs, des étangs & des rivieres, se remarque tout communément dans la Silésie, la Pologne, la Boheme, & la Moravie. On pêche même quelquefois des cicognes comme mortes, qui ont le bec fiché dans l'anus les unes des autres; on en a vû beaucoup de cette sorte aux environs de Genéve, & même aux environs de Metz en l'année 1467.

On y peut joindre les cailles & les hérons: on a trouvé des moineaux & des coucoux pendant l'hyver dans des creux d'arbres sans mouvement & sans apparence de vie, lesquels étant réchauffés ont repris leurs esprits & leur vol. On sait que les hérissons, la marmotte, les loirs & les serpens vivent sous la terre sans respirer, & que la circulation du sang ne se fait en eux que très-foiblement pendant tout l'hyver. On dit même que l'ours dort presque pendant tout ce tems.

CHAPITRE XLIII.

Exemples de femmes qu'on a crûes mortes, & qui sont revenues.

DE fort habiles Médecins prétendent (a), que dans la suffocation de matrice, une femme peut vivre trente jours sans respirer. Je sais qu'une fort honnête femme fut pendant trente-six heures sans donner aucun signe de vie. Tout le monde la croyoit morte ; & on vouloit l'ensévelir : son mari s'y opposa toûjours. Au bout de trente-six heures elle revint, & a vécu long-tems depuis : elle racontoit qu'elle entendoit

(a) Le Clerc, Hist. de la Médecine.

fort bien tout ce qu'on difoit d'elle, & fçavoit qu'on vouloit l'enfévelir ; mais fon engourdiffement étoit tel, qu'elle ne pouvoit le furmonter, & auroit laiffé faire tout ce qu'on auroit voulu fans la moindre réfiftance.

Ceci revient à ce que dit faint Auguftin du Prêtre Prétextat, qui dans fes abfences d'efprit & fes fyncopes entendoit comme de loin ce qu'on difoit, & cependant fe feroit laiffé brûler & couper les chairs fans oppofition & fans aucun fentiment.

Corneille le Bruyn (*a*) dans fes voyages raconte qu'il vit à Damiette en Egypte un Turc qu'on appelloit l'Enfant mort, parce que fa mere étant groffe de lui, tomba malade, & comme on la crut morte, on l'enterra affez promptement, fuivant la coûtume du pays, où l'on ne laiffe que peu de tems les morts fans les enterrer, fur-tout en tems de pefte. Elle fut mife dans un caveau que ce Turc avoit pour la fépulture de fa famille.

Sur le foir, quelques heures après l'enterrement de cette femme, il vint dans l'efprit du Turc fon mari, que l'enfant dont elle étoit enceinte pourroit bien être encore vivant; il fit donc ouvrir

(*a*) *Corneille le Bruyn.* t. 1. pag. 579.

le caveau, & trouva que sa femme s'étoit délivrée, & que son enfant étoit vivant, mais la mere étoit morte. Quelques-uns disoient qu'on avoit entendu crier l'enfant, & que ce fut sur l'avis qu'on en donna au pere, qu'il fit ouvrir le tombeau. Cet homme surnommé l'Enfant mort, vivoit encore en 1677. Le Bruyn croit que la femme étoit morte lorsqu'elle l'enfanta. Mais il n'auroit pas été possible qu'étant morte, elle mit son enfant au monde. On doit se souvenir qu'en Egypte, où ceci est arrivé, les femmes ont une facilité extraordinaire d'accoucher, comme le témoignent les Anciens & les Modernes, & que cette femme étoit simplement enfermée dans un caveau, sans être couverte de terre.

Une femme grosse de Strasbourg réputée morte, fut enterrée dans un souterrain (a). Au bout de quelque tems ce caveau ayant été ouvert pour y mettre un autre corps, on trouva la femme hors de son cercueil couchée par terre, ayant entre les mains un enfant dont elle s'étoit délivrée, & dont elle tenoit le bras dans la bouche, comme si elle eût voulu le manger.

(a) Cronstaud, Philosoph. veter. restit.

Une autre femme Espagnole, Epouse de François Arevallos de Suasse (*a*), étant morte, ou réputée telle dans les derniers mois de sa grossesse, fut mise en terre : son mari qu'on avoit envoyé chercher à la campagne, où il étoit pour affaire, voulut voir sa femme à l'Eglise, & la fit exhumer ; à peine eut-on ouvert le cercueil qu'on ouit le cri d'un enfant, qui faisoit effort pour sortir du sein de sa mere.

On l'en tira vivant, & il a vécu long-tems depuis sous le nom d'enfant de la terre. On l'a vû depuis Lieutenant Général de la ville de Xerez de la frontiere en Espagne. On pourroit multiplier à l'infini les exemples de personnes enterrées toutes vivantes, & d'autres qui sont revenues comme on les portoit au tombeau, ou qui ont été tirées du tombeau par des cas fortuits.

On peut consulter sur cela le nouvel ouvrage de Messieurs Vinslow & Bruyer, & les Auteurs qui ont traité cette matiere exprès (*b*). Ces Messieurs les Médecins tirent de-là une conséquence fort sage & fort judicieuse, qui est qu'on ne doit enterrer les hommes que quand on est bien

---

(*a*) *Gaspard Reïes, campus Elysius jucund.*
(*b*) *Page* 167. *des additions de M. Bruhier.*

assuré de leur mort, sur-tout dans les tems de peste, & dans certaines maladies qui font perdre tout-à-coup le mouvement & le sentiment.

CHAPITRE XLIV.

Peut-on faire l'application de ces exemples aux Revenans de Hongrie.

ON peut tirer avantage de ces exemples & de ces raisonnemens en faveur du Vampirisme, en disant que les Revenans de Hongrie, de Moravie, de Pologne, &c. ne sont pas réellement morts; qu'ils vivent dans leurs tombeaux, quoique sans mouvement & sans respiration : le sang qu'on leur trouve beau & vermeil, la flexibilité de leurs membres, les cris qu'ils poussent lorsqu'on leur perce le cœur, ou qu'on leur coupe la tête, prouvent qu'ils vivent encore.

Ce n'est pas là la principale difficulté qui m'arrête; c'est de savoir, comment ils sortent de leurs tombeaux : comment ils y rentrent, sans qu'il paroisse qu'ils ont remué la terre, & qu'ils l'ont remise en son premier état : comment ils paroissent revêtus de leurs habits, qu'ils vont, qu'ils viennent, qu'ils mangent. Si cela est, pourquoi retourner dans leur tombeaux ? que ne demeurent-ils parmi les vivans ? pourquoi sucer le sang de leurs parens ? pourquoi infester & fatiguer des personnes, qui doivent leur être cheres, & qui ne les ont pas offensés ? Si tout cela n'est qu'imagination de la part de ceux qui sont molestés, d'où vient que ces Vampires se trouvent dans leurs tombeaux sans corruption, pleins de sang, souples & maniables ; qu'on leur trouve les pieds crotés le lendemain du jour qu'ils ont couru & effrayé les gens du voisinage, & qu'on ne remarque rien de pareil dans les autres cadavres enterrés dans le même tems dans le même cimetiere ? D'où vient qu'ils ne reviennent plus, & n'infestent plus, quand on les a brûlés ou empalés ? sera-ce encore l'imagination des vivans & leurs préjugés, qui les rassureront après ces exécutions faites ? D'où vient que ces scènes se renouvellent si souvent dans ces pays, qu'on ne revient point de ces préjugés, & que l'expérience journaliere au lieu de les détruire, ne fait que les augmenter & les fortifier ?

CHAPITRE XLV.

Morts qui mâchent comme des porcs dans leurs tombeaux, & qui dévorent leur propre chair.

C'Est une opinion fort répandue dans l'Allemagne, que certains morts mâchent dans leurs tombeaux, & dévorent ce qui se trouve autour d'eux; qu'on les entend même manger comme des porcs, avec un certain cri sourd & comme grondant & grunissant.

Un Auteur Allemand (*a*) nommé Michel Rauff a composé un ouvrage intitulé: *de masticatione mortuorum in tumulis*, des morts qui mâchent dans leurs tombeaux. Il suppose comme une chose prouvée & certaine, qu'il y a certains morts qui ont dévoré les linges, & tout ce qui étoit à portée de leur bouche, & même qui ont dévoré leur propre chair dans leurs tombeaux. Il remarque (*b*) que

(*a*) Mich. Rauff, alterâ Dissert. art. lviij. page 98. 99. & art. lix. pag. 100.
(*b*) De Nummis in ore defunctorum repertis art. ix. à Beyermuller, &c.

quelques endroits d'Allemagne, pour empêcher les morts de mâcher, on leur met sous le menton dans le cercueil une motte de terre; qu'ailleurs on leur met dans la bouche une petite piece d'argent & une pierre; ailleurs on leur serre fortement la gorge avec un mouchoir. L'Auteur cite quelques Ecrivains Allemands, qui font mention de cet usage ridicule; & il en rapporte plusieurs autres, qui parlent des morts, qui ont dévoré leur propre chair dans leur sépulchre. Cet ouvrage a été imprimé à Leipsic en 1728. Il parle d'un Auteur nommé Philippe Rehrius, qui imprima en 1679. un traité sur le même titre: *de masticatione mortuorum.*

Il auroit pû y ajoûter le fait de Henri Comte de Salm (*a*), qui ayant été crû mort, fut inhumé tout vivant : l'on ouit pendant la nuit dans l'Eglise de l'Abbaye de Haute-Seille, où il étoit enterré, de grands cris, & le lendemain son tombeau ayant été ouvert, on le trouva renversé & le visage en bas, au lieu qu'il avoit été enterré sur son dos, & le visage en haut.

(*a*) *Richer. Senon. tom. 3. spicileg. Dacherij, pag. 392.*

Il y a quelques années qu'à Bar-le-Duc un homme ayant été inhumé dans le cimetiere, on ouit du bruit dans sa fosse: le lendemain on le déterra, & on trouva qu'il s'étoit mangé les chairs des bras; ce que nous avons appris de témoins oculaires. Cet homme avoit bû de l'eau de vie, & avoit été enterré comme mort. Rauff parle d'une femme de Boheme (a) qui en 1355. avoit mangé dans sa fosse la moitié de son linceul sépulchral. Du tems de Luther un homme mort & enterré, & une femme de même, se rongerent les entrailles. Un autre mort en Moravie dévora les linges d'une femme enterrée auprès de lui.

Tout cela est fort possible; mais que les vrais morts dans leurs tombeaux remuent les mâchoires, & se divertissent à mâcher ce qui se trouve autour d'eux, c'est une imagination puérile, semblable à ce que les anciens Romains disoient de leur *Manducus*, qui étoit une figure grotesque d'homme ayant une bouche énorme, avec des dents proportionnées, que l'on faisoit mouvoir par ressorts & craquer les dents les unes contre les autres, comme si cette figure famélique

(a) *Rauff*, art. 42. p. 43.

eût demandé à manger. On en faisoit peur aux enfans, & on les menaçoit des *Manducus:*

(*a*) *Tandemque venit ad pulpita nostrum]*
Exodium, cùm personæ pallentis hiatum
In gremio matris fastidit rusticus infans.

On voit quelques restes de cet ancien usage dans certaines processions, où l'on porte une espece de serpent, qui ouvre & ferme par intervalles une vaste gueule armée de dents, dans laquelle on jette quelques gâteaux, comme pour le rassasier.

CHAPITRE XLVI.
Exemple singulier d'un Revenant de Hongrie.

L'Exemple le plus remarquable que Rauff cite (*b*) est celui d'un nommé Pierre Plogojovits, enterré depuis dix semaines dans un village de Hongrie nommé Kisolova. Cet homme apparut la nuit à quelques-uns des habitans du village pendant leur sommeil, & leur serra tellement le gosier, qu'en 24 heures ils en

(*a*) Juvenal, Sat. 3. v. 174.
(*b*) Rauff, art. 120. p. 15.

moururent

moururent. Il périt ainsi neuf personnes, tant vieilles que jeunes, dans l'espace de huit jours.

La veuve du même Plogojovits déclara, que son mari depuis sa mort lui étoit venu demander ses souliers ; ce qui l'effraya tellement, qu'elle quitta le lieu de Kisolova pour se retirer ailleurs.

Ces circonstances déterminerent les habitans du village à tirer de terre le corps de Plogojovits & à le brûler, pour se délivrer de ces infestations. Ils s'adresserent à l'Officier de l'Empereur, qui commandoit dans le territoire de Gradisca en Hongrie, & au Curé du même lieu, pour obtenir la permission d'exhumer le corps de Pierre Plogojovits. L'Officier & le Curé firent beaucoup de difficultés d'accorder cette permission ; mais les paysans déclarerent que si on leur refusoit de déterrer le corps de cet homme, qu'ils ne doutoient point qui ne fût un vrai Vampire (c'est ainsi qu'ils appellent les Revenans ou Rédivives) ils seroient obligés d'abandonner le village, & de se retirer où ils pourroient.

L'Officier de l'Empereur qui a écrit cette relation, voyant qu'il ne pouvoit les arrêter, ni par menaces, ni par promesses, se transporta avec le Curé de

Gradisca au village de Kisolova, & ayant fait exhumer Pierre Plogojovits, ils trouverent que son corps n'exhaloit aucune mauvaise odeur ; qu'il étoit entier & comme vivant, à l'exception du bout du nez, qui paroissoit un peu flêtri & desséché ; que ses cheveux & sa barbe étoient crûs, & qu'à la place de ses ongles, qui étoient tombés, il lui en étoit venu de nouveaux ; que sous sa premiere peau, qui paroissoit comme morte & blanchâtre, il en paroissoit une nouvelle, saine & de couleur naturelle : ses pieds & ses mains étoient aussi entiers qu'on les pouvoit souhaiter dans un homme bien vivant. Ils remarquerent aussi dans sa bouche du sang tout frais, que ce peuple croyoit que ce Vampire avoit sucé aux hommes qu'il avoit fait mourir.

L'Officier de l'Empereur & le Curé ayant diligemment examiné toutes ces choses, & le peuple qui étoit présent, en ayant conçû une nouvelle indignation, & s'étant de plus en plus persuadé qu'il étoit la vraie cause de la mort de leurs Compatriotes, accoururent aussi-tôt chercher un pieu bien pointu, qu'ils lui enfoncerent dans la poitrine, d'où il sortit quantité de sang frais & vermeil, de même que par le nez & par la bouche ; il rendit aussi quelque chose par la partie de son corps que la pudeur ne permet pas de nommer. Ensuite les paysans mirent le corps sur un bûcher, & le réduisirent en cendres.

M. Rauff (a) de qui nous tenons ces particularités, cite plusieurs Auteurs, qui ont écrit sur la même matiere, & ont rapporté des exemples de ces morts, qui ont mangé dans leurs tombeaux. Il cite en particulier Gabriel Rzaczinoki dans son Histoire des Curiosités naturelles du Royaume de Pologne, imprimée en 1721. à Sandomir.

CHAPITRE XLVII.

Raisonnement sur cette matiere.

CEs Auteurs ont beaucoup raisonné sur ces événemens. 1. Les uns les ont crûs miraculeux. 2. Les autres les ont regardés comme de purs effets d'une imagination vivement frappée, ou d'une forte prévention. 3. D'autres ont crû qu'il n'y avoit en cela rien que de très-naturel & de très-simple, ces personnes n'étant pas

(a) *Rauff*, art. 21. pag. 140.

mortes, & agissant naturellement sur les autres corps. 4. D'autres ont prétendu, que c'étoit l'ouvrage du Démon même. Entre ceux-ci quelques-uns ont avancé (a), qu'il y avoit certains Démons benins, différens des Démons malfaisans & ennemis des hommes, à qui ils ont attribué des opérations badines & indifférentes, à la distinction des mauvais Démons qui inspirent aux hommes le crime & le péché, les maltraitent, les font mourir, & qui leur causent une infinité de maux. Mais quels plus grands maux peut-on avoir à craindre des vrais Démons & des Esprits les plus malins, que ceux que les Revenans de Hongrie causent aux personnes qu'ils sucent & qu'ils font mourir? 5. D'autres veulent, que ce ne soient pas les morts qui mangent leurs propres chairs, ou leurs habits, mais ou des serpens, ou des rats, des taupes, des loups cerviers, ou d'autres animaux voraces, ou même ce que les Payens nommoient *Striges* (b), qui sont des oiseaux qui dévorent les animaux & les hommes, & en

---

(a) *Rudiger, Physio. Div. l. 1. c. 4. Theophrast. Paracels. Georg. Agricola, de anim. subterran. pag. 76.*

(b) *Ovid. l. 6. Vide Delrio, disquisit. magic. l. 3. p. 6. & l. 3. p. 355.*

sucent le sang. Quelques-uns ont avancé, que ces exemples se remarquoient principalement dans les femmes, & sur-tout en tems de peste; mais on a des exemples de Revenans de tout sexe, & principalement des hommes; quoique ceux qui sont morts de peste, de poison, de rage, d'ivresse & de maladie épidémique, soient plus sujets à revenir, apparemment parceque leur sang se coagule plus difficilement, & que quelquefois on en enterre qui ne sont pas bien morts, à cause du danger qu'il y a de les laisser long-tems sans sépulture, de peur de l'infection qu'ils causeroient.

On ajoûte que ces Vampires ne sont connus que dans certains pays, comme la Hongrie, la Moravie, la Silésie, où ces maladies sont plus communes, & où les peuples étant mal nourris, sont sujets à certaines incommodités causées ou occasionnées par le climat & la nourriture, & augmentées par le préjugé, l'imagination & la frayeur, capables de produire ou d'accroître les maladies les plus dangereuses, comme l'expérience journaliere ne le prouve que trop. Quant à ce que quelques-uns avancent qu'on entend ces morts manger & mâcher comme des porcs dans leurs tombeaux, cela est manifestement fabuleux,

& ne peut être fondé que sur des préventions ridicules.

CHAPITRE XLVIII.

Les Vampires ou Revenans sont-ils véritablement morts ?

LE sentiment de ceux qui tiennent que tout ce qu'on raconte des Vampires est un pur effet de l'imagination, de la fascination, ou de cette maladie que les Grecs nomment *Phrenesis* ou *Coribantisme*, & qui prétendent par-là expliquer tous les Phénoménes du Vampirisme, ne persuaderont jamais, que ces maladies du cerveau puissent produire des effets aussi réels que ceux que nous avons racontés. Il est impossible, que tout à coup plusieurs personnes croyent voir ce qui n'est point, & qu'elles meurent en si peu de tems d'une maladie de pure imagination. Et qui leur a révélé, qu'un tel Vampire est entier dans son tombeau, qu'il est plein de sang, qu'il y vit en quelque sorte après sa mort ? N'y aura-t-il pas un homme de bon sens dans tout un peuple, qui soit exempt de cette fantaisie, ou qui se soit mis au-dessus des effets de cette fascination, de ces Sympathies & Antipathies, & de cette Magie naturelle ? Et puis qui nous expliquera clairement & distinctement ce que ces grands termes signifient, & la maniére de ces opérations si occultes & si misterieuses ? C'est vouloir expliquer une chose obscure & douteuse, par une autre plus incertaine & plus incompréhensible.

Si ces personnes ne croyent rien de tout ce qu'on raconte des Apparitions, du retour, des actions des Vampires, ils perdent bien inutilement leur tems en proposant des systêmes, & formant des raisonnemens pour expliquer ce qui ne subsiste que dans l'imagination de certaines personnes prévenues & frappées; mais si tout ce qu'on en raconte ou du moins une partie est vrai, ces systêmes & ces raisonnemens ne satisferont pas aisément les esprits qui veulent des preuves d'une autre valeur que celles-là.

Voyons donc si le systême qui veut que ces Vampires ne soient pas vraiment morts, est bien fondé. Il est certain que la mort consiste dans la séparation de l'ame & du corps, & que ni l'un ni l'autre ne périt, ni n'est anéanti par la mort; que l'ame est immortelle, & que le corps deſtitué de ſon ame demeure encore quelque tems en ſon entier, & ne ſe corrompt que par parties, quelquefois en peu de jours, & quelquefois dans un plus long eſpace de tems: quelquefois même il demeure ſans corruption pendant pluſieurs années, ou même pluſieurs ſiécles, ſoit par un effet de ſon bon tempérament, comme dans Hector & dans Alexandre le grand, qui demeurerent pluſieurs jours ſans corruption (a), ou par le moyen de l'art de l'embaumement, ou enfin par la qualité du terrain où ils ſont enterrés, qui a la faculté de deſſécher l'humidité radicale, & les principes de la corruption. Je ne m'arrête pas à prouver toutes ces choſes qui ſont aſſez connues d'ailleurs.

Quelquefois le corps ſans être mort, & ſans être abandonné de ſon ame raiſonnable, demeure comme mort & ſans mouvement, du moins avec un mouvement ſi lent, & une reſpiration ſi foible, qu'elle eſt preſque imperceptible, comme il arrive dans la pamoiſon, dans la ſyncope, dans certaines maladies aſſez communes aux femmes, dans l'extaſe;

───────────

(a) Homer. de Hectore, Iliad. 24. v. 411. Plutarch. de Alexandro in ejus vitâ.

comme nous l'avons remarqué dans l'exemple de Prétextat Prêtre de Calame: nous avons aussi rapporté plus d'un exemple de personnes tenues pour mortes & enterrées ; j'y puis ajouter celui de M. l'Abbé Salin, Prieur de S. Christophe (*a*) en Lorraine, qui étant dans le cercueil, & prêt à être porté en terre, fut ressuscité par un de ses amis, qui lui fit avaller un verre de vin de Champagne.

On raconte plusieurs exemples de même nature. On peut voir (*b*) dans les Causes célébres celui d'une fille qui devint enceinte pendant une longue syncope ou pamoison ; nous en avons déja parlé. Pline cite (*c*) un grand nombre d'exemples de personnes qu'on a crûes mortes, & qui sont revenues, & ont vêcu encore long-tems. Il parle d'un jeune homme qui s'étant endormi dans une caverne, y demeura quarante ans sans s'éveiller. Nos Historiens (*d*) parlent des sept dormans, qui dormirent de même pendant cent cinquante années, depuis l'an

---

(*a*) *Vers l'an* 1680. *Il mourut après l'an* 1694.
(*b*) *Causes célébres*, t. 8. *pag.* 585.
(*c*) *Plin. Hist. natur. lib.* 7. *c.* 52.
(*d*) *S. Gregor. Turon. de gloriâ Martyr. c.* 95.

de Jesus-Christ 253. jusqu'en 403. On dit que le Philosophe Epimenides dormit dans une caverne pendant cinquante-sept ans, ou selon d'autres, pendant quarante-sept ou seulement quarante ans : car les Anciens ne sont pas d'accord sur le nombre d'années. On assûre même, que ce Philosophe étoit le maître de faire absenter son ame, & de la rappeller quand il vouloit.

On raconte la même chose d'Aristée de Proconése. Je veux bien avouer que cela est fabuleux ; mais on ne peut contester la vérité de plusieurs autres histoires de personnes, qui sont revenues en vie après avoir paru mortes pendant des 3. 4. 5. 6. & 7 jours. Pline reconnoît, qu'il y a plusieurs exemples de personnes mortes, qui ont apparu après avoir été enterrées ; mais il n'en veut point parler, parce que, dit-il, il ne rapporte que des œuvres naturelles, & non des prodiges : *post sepulturam quoque visorum exempla sunt, nisi quòd naturæ opera, non prodigia sectamur.* Nous croyons qu'Hénoch & Elie sont encore vivans ; plusieurs ont crû que saint Jean l'Evangeliste n'étoit pas mort (a), mais

(a) *J'ai traité cette matiére dans une Dissert. particul. à la tête de l'Evangile de S. Jean.*

qu'il vivoit encore dans son tombeau. Platon & saint Clément d'Alexandrie (a) racontent, que le fils de Zoroastre étoit ressuscité douze jours après sa mort, & lorsque son corps eut été porté sur le bûcher. Phlegon dit (b) qu'un Soldat Syrien de l'armée d'Antiochus, après avoir été tué aux Thermopyles, parut en plein jour au camp des Romains, & parla à plusieurs personnes; & Plutarque rapporte (c), qu'un nommé Thespesius tombé d'un toît, ressuscita le troisiéme jour après qu'il fut mort de sa chûte.

Saint Paul écrivant aux Corinthiens (d) semble supposer, que quelquefois l'Ame se transporte hors du corps, pour se rendre où elle est en esprit: par exemple, il dit qu'il a été transporté jusqu'au troisiéme Ciel, & y a entendu des choses ineffables; mais il ajoûte qu'il ne sait, si c'est en corps, ou seulement en esprit, *sive in corpore, sive extra corpus, nescio, Deus scit.* Nous avons déja cité S. Augustin (e) qui parle d'un Prêtre

---

(a) *Plato, de Republ. lib.* 10. *Clemens Alexandr. lib.* 5. *stromat.*
(b) *Phleg. de mirabil. c.* 3.
(c) *Plutarch. de serâ Numinis vindictâ.*
(d) *I. Cor. xiij.* 2.
(e) *Aug. lib.* 14. *de Civit. Dei c.* 24.

de Calame nommé Prétextat, qui au son de la voix de quelques personnes qui se lamentoient, s'extasoit de telle sorte, qu'il ne respiroit plus, & ne sentoit plus rien. & qu'on lui auroit brûlé & coupé les chairs, sans qu'il s'en fût apperçu; son ame étoit absente, ou tellement occupée de ces lamentations, que la douleur ne lui étoit plus sensible. Dans la pamoison, dans la syncope, l'ame ne fait plus ses fonctions ordinaires : elle est cependant dans le corps, & continue de l'animer; mais elle ne s'apperçoit pas de sa propre action.

Un Curé du Diocèse de Constance, nommé Bayer, m'écrit qu'en 1728. ayant été pourvû de la Cure de Rutheim, il fut inquiété un mois après par un spectre, ou un mauvais Génie sous la forme d'un paysan mal-fait, mal vêtu, de mauvaise mine, d'une puanteur insupportable, qui vint frapper à sa porte d'une maniere insolente, & étant entré dans son poële, lui dit qu'il étoit envoyé de la part d'un Officier du Prince de Constance son Evêque, pour certaine commission qui se trouva absolument fausse. Il demanda ensuite à manger. On lui servit de la viande, du pain & du vin. Il prit la viande à deux mains & la dévora avec les os, disant :

voyez comme je mange la chair & les os. Faites-en de même. Puis il prit le vase où étoit le vin, & l'avala tout d'un trait ; puis il en demanda d'autre, qu'il but de même. Après cela il se retira sans dire adieu au Curé ; & la servante qui le conduisoit à la porte, lui ayant demandé son nom, il répondit : Je suis né à Rutsingue, & mon nom est George Raulin, ce qui étoit faux. En descendant l'escalier, il dit en menaçant le Curé en Allemand : Je te ferai voir qui je suis.

Il passa tout le reste du jour dans le village, se faisant voir à tout le monde. Vers minuit il revint à la porte du Curé, criant trois fois d'une voix terrible : Monsieur Bayer ; & ajoûtant : je vous apprendrai qui je suis. En effet pendant trois ans il revint tous les jours vers quatre heures après midi, & pendant toutes les nuits jusqu'au point du jour.

Il paroissoit sous diverses formes, tantôt sous la figure d'un chien barbet, tantôt sous celle d'un lion, ou d'un autre animal terrible ; tantôt sous la forme d'un homme, tantôt sous celle d'une femme ou d'une fille pendant que le Curé étoit à table ou au lit, le sollicitant à l'impudicité. Quelquefois il faisoit dans toute la maison un fracas, comme d'un Tonnelier qui relie des tonneaux. Quelquefois on auroit dit qu'il vouloit renverser tout le logis par le grand bruit qu'il y causoit. Pour avoir des témoins de tout ceci, le Curé fit souvent venir le Marguillier & d'autres personnes du Village pour en rendre témoignage. Le Spectre répandoit par tout où il étoit une puanteur insupportable.

Enfin le Curé eut recours aux Exorcismes ; mais ils ne produisirent aucun effet. Et comme on désespéroit presque d'être délivré de ces véxations, il fut conseillé sur la fin de la troisiéme année de se munir d'une branche bénite le jour des Palmes, & d'une épée aussi bénite à cet effet, & de s'en servir contre le Spectre. Il le fit une & deux fois, & depuis ce tems il ne fut plus molesté. Ceci est attesté par un Religieux Capucin, témoin de la plûpatt de ces choses, le 29 Août 1749.

Je ne garantis pas toutes ces circonstances. Le Lecteur judicieux en tirera les inductions qu'il jugera à propos. Si elles sont vraies, voilà un vrai Revenant, qui boit, qui mange, qui parle, qui donne des marques de sa présence pendant trois ans entiers, sans aucune apparence de Religion. Voici un autre exemple d'un Revenant, qui ne se manifesta que par des faits.

On m'écrit de Constance du 8 Août 1748. que sur la fin de l'année 1746. on entendit comme des soupirs, qui partoient du coin de l'imprimerie du sieur Lahart, un des Conseillers de la ville de Constance. Les garçons de l'imprimerie n'en firent que rire au commencement ; mais l'année suivante 1747. dans les premiers jours de Janvier on entendit plus de bruit qu'auparavant. On frappoit rudement contre la muraille vers le même coin, où l'on avoit d'abord entendu quelques soupirs ; on en vint même jusqu'à donner des soufflets aux imprimeurs, & à jetter leurs chapeaux par terre. Ils eurent recours aux Capucins, qui vinrent avec les Livres propres à exorciser l'Esprit. L'exorcisme achevé, ils s'en retournerent, & le bruit cessa pendant trois jours.

Au bout de ce terme, le bruit recommença plus fort qu'auparavant : l'Esprit jetta les caracteres de l'imprimerie contre les fenêtres. On fit venir de dehors un Exorciste fameux, qui exorcisa l'Esprit pendant huit jours. Un jour l'Esprit donna un soufflet à un jeune garçon, & on vit de nouveau les caracteres de l'imprimerie jettés contre les vitres ; l'Exorciste étranger n'ayant pû rien faire par ses exorcismes, s'en retourna chez lui.

L'Esprit continua son manége, donnant des soufflets aux uns, jettant des pierres & d'autres choses aux autres, ensorte que les Compositeurs furent obligés d'abandonner ce coin de l'imprimerie. Ils se rangerent au milieu de la chambre, & n'y furent pas plus en repos.

On fit donc venir d'autres Exorcistes, dont l'un avoit une particule de la vraie Croix, qu'il mit sur la table. L'Esprit ne laissa pas d'inquiéter à l'ordinaire les ouvriers de l'imprimerie, & de souffleter si violemment le frere Capucin, qui accompagnoit l'Exorciste, qu'ils furent tous deux contraints de se retirer dans leur Couvent. Il en vint d'autres qui ayant mêlé beaucoup de sable & de cendres dans un sceau d'eau, bénirent l'eau, & en jetterent par aspersion dans toute l'imprimerie. Ils répandirent aussi le sable & la cendre sur le pavé, & s'étant munis d'épées, tous les assistans commencerent à frapper en l'air à droite & à gauche par toute la chambre pour voir s'ils pourroient atteindre le Revenant, & pour remarquer s'il laisseroit quelque vestige de ses pieds sur le sable ou sur la cendre qui couvroit le pavé. On s'apperçut enfin qu'il s'étoit guindé sur le haut du fourneau, & on y remarqua sur les angles des vestiges de ses pieds & de ses mains imprimés sur la cendre & sur le sable béni.

On vint à bout de le dénicher de-là ; & bientôt on s'apperçut qu'il s'étoit glissé sous la table, & avoit laissé sur le pavé des marques de ses pieds & de ses mains. La grande poussiere qui s'étoit élevée parmi tous ces mouvemens dans la boutique, fit que chacun se dispersa, & qu'on cessa de le poursuivre. Mais le principal Exorciste ayant arraché un aix de l'angle où le bruit s'étoit d'abord fait entendre, trouva dans un trou de la muraille des plumes, trois os enveloppés dans un linge sale, des pieces de verre & une aiguille de tête. Il bénit un feu qu'on alluma, & y fit jetter tout cela. Mais ce Religieux étoit à peine rentré dans son Couvent, qu'un garçon de l'Imprimeur vint lui dire que l'aiguille de tête s'étoit d'elle-même tirée des flâmes jusqu'à trois fois, & qu'un garçon qui tenoit une pincette & qui remettoit cette aiguille au feu, fut violement frappé sur la joue. Les restes de ce qu'on avoit trouvé ayant été apportés au Couvent des Capucins, y fut brûlé sans aucune résistance. Mais le garçon qui les avoit apportés vit une femme toute nue dans la place publique, & on ouit ce jour-là, & les jours suivans, comme de grands gémissemens dans la place de Constance.

Quelques jours après les infestations recommencerent dans la maison de l'Imprimeur, le Revenant donnant des soufflets, jettant des pierres, & molestant les Domestiques en diverses manieres. Le sieur Lahart maître de la maison reçut une blessure considérable à la tête : deux garçons qui étoient couchés dans le même lit, furent renversés par terre ; de maniere que la maison fut entierement abandonnée pendant la nuit. Un jour de Dimanche une servante emportant quelques linges de la maison, fut artaquée à coups de pierres. Une autre fois deux garçons furent jettés à bas d'une échelle.

Il y avoit dans la ville de Constance un Bourreau qui passoit pour sorcier. Le Religieux qui m'écrit, le soupçonna d'avoir quelque part dans tout ce manége ; il commença à exhorter ceux qui veilloient avec lui dans la maison à mettre leur confiance en Dieu, & à s'affermir dans la foi. Il leur fit entendre à mots couverts, que le Bourreau pourroit bien être de la partie. On passa ainsi la nuit dans la maison, & sur les dix heures du soir un des compagnons de l'Exorciste se jetta à ses pieds fondant en larmes, & lui découvrit que cette même nuit, lui & un de ses compagnons avoient été envoyés pour consulter des Bourreaux dans le Turgau, & cela par l'ordre du sieur Lahart Imprimeur, dans la maison duquel tout ceci se passoit.

Cet aveu surprit étrangement le bon Pere, & il déclara qu'il ne continueroit point à exorciser, s'ils ne l'assuroient qu'ils n'avoient point parlé aux Bourreaux pour faire cesser l'infestation. Ils protesterent qu'ils ne leur avoient pas parlé. Le P. Capucin fit ramasser tout ce qu'il trouva dans la maison de choses enveloppées & empaquetées, & les rapporta dans son Couvent.

La nuit suivante deux Domestiques essayerent de passer la nuit dans la maison de l'Imprimeur; mais ils furent renversés de leurs lits & contraints d'aller coucher ailleurs. On fit ensuite venir un paysan du village d'Ahnaustorf qui passoit pour bon Exorciste. Il passa la nuit dans la maison infestée, buvant, chantant & criant. Il reçut des coups de bâton & des soufflets, & fut obligé d'avouer qu'il ne pouvoit rien contre cet Esprit.

La veuve d'un Bourreau se présenta

ensuite pour faire les Exorcismes; elle commença à user de fumigations dans tout le logis, pour en chasser les mauvais Esprits. Mais avant qu'elle les eût achevées, voyant que le maître du logis étoit frappé sur le visage & sur le corps par l'Esprit, elle se sauva dans sa maison sans demander son salaire.

On appella ensuite le Curé de Valburg, qui passoit pour habile Exorciste. Il vint avec quatre autres Curés séculiers, & continua les exorcismes pendant trois jours sans aucun succès. Il se retira dans sa Paroisse, imputant au peu de foi des assistans l'inutilité de ses prieres.

Pendant ce tems un des quatre Prêtres fut frappé d'un couteau, puis d'une fourchette; mais il n'en fut pas blessé. Le fils du sieur Lahart maître du logis reçût sur la machoire un coup d'un cierge Pascal, qui ne lui fit aucun mal; tout cela n'ayant servi de rien, on fit venir les Bourreaux du voisinage. Deux de ceux qui les alloient querir, furent bien battus & accablés de pierres. Un autre se sentit la cuisse extrêmement serrée; ensorte qu'il en fut incommodé assez long-tems. Les Bourreaux ramasserent avec soin tous les paquets & tout ce qu'ils trouverent d'enveloppé dans la maison, & en mirent d'autres en la place ; mais l'Esprit les enleva, & les jetta sur la place publique. Après cela les Bourreaux persuaderent au Sr Lahart de rentrer hardiment avec ses gens dans sa maison. Il le fit ; mais la premiere nuit comme ils étoient à souper, un de ses ouvriers nommé Salomon fut blessé au pied avec grande effusion de sang. On renvoya donc chercher le Bourreau, qui parut fort surpris que la maison ne fût pas encore entierement délivrée ; mais lui même dans le moment fut attaqué d'une grêle de pierres, de soufflets & d'autres coups, qui le contraignirent de se sauver promptement.

Quelques hérétiques du voisinage informés de tout ceci, vinrent un jour à la boutique du Libraire, & ayant voulu lire dans une Bible Catholique qui étoit-là, furent bien battus & souffletés ; mais ayant pris la Bible Calviniste, ils n'en souffrirent aucun mal. Deux hommes de Constance étant entrés dans la boutique du Libraire par pure curiosité, l'un fut aussi-tôt renversé par terre, & l'autre se sauva au plus vîte. Un autre y étant entré de même par curiosité, fut puni de sa présomption par une quantité d'eau qu'on lui jetta sur le corps. Une fille d'Ausbourg parente du Sr Lahart Imprimeur en fut chaſſée à grands coups, & pourſuivie juſques dans la maiſon voiſine, où elle entra.

Enfin les infeſtations ceſſerent le 8e. jour de Février. Ce jour-là le Spectre onvrit la porte de la boutique, y entra, y fit quelques dérangemens, en ſortit, ferma la porte, & depuis ce tems on n'y a rien entendu.

CHAPITRE XLIX.

Exemple d'un nommé Curma renvoyé au monde.

Saint Auguſtin raconte à ce ſujet (a), qu'un payſan nommé Curma, qui avoit un petit emploi dans le village de Tullié proche d'Hippone, étant tombé malade, fut quelques jours ſans ſentiment & ſans paroles, n'ayant qu'un petit reſte de ſouffle & de reſpiration, qui empêcherent qu'on ne l'enterrât. Au bout de pluſieurs jours il commença à ouvrir les yeux, & envoya demander ce qu'on

(a) *Auguſt. lib. de curâ pro mortuis*, c. 12. page 524.

faisoit chez un autre paysan du même lieu, nommé Curma comme lui. On lui rapporta, qu'il venoit d'expirer au même instant que lui même étoit revenu & ressuscité de son profond assoupissement.

Alors il commença à parler, & à raconter ce qu'il avoit vû & oui ; que ce n'étoit pas Curma *le Curial* (a), mais Curma le maréchal, qui devoit être amené : il ajoutoit que parmi ceux qu'il avoit vû traiter en différentes maniéres, il en avoit reconnu quelques-uns de sa connoissance qui étoient décédés, & d'autres Ecclésiastiques encore vivans, qui lui avoient conseillé de venir à Hippone, & de se faire batiser par l'Evêque Augustin ; que suivant leurs avis, il avoit reçu le Baptême en vision ; qu'après cela il avoit été introduit dans le Paradis, mais qu'il n'y étoit pas demeuré long-tems, & qu'on lui avoit dit, que s'il y vouloit demeurer, il falloit qu'il se fit baptiser. Il répondit : je le suis ; mais on lui dit qu'il ne l'avoit été qu'en vision, & qu'il falloit aller à Hippone, pour recevoir réellement ce Sacrement. Il y vint dès qu'il fut gué-

---

(a) Curialis, *ce mot signifie un petit emploi dans un village.*

ri, & fut baptifé avec les autres Cathécumènes.

Saint Auguftin ne fut informé de cette avanture qu'environ deux ans après. Il envoya querir Curma, & apprit de fa bouche ce que je viens de raconter. Or il eft certain, que Curma ne vit rien par les yeux corporels de tout ce qui lui fut repréfenté en vifion ; ni la ville d'Hippone, ni l'Evêque Auguftin, ni les Eccléfiaftiques qui lui confeillerent de fe faire baptifer, ni ces perfonnes vivantes & mortes qu'il vit & qu'il reconnut. On peut donc croire que ce font-là des effets de la puiffance de Dieu, qui fe fert du miniftére des Anges pour avertir, pour confoler, pour effrayer les mortels, felon la profondeur de fes jugemens.

Saint Auguftin demande enfuite, fi les morts ont connoiffance de ce qui fe paffe en cette vie ? Il en doute, & montre qu'au moins ils n'en ont aucune connoiffance par des voies ordinaires & naturelles. Il remarque qu'on dit que Dieu a retiré du monde, par exemple, Jofias (a), afin qu'il ne fût pas témoin des maux qui devoient arriver à fa Nation ; & que nous difons tous les jours, qu'un tel eft heu-

_____

(a) IV. Reg. 18. & feq.

reux d'être sorti du monde pour ne pas ressentir les maux qui sont arrivés à sa famille, ou à sa patrie. Or si les morts ne savent pas ce qui se passe en ce monde, comment sont-ils en peine, si leurs corps sont enterrés ou non ? Comment les Saints entendent-ils nos priéres, & pourquoi demandons-nous leur intercession ?

Il est donc vrai, que les morts peuvent apprendre ce qui se passe sur la terre, ou par le ministére des Anges, ou par celui des morts qui arrivent en l'autre monde, ou par la révélation de l'Esprit de Dieu, qui leur découvre ce qu'il juge à propos, & ce qu'il est expédient qu'ils apprennent. Dieu peut aussi quelquefois envoyer des hommes morts depuis long-tems aux hommes vivans, comme il permit que Moïse & Elie parussent à la Transfiguration du Seigneur, & comme une infinité de Saints ont apparu aux vivans. L'invocation des Saints a toujours été enseignée & pratiquée dans l'Eglise, ce qui suppose qu'ils entendent nos priéres, qu'ils sont touchés de nos besoins, qu'ils peuvent nous aider par leur intercession. Mais la maniére dont tout cela se fait n'est pas distinctement connue ; ni la raison, ni la révélation

Tome II.

ne nous fournissent rien de certain sur les moyens dont il plaît à Dieu se servir, pour leur découvrir nos besoins.

Lucien dans son Dialogue intitulé : *Philopseudès*, ou l'amateur du mensonge, raconte (a) quelque chose de semblable. Un nommé Eucratès ayant été conduit dans les Enfers, fut présenté à Pluton, qui se fâcha contre celui qui le lui présentoit, lui disant : Celui-là n'a pas encore achevé sa course, son tour n'est pas encore venu. Qu'on fasse venir Démile : car le fil de sa vie est achevé. On renvoya donc Eucratès au monde, où il annonça que Démile mourroit bientôt. Démile demeuroit au voisinage déja un peu malade.

Mais un moment après on ouit le bruit de ceux & celles qui pleuroient sa mort. Lucien se raille de tout ce qu'on disoit sur cette matiére ; mais il convient que c'étoit l'opinion commune de son tems. Il dit au même endroit qu'on a vû un homme retourner à la vie après avoir été tenu pour mort pendant vingt jours.

L'Histoire de Curma que nous venons de voir, me fait souvenir d'une autre presque semblable, rapportée par Plu-

(a) *Lucian. in Philopseud.* p. 830.

tarque dans son livre de l'ame (*a*) d'un certain Enarque, qui étant mort, ressuscita peu après, & raconta que les Démons qui emmenoient son ame, furent sévérement reprimandés par leur Chef, qui leur dit qu'ils s'étoient mépris, & que c'étoit Nicandre, & non Enarque qu'ils devoient emmener. Il les envoya à Nicandre, qui fut aussi-tôt saisi de la fièvre, & mourut dans la journée. Plutarque tenoit ce récit d'Enarque même, qui pour confirmer ce qu'il avançoit, lui dit : Vous guérirez certainement & bientôt de la maladie dont vous êtes attaqué.

Saint Gregoire le Grand raconte (*b*) une chose à peu-près semblable à celle que nous venons de voir. Un homme illustre & qualifié nommé Etienne, bien connu de S. Gregoire & de Pierre son interlocuteur, avoit coutume de lui raconter, qu'étant allé pour affaires à Constantinople, il y mourut ; & comme le Médecin qui devoit l'embaumer, ne le trouva pas ce jour-là dans la ville, il fallut laisser le corps toute la nuit sans l'enterrer. Pendant cet intervalle Etienne

---

(*a*) *Plutarch. de ănĭmâ, apud Euseb. de præp. Evang. lib.* 11, *c.* 18.
(*b*) *Gregor. Dial. l.* 4, *cap.* 36.

fut conduit devant le juge qui présidoit aux Enfers, où il vit bien des choses dont il avoit entendu parler, mais qu'il ne croyoit point. Comme on l'eut présenté au juge, celui-ci refusa de le recevoir, disant : Ce n'est pas celui-là que j'ai ordonné d'amener ici, mais Étienne le Maréchal. En conséquence de cet ordre, l'ame du mort fut aussi-tôt ramenée dans son corps, & au même instant Etienne l'ouvrier en fer expira; ce qui confirma tout ce que le premier racontoit de l'autre vie.

La peste ravageant la ville de Rome dans le tems que Narsès étoit Gouverneur de l'Italie, un jeune Liburnien berger de profession, & d'un caractére bon & tranquille, fut attaqué de la peste dans la maison de l'Avocat Valerien son Maître. Comme on le croyoit presque mort, il revint à lui tout à coup, & raconta qu'il avoit été transporté au Ciel, où il avoit appris les noms de ceux qui devoient mourir de la peste dans la maison de son Maître : les lui ayant nommés, il prédit à Valérien qu'il les survivroit ; & pour le convaincre qu'il disoit vrai, il lui fit voir, qu'il avoit acquis par infusion la connoissance de plusieurs sortes de langues ; en effet lui qui n'avoit jamais ni fû ni parlé que l'Italien, parla Grec à son Maître, & d'autres langues à ceux qui les savoient.

Après avoir vêcu en cet état pendant deux jours, il tomba dans une espéce d'accès de rage, & s'étant pris les mains entre les dents, il mourut une seconde fois, & fut suivi de ceux qu'il avoit nommés. Son Maître qui survêcut, justifia pleinement sa prédiction. Les hommes & les femmes extasiés & extasiées demeurent quelquefois pendant plusieurs jours sans aliment, sans respiration, & sans mouvement du cœur, comme s'ils étoient morts. Thauler fameux contemplatif soûtient, qu'un homme peut demeurer en extase pendant une semaine, un mois, ou même une année. On a vû une Abbesse, qui dans l'extase, où elle tomboit souvent, perdoit l'usage des fonctions naturelles, & passoit trente jours consécutifs en extase, sans prendre aucune nourriture, & sans avoir aucun sentiment. Les exemples de ces extases ne sont pas rares dans les vies des Saints, quoiqu'elles ne soient pas toutes de même qualité ni de même durée.

Les femmes dans les passions hystériques demeurent de même quelquefois plusieurs jours comme mortes, sans voix, sans sentiment, sans pouls. Galien parle d'une femme, qui fut pendant six jours en cet état. Voyez le Traité de l'incertitude des signes de la mort, T. 2. p. 404. 407. & suiv. Quelques-unes passent dix jours entiers sans mouvement, sans sentiment, sans respiration, sans prendre aucune nourriture.

On a vû de ces personnes qui étoient comme mortes & sans mouvement, qui avoient pourtant l'usage de l'ouie fort bon, entendoient ce qu'on disoit autour d'elles, faisoient effort pour parler, & pour témoigner qu'elles n'étoient pas mortes, mais qui ne pouvoient ni parler, ni donner aucuns signes de vie (a).

Je pourrois ajouter ici une infinité d'extases de saints personnages de tout sexe, qui dans leurs ravissemens en Dieu dans l'oraison demeuroient immobiles, sans sentiment, presque sans respiration, & qui ne sentoient rien de ce que l'on faisoit sur eux, ni autour d'eux.

(a) *Incertitude des signes de la mort*, T. 2. pag. 504. 505. 506. 514.

CHAPITRE L.

Exemples de personnes qui s'extasient quand elles veulent, & qui demeurent sans aucun sentiment.

Jerôme Cardan dit (*a*) qu'il tomboit extasié quand il vouloit : il avoue qu'il ignore si, comme le Prêtre Prétextat, il ne sentiroit pas de grandes blessures; mais il ne sentoit ni la douleur de la goutte, ni les tiraillemens qu'on lui faisoit. Il ajoute : le Prêtre de Calame entendoit la voix de ceux qui crioient autour de lui, mais comme de fort loin. Pour moi, dit Cardan, j'entends la voix, mais légerement & sans comprendre ce que l'on dit. Et quand je veux m'extasier, je sens autour du cœur comme une séparation de l'ame du reste de mon corps, & cela se communique comme par une petite porte à toute la machine, principalement par la tête & par le cervelet. Alors je n'ai point de sentiment, sinon que je suis hors de moi-même.

(*a*) *Hieron. Cardanus, l. 8. de varietate rerum, c. 34.*

On pourroit rapporter ici ce qu'on raconte des peuples de la Laponie (a), qui lorsqu'ils veulent apprendre ce qui se passe fort loin du lieu où ils sont, envoient leurs Démons ou leurs ames par le moyen de certaines cérémonies magiques, & par le son d'un tambour sur lequel on frappe, ou sur un bouclier peint d'une certaine maniére; puis tout d'un coup le Lapon tombe en extase, & demeure comme sans vie & sans mouvement, quelquefois pendant vingt-quatre heures. Mais il faut qu'il demeure pendant tout ce tems quelqu'un auprès de lui pour empêcher qu'on ne le touche, qu'on ne l'appelle, & qu'on ne l'éveille : le mouvement même d'une mouche le réveilleroit, & alors on dit qu'il mourroit aussi-tôt, ou seroit emporté par le Démon. Nous en avons déja parlé ci-devant, dans la Dissertation sur les apparitions.

Nous avons aussi remarqué que les serpens, les vers, les mouches, les escargots, les marmottes, les loirs demeurent comme morts pendant tout l'Hiver; qu'on a trouvé dans des blocs de pierre

---

(a) *Olaus mag. l. 3. Epitom. Hist. septent. Perecer de variis divinat. generib. pag. 282.*

des crapaux, des serpens & des huitres vivantes qui y étoient enfermés depuis plusieurs années, & peut-être depuis plus d'un siécle. Le Cardinal de Retz dans ses Mémoires raconte (a), qu'étant à Minorque, le Gouverneur de l'Isle fit tirer du fond de la mer à force de bras & de cables, des rochers, qui étant rompus à grands coups de masses, renfermoient des huitres vivantes qu'on lui servit à table, & qui furent trouvées très-bonnes.

On trouve sur les côtes de Sicile, de Malthe, de Sardaigne, d'Italie, &c. des poissons nommés Dactiles, ou Dattes, ou Dales, parce qu'ils ont la forme de dattes de palmiers; ce poisson s'insinue dans la pierre par un trou, qui n'est pas plus grand que le trou que fait une aiguille. Lorsqu'il y est entré, il se nourrit de la pierre, y grossit de sorte qu'il n'en peut plus sortir, à moins que l'on ne casse la pierre, & qu'on ne l'en tire. Alors on le lave, on le nettoie, & on le fait cuire pour le servir à table. Il a toute la figure d'une datte de palmier, ou du doigt de la main, d'où

_____
(a) *Mémoires du Cardinal de Retz*, tom. 3. l. 4. p. 297.

lui vient le nom de *Dactylos*, qui en Grec signifie doigt.

Je suppose encore que dans plusieurs personnes la mort est causée par la coagulation du sang, qui se géle & se fige dans leurs veines, comme il arrive dans ceux qui ont mangé de la ciguë, ou qui ont été mordus par certains serpens. Mais il y en a d'autres, dont la mort est causée par une trop grande ébullition de sang, comme dans les maladies aiguës, & dans certains poisons, & même, dit-on, dans certaines espéces de pestes, & quand on est mort d'une mort violente, ou qu'on a été étouffé dans les eaux.

Ces premiers morts ne peuvent revenir à la vie sans un miracle évident; il faudroit pour cela rétablir la fluidité du sang, & rendre au cœur son mouvement péristaltique. Mais dans le second genre de mort, on peut quelquefois les faire revivre sans miracle, en levant l'empêchement qui retarde le mouvement du cœur, ou qui le suspend, comme nous voyons dans les pendules à qui l'on rend le mouvement en ôtant un corps étranger, un cheveu, un bout de fil, un atôme, un corps présqu'imperceptible qui les arrête.

CHAPITRE LI.

Application de ces Exemples aux Vampires.

EN supposant ces faits, que je crois incontestables, ne pourra-t-on pas croire, que les Vampires de Hongrie, de Silésie & de Moravie, sont de ces hommes qui sont morts de maladies chaudes, & qui ont conservé dans leurs tombeaux un reste de vie à peu près comme ces animaux dont nous avons parlé, & comme ces oiseaux qui s'enfoncent pendant l'hiver dans les lacs ou les marais de la Pologne & des pays Septentrionnaux? Ils sont sans respiraion & sans mouvement, mais non toutefois sans vie. Ils reprennent leur mouvement & leur activité, lorsqu'au retour du printems le Soleil échauffe les eaux, ou lorsqu'on les approche d'un feu modéré, ou qu'on les apporte dans un poële échauffé d'une chaleur temperée : alors on les voit revivre & faire leurs fonctions ordinaires, que le froid avoit suspendues.

Ainsi les Vampires dans leurs tombeaux reprennent la vie après un certain tems, & leur ame ne les abandonne absolument qu'après l'entiere dissolution & la décomposition des parties de leur corps, & lorsque les organes étant absolument brisés, corrompus & dérangés, elle ne peut plus faire par leur moyen aucunes fonctions vitales; d'où vient que les peuples des pays dont nous avons parlé, les empalent, leur coupent la tête, les brûlent, pour ôter à leurs ames toute espérance de les animer de nouveau, & de s'en servir pour molester les vivans.

Pline parlant (*a*) de l'ame d'Hermotime de Clazomène, qui s'absentoit de son corps, & racontoit diverses choses éloignées, qu'elle disoit avoir vûes, & qui en effet ne pouvoient être connues que d'une personne qui y avoit été présente, dit que les ennemis d'Hermotime nommés *Cantandes*, brûlerent ce corps, qui ne donnoit presqu'aucun signe de vie, & ôterent ainsi à l'ame le moyen de revenir loger dans son étui: *donec cremato corpore interim semianimi, remeanti animæ velut vaginam ademerint.*

Origene avoit sans doute puisé dans les Anciens ce qu'il enseigne (*b*) que les

---

(*a*) Plin. Hist. natur. lib. 7. c. 52.
(*b*) Orig. de Resurrect. fragment lib. 1. p. 35. nov. Edit. Et contra Celsum, lib. 7. pag. 679.

Ames qui de leur nature sont spirituelles, prennent au sortir de leur corps terrestre un autre corps subtil, d'une forme toute semblable au corps grossier qu'elles viennent de quitter, qui est à leur égard comme une espéce de fourreau ou d'étui, & que c'est avec ce corps subtil qu'elles apparoissent quelquefois autour de leur tombeau. Il fonde son sentiment sur ce qui est dit dans l'Evangile du Lazare & du mauvais Riche (a), qui ont tous deux des corps, puisqu'ils se parlent, & se voient, & que le mauvais Riche demande une goute d'eau pour rafraichir sa langue.

Je ne défends pas ce raisonnement d'Origene ; mais ce qu'il dit d'un corps subtil, qui a la forme du corps terrestre dont l'ame étoit révêtue avant sa mort, est tout-à-fait semblable au sentiment des Anciens dont nous avons parlé art. IV.

Que les corps qui sont morts de maladie violente, ou qui ont été exécutés pleins de santé, ou qui sont simplement évanouis, végetent sous la terre & dans leurs tombeaux ; que leurs barbes, leurs cheveux & leurs ongles croissent ; qu'ils rendent du sang ; qu'ils soient souples &

(a) Luc. xvj. 22, 25.

maniables ; qu'ils ne sentent point mauvais ; qu'ils rendent des excremens, ou choses semblables, ce n'est pas ce qui nous embarrasse : la végétation du corps humain peut produire tous ces effets ; qu'ils mangent même & qu'ils dévorent ce qui est autour d'eux : la rage dont un homme enterré tout vivant est transporté, lorsqu'il se reveille de son engourdissement, ou de sa syncope, doit naturellement le porter à ces excès de violence. Mais la grande difficulté est d'expliquer comment les Vampires sortent de leurs tombeaux pour venir infester les vivans, & comment ils y rentrent : car toutes les relations que nous voyons, supposent la chose comme certaine, sans nous en raconter ni la maniere, ni les circonstances, qui seroient pourtant ce qu'il y auroit de plus intéressant dans ce récit.

Comment un corps couvert de quatre ou cinq pieds de terre, n'ayant aucun jeu pour se mouvoir & se débarrasser, enveloppé de linges, couvert d'ais, peut-il se faire jour & revenir sur la terre, & y causer les effets que l'on en raconte ; & comment après cela retourne-t-il en son premier état, & rentre-t-il sous la terre, où on le trouve sain, entier, plein de sang & dans la situation d'un corps vivant ? Dira-t-on que ces corps pénétrent les terres sans les ouvrir, comme l'eau & les vapeurs qui entrent dans la terre, ou qui en sortent, sans en déranger sensiblement les parties ? Il seroit à souhaiter que les relations que l'on nous a données du Retour des Vampires, se fussent mieux expliquées sur ce sujet.

En supposant que leurs corps ne bougent de leurs tombeaux, que ce sont seulement leurs Fantômes qui apparoissent aux vivans, qu'elle sera la cause qui produira ces Fantômes, qui les animera ? Sera-ce l'ame de ces défunts, qui ne les a pas encore abandonnés, ou quelque Démon, qui les fera paroitre sous un corps emprunté & fantastique ; & si ce sont des corps fantastiques, comment viennent-ils sucer le sang des vivans ? Nous retombons toujours dans l'embarras, savoir si ces apparitions sont naturelles ou miraculeuses.

Un Prêtre de bon esprit m'a raconté il y a peu de tems, que voyageant dans la Moravie, il fut invité par M. Jeanin Chanoine de la Cathédrale d'Olmuz de l'accompagner à leur village nommé Liebava, où il étoit nommé Commissaire par le Consistoire de l'Evêché, pour informer sur le fait d'un certain fameux Vampire, qui avoit causé beaucoup de désordre dans ce village de Liebava quelques années auparavant.

L'on procéda, l'on ouit des témoins, on observa les regles ordinaires de Droit: les témoins déposerent qu'un certain habitant notable du lieu de Liebava avoit souvent inquiété les vivans dudit lieu pendant la nuit; qu'il étoit sorti du cimetiere, & avoit paru dans plusieurs maisons il y avoit environ trois ou quatre ans; que ses visites importunes étoient cessées, parce qu'un étranger Hongrois passant par le village dans le tems de ces bruits, s'étoit vanté de les faire passer, & de faire disparoître le Vampire. Pour satisfaire à sa promesse, il monta sur le clocher de l'Eglise, & observa le moment auquel le Vampire sortoit de son tombeau, laissant auprès de la fosse les linges dans lesquels il étoit enséveli, puis alloit par le village inquiéter les habitans.

Le Hongrois l'ayant donc vû sortir de sa fosse, descend promptement du clocher, enleve les linges du Vampire, & les emporte avec lui sur la tour. Le Vampire étant revenu de faire ses tours, & ne trouvant plus ses habits, crie beaucoup contre le Hongrois, qui lui fait signe du haut de la tour, s'il veut ravoir ses habits, qu'il vienne les chercher : le Vampire se met en devoir de monter au clocher ; mais le Hongrois le renverse de l'échelle, & lui coupe la tête avec une bêche : telle fut la fin de cette tragédie.

Celui qui m'a raconté cette histoire, n'a rien vû, ni lui, ni ce Seigneur qui étoit envoyé pour Commissaire : ils ouirent seulement le rapport des paysans du lieu, gens fort ignorans, fort superstitieux, fort crédules, & infiniment prévenus sur le fait du Vampirisme.

Comme nous tenons tout ce qu'on dit sur ce fait pour vain & frivole, plus il y a d'absurdité & de contradiction dans les différens récits qu'on en fait, plus il y aura de preuves pour nous confirmer dans le jugement que nous en portons.

Mais supposant qu'il y ait quelque réalité dans le fait de ces Apparitions des Vampires, les attribuera-t-on à Dieu, aux Anges, aux Ames de ces Revenans, ou au Démon ? Dans cette derniere supposition, dira-t-on que le Démon subtilisera ces corps, & leur donnera la puissance de pénétrer les terres sans les déranger ; de se glisser à travers les fentes & les joints d'une porte, de passer par le trou d'une serrure, de s'allonger, de s'appetisser, de se réduire à la nature de l'air ou de l'eau pour pénétrer les terres ; enfin de les mettre en l'état où nous croyons que seront les corps des Bienheureux après la résurrection, & où étoit celui de notre Sauveur après sa résurrection, qui ne se laissoit voir qu'à ceux à qui il jugeoit à propos, & qui sans ouvrir les portes (a) parut tout à coup au milieu de ses Disciples : *Jesus venit januis clausis.*

Mais quand on avoueroit que le Démon pourroit ranimer ces corps, & leur donner le mouvement pour quelque tems, pourroit-il aussi allonger, diminuer, raréfier, subtiliser les corps de ces Revenans, & leur donner la faculté de pénétrer la terre, les portes, les fenêtres ? Il n'y a nulle apparence qu'il ait reçu de Dieu ce pouvoir, & l'on ne conçoit pas même qu'un corps terrestre, matériel & grossier puisse être réduit en cet état de subtilité & de spiritualité sans détruire la configuration de ses parties, & sans ruiner l'œconomie de sa structure ; ce qui feroit contre l'intention du Démon, & mettroit ce corps hors d'état d'apparoître, de se faire voir, d'agir & de parler, & enfin d'être mis en pieces & brûlé, comme il se voit & se pratique communé-

(a) Joan. xx. 26.

ment dans la Moravie, dans la Pologne, & dans la Siléfie. Ces difficultés subfistent envers ceux dont nous avons parlé, qui étant excommuniés, se levoient de leurs tombeaux, & sortoient de l'Eglise à la vûe de tout le monde.

Il faut donc demeurer dans le silence sur cet article, puisqu'il n'a pas plû à Dieu de nous révéler, ni quelle est l'étendue du pouvoir du Démon, ni la maniere dont ces choses se peuvent faire. Il y a même beaucoup d'apparence, que tout ce qu'on en dit n'est qu'une illusion; & quand il y auroit en cela quelque réalité, nous pourrions bien nous consoler de notre ignorance à cet égard, puisqu'il y a tant de choses naturelles, qui se passent dans nos corps & autour de nous, dont la cause & la maniere nous sont inconnues.

CHAPITRE LII.

Examen du sentiment qui veut, que le Démon fascine les yeux de ceux à qui les Vampires apparoissent.

Ceux qui ont recours à la fascination des sens pour expliquer ce qu'on raconte des Apparitions des Vampires, se jettent dans un plus grand embarras, que ceux qui reconnoissent de bonne foi la réalité de ces événemens : car la fascination consiste ou dans la suspension des sens, qui ne peuvent voir ce qui se passe à leur vûe, comme celle dont furent frappés ceux de Sodôme (a), qui ne pouvoient découvrir la porte de Loth, quoiqu'elle fût devant leurs yeux ; ou celle des Disciples d'Emaüs, dont il est dit (b) que leurs yeux étoient retenus pour ne pas reconnoître Jesus-Christ, qui leur parloit en chemin, & qu'ils ne reconnurent qu'à la fraction du pain : ou elle consiste dans un objet représenté aux sens d'une façon différente de ce qu'il est en lui-même, comme celle des Moabites (c)

(a) Genes. xix ij.
(b) Luc. xxiv. 16.
(c) III. Reg. iij. 23.

qui crurent voir les eaux teintes du sang des Israélites, quoiqu'il n'y eût que de simples eaux, sur lesquelles les rayons du Soleil étoient réfléchis, & les faisoient paroître rougeâtres ; ou celle des Soldats Syriens envoyés pour prendre Elisée (a) que ce Prophéte conduisit jusques dans Samarie, sans qu'ils reconnussent, ni le Prophéte, ni cette ville.

Cette fascination de quelque maniere qu'on la conçoive, est certainement au dessus des forces ordinaires & connues des hommes : par conséquent aucun homme ne peut naturellement la produire; mais est-elle au-dessus des forces naturelles d'un Ange ou d'un Démon ? C'est ce qui nous est inconnu, & qui nous oblige de suspendre notre jugement sur cette question.

Il y a une autre sorte de fascination, qui consiste en ce que la vûe d'une personne, ou d'une chose, la louange qu'on lui donne, l'envie qu'on lui porte, produisent dans l'objet cerains mauvais effets, contre lesquels les Anciens avoient grand soin de se prémunir, & de précautionner leurs enfans, en leur faisant porter au col des préservatifs, ou amulétes.

(a) IV. Reg. 29. 19. 20.

On pourroit sur cela apporter un grand nombre de passages des Grecs & des Latins, & j'apprends qu'encore aujourd'hui en plusieurs endroits de la Chrétienté, l'on est dans la persuasion de l'efficace de ces fascinations. Mais il faut avouer trois choses : la premiere, que l'effet de ces fascinations prétendues est très-douteux : la seconde, que quand il seroit certain, il est très-difficile, pour ne pas dire impossible de l'expliquer ; & la troisiéme enfin, qu'il ne peut raisonnablement s'appliquer à la matiere des Apparitions, ni des Vampires.

Si les Vampires ou les Revenans ne sont pas réellement ressuscités, ni leurs corps spiritualisés & subtilisés, comme nous croyons l'avoir prouvé, & si nos sens ne sont pas trompés par la fascination, comme nous venons de le voir ; je doute qu'il y ait d'autre parti à prendre dans cette question que de nier absolument le Retour de ces Vampires, ou de croire qu'ils ne sont qu'endormis, ou engourdis : car s'ils sont véritablement ressuscités, & si tout ce qu'on nous raconte de leur Retour est véritable ; s'ils parlent, s'ils agissent, s'ils raisonnent, s'ils sucent le sang des vivans, ils doivent savoir ce qui se passe en l'autre vie ; & ils devroient en instruire leurs parens & leurs amis; ce qu'ils ne font pas. Au contraire ils les traitent en ennemis; ils les tourmentent, leur ôtent la vie, leur sucent le sang, les font périr de langueur.

Si ce sont des prédestinés & des bienheureux, d'où vient qu'ils inquiétent & tourmentent les vivans, leurs plus proches parens, leurs enfans, & cela à propos de rien, & simplement pour mal faire? Si ce sont des personnes à qui il reste quelque chose à expier dans le Purgatoire, & qui ayent besoin des prieres des vivans, que ne s'expliquent-ils sur leur état? Si ce sont des réprouvés & des damnés, que viennent-ils faire sur la terre? Peut-on comprendre que Dieu leur permette de venir ainsi sans raison, sans nécessité molester leurs familles, & leur causer la mort?

Si ces Revenans sont réellement morts, en quelque état qu'ils soient dans l'autre monde, ils jouent un fort mauvais personnage, & le soutiennent encore plus mal.

CHAPITRE LIII.

Exemples de Reſſuſcités, qui racontent ce qu'ils ont vû dans l'autre vie.

NOus venons de voir que les Vampires ou Revenans ne parlent jamais de l'autre vie, ne demandent ni Meſſes ni prieres, ne donnent aucun avis aux vivans pour les porter à la correction de leurs mœurs, ni pour les amener à une meilleure vie. C'eſt aſſûrément un grand préjugé contre la réalité de leur retour de l'autre monde; mais leur ſilence ſur cet article peut favoriſer l'opinion, qui veut qu'ils ne ſoient pas véritablement morts.

Il eſt vrai, que nous ne liſons pas non plus que Lazare reſſuſcité par Jeſus-Chriſt(*a*), ni le Fils de la Veuve de Naïm (*b*), ni celui de la femme de Sunam reſſuſcité par Eliſée (*c*), ni cet Iſraélite qui reçut la vie par l'attouchement du corps du même Prophéte Eliſée (*d*), ayent après leur réſurrection rien décou-

(*a*) Joan. 11. 14.
(*b*) Luc. vij. 11. 12.
(*c*) IV. Reg. iv. 25.
(*d*) IV. Reg. xiij 21.

vert

vert aux hommes de l'état des Ames en l'autre monde.

Mais nous voyons dans l'Evangile (a), que le mauvais Riche ayant prié Abraham de lui permettre d'envoyer quelqu'un dans le monde, pour avertir ses freres de mieux vivre, & prendre garde de ne pas tomber dans le malheureux état où il se trouvoit lui-même, il lui fut répondu: Ils ont la Loi & les Prophétes; ils peuvent les écouter & suivre leurs instructions. Et comme le mauvais Riche insistoit, en disant: Si quelqu'un revenoit de l'autre vie, ils en seroient plus touchés; Abraham répondit: s'ils n'ont pas voulu écouter ni Moïse ni les Prophétes, ils n'écouteront pas davantage un homme qui reviendroit de l'autre monde. Le mort ressuscité par saint Stanislas répondit de même à ceux qui lui demandoient des nouvelles de l'autre vie: vous avez la Loi, les Prophétes & l'Evangile; écoutez-les.

Les Payens décédés qui sont revenus en vie, & quelques Chrétiens qui sont de même retournés au monde par une espece de résurrection, & qui ont vû ce qui se passoit hors de ce monde, ne sont pas demeurés dans le silence; ils ont raconté au

_____
(a) Luc. xvj. 24.
Tome II.

long ce qu'ils ont vû & entendu au sortir de leurs corps.

Nous avons déja touché l'Histoire d'un nommé Eros Armenien, du pays de Pamphilie (a), qui ayant été blessé dans une bataille, fut trouvé dix jours après parmi les morts. On le porta dans sa maison sans connoissance & sans mouvement. Deux jours après, quand on voulut le mettre sur le bûcher pour le brûler, il ressuscita, commença à parler, & à raconter de quelle maniere les hommes étoient jugés après leur mort, & comment les bons étoient récompensés, & les méchans punis & tourmentés.

Il dit que son ame étant séparée du corps, se rendit en grande compagnie dans un lieu agréable, où ils virent comme deux grandes ouvertures, qui donnoient entrée à ceux qui venoient de dessus la terre, & deux autres ouvertures pour aller au Ciel. Il vit en cet endroit des Juges qui examinoient ceux qui venoient de ce monde, & envoyoient en haut à la droite ceux qui avoient bien vécu, & renvoyoient en bas à la gauche ceux qui se trouvoient coupables de crimes ; chacun d'eux portoit derrriere soi un écri-

_____
(a) Plato, lib. 10. de Rep. pag. 614.

teau, où étoit marqué ce qu'il avoit fait de bien ou de mal, la cause de sa condamnation, ou de son absolution.

Quand le tour d'Eros fut venu, les Juges lui dirent, qu'il falloit qu'il retournât sur la terre, pour annoncer aux hommes ce qui se passoit dans l'autre vie, & qu'il eût à bien observer toutes choses pour en rendre un compte fidéle aux vivans. Il fut donc témoin de l'état malheureux des méchans, qui devoit durer pendant mille ans, & des délices dont jouissoient les justes; que tant les bons que les méchans recevoient ou la récompense, ou la peine de leurs bonnes ou mauvaises actions, dix fois plus grande que n'étoit la mesure de leurs crimes, ou de toutes leurs vertus.

Il remarqua, entr'autres, que les Juges demandoient, où étoit un nommé Andée, homme célébre dans la Pamphilie pour ses crimes & sa tyrannie. On leur répondit, qu'il n'étoit pas encore venu, & qu'il ne viendroit pas ; en effet s'étant présenté à grande peine & par de grands efforts sur la grande ouverture dont on a parlé, il fut repoussé & renvoyé en bas avec d'autres scélérats comme lui, que l'on tourmentoit de mille manieres différentes, & que l'on repoussoit toujours avec violence, lorsqu'ils s'efforçoient de remonter.

Il vit de plus les trois Parques, filles de la Néceſſité ou du Deſtin. Ces filles ſont Lachéſis, Clotho & Atropos. Lachéſis aunonçoit les choſes paſſées, Clotho les préſentes, & Atropos les futures. Les Ames étoient obligées de comparoître devant ces trois Déeſſes. Lachéſis jettoit les ſorts en l'air, & chaque Ame ſaiſiſſoit celui qu'elle pouvoit atteindre ; ce qui n'empêchoit pas que chacun ne pût encore choiſir le genre de vie, qui étoit le plus conforme à la juſtice & à la raiſon.

Eros ajoutoit, qu'il avoit remarqué des Ames qui cherchoient à entrer dans des animaux ; par exemple, Orphée en haine du ſexe féminin, qui l'avoit fait mourir, entra dans un cygne, & Thamiris dans un roſſignol. Ajax fils de Telamon choiſit le corps d'un lion, en haine de l'injuſtice des Grecs, qui lui avoient refuſé les armes d'Hector, qu'il prétendoit lui être dûes. Agamemnon par chagrin des traverſes qu'il avoit eſſuyées dans la vie, choiſit le corps de l'aigle. Atalante choiſit la vie des Athlétes, charmée des honneurs dont ils ſont comblés ; Therſite le plus laid des mortels, celle d'un ſinge. Ulyſſe ennuyé des maux qu'il avoit soufferts sur la terre, demanda de vivre en homme privé & sans embarras. Il eut peine à trouver un sort pour ce genre de vie ; il le rencontra enfin jetté par terre & négligé, & le ramassa avec joie.

Eros assuroit aussi qu'il y avoit des Ames de bêtes, qui entroient dans les corps des hommes ; & au contraire que les Ames des méchans entroient dans des animaux farouches & cruels, & les Ames des hommes justes dans des animaux doux, apprivoisés & domestiques.

Après ces diverses métempsycoses, Lachésis donnoit à chacun son gardien ou son défenseur, qui le conduisoit & le gardoit pendant le cours de sa vie. Eros fut ensuite conduit au fleuve d'oubli, qui ôte la mémoire de toutes choses ; mais on l'empêcha d'en boire : enfin il disoit qu'il ne sauroit dire, comment il étoit revenu en vie.

Platon après avoir rapporté cette fable, comme il l'appelle, ou cet apologue, en conclut, que l'Ame est donc immortelle, & que pour arriver à la vie bien-heureuse, nous devons vivre dans la justice, qui nous conduit aux Cieux, où nous jouirons de cette béatitude de

270 DISSERTATION SUR LES mille ans qui nous eſt promiſe.

On voit ici 1. Qu'un homme peut vivre aſſez long-tems ſans donner aucun ſigne de vie, ſans manger, ſans reſpirer. 2. Que les Grecs croyoient la métempſycoſe, la béatitude pour les juſtes, & les peines de mille ans pour les méchans. 3. Que le deſtin n'empêchoit pas que l'homme ne pût faire le bien ou le mal. 4. Qu'il avoit un Génie, ou un Ange qui le gardoit & le conduiſoit. Ils croyoient un jugement après la mort, & que les Ames des juſtes étoient reçues dans ce qu'ils appelloient les champs Eliſées.

CHAPITRE LIV.

Les Traditions des Payens ſur l'autre vie viennent des Hébreux & des Egyptiens.

Toutes ces Traditions ſe voient clairement dans Homere & dans Virgile, & dans les autres Auteurs Grecs & Latins : elles venoient ſans doute originairement des Hébreux, ou plutôt des Egyptiens, dont les Grecs avoient pris leur Religion, qu'ils avoient ajuſtée à leur goût. Les Hébreux parlent des *Réphaïms* (a) des Géans impies *qui gémiffent fous les eaux.* Salomon dit (b) que les méchans defcendront dans l'abîme avec les Réphaïms. Ifaïe décrivant l'arrivée du Roi de Babilone dans les Enfers, dit (c) *que les Géans fes font levés pour venir par honneur au devant de lui, & lui ont dit: Tu as donc été percé de plaies auffi bien que nous? ton orgueil a été précipité dans l'Enfer; ton lit fera la pourriture, & ta couverture feront les vers.*

Ezéchiel décrit (d) de même la defcente du Roi d'Affyrie dans les Enfers: *le jour qu'Affuerus eft defcendu dans l'Enfer, j'ai ordonné un deuil général, j'ai fermé fur lui l'abîme, j'ai arrêté le cours de fes fleuves. Vous voilà enfin réduit au fond de la terre avec les arbres d'Eden; vous y dormirez avec tous ceux qui ont été tués par l'épée: là fe trouve Pharaon avec toute fon armée, &c.* Dans l'Evangile (e), *il y a un grand abîme entre le fein d'Abraham & le féjour du mauvais Riche,* & de ceux qui lui reffemblent.

Les Egyptiens nommoient *Amenthés,*

(a) Job. xxvj. 5.
(b) Prov. ix. 18.
(c) Ifa. xiv. 9. & feq.
(d) Ezech. xxxj. 15.
(e) Luc. xvj. 26.

c'eſt-à dire celui qui reçoit & qui donne, ce que les Grecs nommoient *Adès* ou l'Enfer, ou le Royaume d'Adès, de Pluton. Ils croyoient qu'Amenthés recevoit les Ames des hommes lorſqu'ils mouroient, & les leur rendoit lorſqu'ils revenoient au monde ; qu'à la mort de l'homme, ſon Ame paſſe dans les corps de quelqu'autre animal par la métempſycoſe, premiérement dans un animal terreſtre, puis dans un animal aquatique, enſuite dans un oiſeau ; & enfin après avoir animé toutes les ſortes d'animaux, il rentre au bout de trois mille ans dans le corps d'un homme.

C'eſt des Egyptiens qu'Orphée, Homere & les autres Grecs ont pris le ſentiment de l'immortalité de l'Ame, ainſi que l'antre des Nymphes décrit par Homere, qui dit qu'il a deux portes, l'une au Nord, par laquelle les Ames entrent dans le creux, & l'autre au Midi, par où elles ſortent de l'antre des Nymphes.

Un certain Theſpeſius natif de Solos en Cilicie, fort connu de Plutarque (*a*), ayant paſſé une grande partie de ſa vie dans la débauche, s'étant entierement

(*a*) *Plutar. dehis qui ſerò à Numine puniuntur.*

ruiné, se mit pour vivre à exercer toutes sortes de mauvais métiers, & fit si bien qu'il amassa quelque chose; mais il perdit absolument sa réputation. Ayant envoyé consulter l'Oracle d'Amphiloque, il lui fut répondu, que ses affaires iroient mieux après sa mort. Peu de tems après il tomba du haut de sa maison, se rompit le col & mourut. Trois jours après, comme on étoit prêt de faire ses funérailles, il ressuscita, & changea tellement de vie, que l'on ne connoissoit personne en Cilicie ni plus pieux, ni plus homme de bien que lui.

Comme on lui demandoit la raison d'un tel changement, il disoit qu'au moment de sa chûte il ressentit la même chose, qu'un pilote qui est renversé du haut du tillac dans la mer; qu'après cela son Ame se sentit élevée jusqu'aux Etoiles dont il admira la grandeur immense & l'éclat admirable; que les Ames sorties du corps se guindent dans l'air, & sont enfermées dans une espece de globe ou de tourbillon enflammé, d'où s'étant échappées, les unes s'élevent en haut avec une rapidité incroyable, les autres pirouétent dans l'air, & sont mues en divers sens, tantôt en haut & tantôt en bas. La plûpart lui paroissoient très-embarrasfées, & poussoient des gémissemens & des cris affreux ; les autres en moindre nombre s'élevoient & se réjouissoient avec leurs semblables. Enfin il apprit qu'Adrastée, fille de Jupiter & de la Nécessité, ne laissoit rien impuni, & qu'elle traitoit chacun selon son mérite. Il entre sur tout cela dans un grand détail, & raconte les divers supplices, dont les scélérats sont tourmentés dans l'autre vie.

Il ajoute qu'un homme de sa connoissance lui avoit dit : Vous n'êtes pas mort ; mais par la permission de Dieu votre Ame est venue en ce lieu, & a laissé dans votre corps toutes ses facultés : à la fin il fut renvoyé dans son corps comme par un canal, & poussé comme par un souffle impétueux.

On peut faire sur ce récit deux réflexions : la premiere, sur cette Ame qui quitta son corps pour trois jours, puis y revint pour continuer à l'animer ; la seconde sur la certitude de l'Oracle, qui promettoit à Thespesius une vie plus heureuse quand il seroit mort.

Dans la guerre de Sicile (a) entre César & Pompée, Gabienus Commandant de la flotte de César ayant été pris, fut

___
(a) Plin. Hist. natur. lib. 7. c. 52.

décapité par ordre de Pompée. Il demeura tout le jour sur le bord de la mer, sa tête ne tenant plus au corps que par un filet. Sur le soir il pria qu'on fit venir Pompée, ou quelqu'un des siens, parcequ'il venoit des Enfers, & qu'il avoit des choses de conséquence à lui communiquer. Pompée y envoya plusieurs de ses amis, auxquels Gabienus déclara que la cause & le parti de Pompée étoient agréables aux Dieux des Enfers, & qu'il réussiroit selon ses désirs ; qu'il avoit ordre de lui annoncer cela, & pour preuve de la vérité de ce que je dis, je dois mourir aussitôt ; ce qui arriva. Mais on ne voit pas que le parti de Pompée ait réussi ; on sait au contraire qu'il succomba, & que César fut victorieux. Mais le Dieu des Enfers, c'est-à-dire le Démon, le trouvoit fort bon pour lui, puisqu'il lui envoyoit tant de malheureuses victimes de la vengeance & de l'ambition.

CHAPITRE LV.

Exemples de Chrétiens ressuscités & renvoyés au monde. Vision de Vetin Moine d'Augie.

ON lit dans un ancien ouvrage écrit du tems de saint Augustin(a), qu'un homme ayant été écrasé dans la ville d'Upzal en Afrique sous une muraille qui tomba sur lui, sa femme courut à l'Eglise pour invoquer S. Etienne, pendant qu'on disposoit tout pour enterrer l'homme qui passoit pour mort. Tout d'un coup on le vit qui ouvroit les yeux, & faisoit quelque mouvement du corps; & après un certain tems il se leva en son séant, & raconta que son ame ayant quitté son corps, avoit rencontré une foule d'autres Ames de morts, dont il connoissoit les uns, & non pas les autres; qu'un jeune homme en habit de Diacre étant entré dans la chambre où il étoit, avoit écarté tous ces morts, & lui avoit dit jusqu'à trois

(a) *Lib. 1. de miracul. sancti Stephani, cap. 4. pag. 280. lib. 7. oper. S. Aug. in appendice.*

fois : Rendez ce que vous avez reçû. Il comprit enfin qu'il vouloit parler du Symbole, qu'il récita sur le champ : il récita encore l'oraison Dominicale ; puis le Diacre (saint Etienne) lui fit le signe de la croix sur le cœur, & lui dit de se lever en pleine santé.

Un jeune homme (a) Cathécumene, qui étoit mort depuis trois jours, ayant été ressuscité par les prieres de S. Martin, racontoit qu'après sa mort il avoit été présenté devant le Tribunal du Souverain Juge qui l'avoit condamné, & envoyé avec une grande troupe dans des lieux ténébreux ; qu'alors deux Anges ayant représenté au Juge que c'étoit un homme pour qui saint Martin avoit intercédé, le Juge ordonna aux Anges de le renvoyer au monde, & de le rendre à Martin ; ce qui fut exécuté. Il fut baptisé, & vécut depuis assez long-tems.

Saint Salvi Evêque d'Albi (b) ayant été attaqué d'une grosse fièvre, passa pour mort. On le lava, on le revêtit, on le mit sur un brancard, & l'on passa la nuit en prieres auprès de lui : le lendemain matin on le vit remuer ; il parut s'é-

___

(a) Sulpit. Sever. in vitâ S. Martini, n. 30.
(b) Gregor. Turon. lib. 7. c. 10.

veiller d'un profond sommeil ; il ouvrit les yeux, & levant la main au Ciel, il dit : Ah Seigneur, pourquoi m'avez-vous renvoyé en ce séjour ténébreux ? Il se leva entierement guéri, mais sans vouloi parler.

Quelques jours après il raconta comme deux Anges l'avoient enlevé au Ciel, où il avoit vû la gloire du Paradis, & avoit été renvoyé malgré lui, pour vivre encore sur la terre. Saint Grégoire de Tours prend Dieu à témoin, qu'il avoit appris cette Histoire de la propre bouche de saint Salvi.

Un Moine d'Augie la Riche, nommé Vetin ou Guetin, qui vivoit en 824. étant tombé malade, étoit couché sur son lit les yeux fermés ; mais n'étant pas encore endormi, il vit entrer un Démon sous la forme d'un Clerc d'une horrible difformité, qui lui montrant des instrumens de supplice qu'il tenoit en main, le menaçoit de lui en faire bientôt ressentir les rigoureux effets. En même tems il vit entrer dans sa chambre une multitude de mauvais Esprits, portant des instrumens comme pour lui bâtir un tombeau, ou un cercueil, & l'y enfermer.

Aussitôt il parut des personnages sérieux & d'un air grave en habit Religieux, qui firent sortir ces Démons. Puis Vetin vit un Ange environné de lumiere, qui vint se présenter au pied de son lit, & le conduisit par un chemin très-agréable entre des montagnes d'une hauteur extraordinaire, au pied desquelles couloit un grand fleuve, dans lequel étoit une grande multitude de damnés, qui souffroient des tourmens divers, selon la qualité & l'énormité de leurs crimes. Il y en vit plusieurs de sa connoissance, entr'autres des Prélats, des Prêtres coupables d'incontinence, qui étoient attachés par le dos à des pieux, & brûlés par un feu allumé au dessous d'eux ; les femmes leurs complices souffroient le même tourment vis-à-vis d'eux.

Il y vit aussi un Moine qui s'étoit laissé aller à l'avarice, & qui avoit possédé de l'argent en propre, qui devoit expier son crime dans un cercueil de plomb jusqu'au jour du jugement. Il y remarqua des Abbés, des Evêques & même l'Empereur Charlemagne, qui expioient leurs fautes par le feu ; mais qui en devoient être délivrés dans un certains tems. Il y remarqua aussi la demeure des bien-heureux dans le Ciel, chacun dans son rang & selon ses mérites. L'Ange du Seigneur lui déclara ensuite les crimes qui étoient les plus communs,

& les plus odieux aux yeux de Dieu. Il nomma en particulier la Sodomie comme le crime le plus abominable.

Après l'office de la nuit, l'Abbé vint visiter le malade, qui lui raconta tout au long toute cette vision, & l'Abbé la fit écrire auſſi-tôt. Vetin vêcut encore deux jours, & ayant prédit qu'il n'avoit plus que le troiſiéme jour à vivre, il ſe recommanda aux priéres des Réligieux, reçut le ſaint Viatique, & mourut en paix le 31 d'Octobre 824.

CHAPITRE LVI.

Vision de Bertholde rapportée par Hincmar Archevêque de Reims.

LE fameux Hincmar (a) Archevêque de Reims, dans une lettre circulaire qu'il écrivit aux Evêques ſes Suffragans & aux Fidéles de ſon Diocèſe, raconte qu'un homme appellé Bertholde qui étoit de ſa connoiſſance étant tombé malade, & ayant reçû tous ſes Sacremens, fut pendant quatre jours ſans pren-

(a) *Hincmar. lib.* 2. *pag.* 805.

dre aucune nourriture. Le quatriéme jour il demeura si foible, qu'à peine lui trouvoit-on un peu de palpitation & de respiration. Sur le minuit il appella sa femme, & lui dit de faire venir promptement son Confesseur.

Le Prêtre n'étoit encore que dans la cour de devant le logis, lorsque Bertholde dit: mettez ici un siége, car le Prêtre va venir. Il entra & dit quelques prieres, auxquelles Bertholde répondit; puis il lui raconta la vision qu'il avoit eue. Au sortir de ce monde, dit-il, j'ai vû quarante & un Evêques entre lesquels étoit Ebbon, Leopardelle, & Enée, qui étoient couverts de mauvais habits noirs, sales & brûlés par les flammes. Pour eux, ils étoient tantôt brûlés par les flammes, & tantôt gelés d'un froid insupportable. Ebbon lui dit: allez vers mes Clercs & mes amis, & dites-leur d'offrir pour nous le saint Sacrifice. Bertholde obéit, & retournant où il avoit vû les Evêques, il les trouva bien vêtus, rasés, baignés & pleins de joie.

Un peu plus loin il vit le Roi Charles (a), qui étoit comme rongé de vers.

(a) *Apparemment Charles le chauve, mort en* 875.

Ce Prince le pria d'aller dire à Hincmar de le soulager dans ses maux. Hincmar dit la Messe pour lui, & le Roi Charles se trouva soulagé. Il vit ensuite l'Evêque Jessé (d'Orléans) qui étoit sur un puits, & quatre Démons qui le plongeoient dans la poix bouillante, puis le jettoient dans une eau glacée. On pria pour lui, & il fut soulagé. Il vit ensuite le Comte Othaire, qui étoit de même dans les tourmens. Bertholde pria la femme d'Othaire, ses vassaux & ses amis, de faire pour lui des prieres & des aumônes, & il fut délivré de ses tourmens. Bertholde reçut après cela la sainte Communion, & commença à se mieux porter, avec espérance de vivre encore quatorze ans, comme le lui avoit promis celui qui l'avoit conduit, & qui lui avoit montré ce que nous venons de raconter.

CHAPITRE LVII.

Vision de saint Furst.

LA vie de S. Furſi (*a*), qui a été écrite peu après ſa mort arrivée vers l'an 653. rapporte pluſieurs viſions de ce ſaint Homme. Etant tombé grièvement malade, & ne pouvant plus ſe remuer, il ſe vit au milieu des ténébres comme ſoulevé par les mains de trois Anges, qui l'enleverent hors du monde, puis l'y ramenerent, & firent rentrer ſon ame dans ſon corps pour y achever ce à quoi Dieu le deſtinoit. Alors il ſe trouva au milieu de pluſieurs perſonnes, qui le pleuroient comme mort, & lui raconterent comment la veille tout d'un coup il étoit tombé en défaillance, enſorte qu'on le crut décédé. Il auroit ſouhaité avoir quelques perſonnes intelligentes pour leur raconter ce qu'il avoit

(*a*) *Vita Sti. Furſci, apud Bolland.* 16. *Januarii. pag.* 37. 38. *Item pag.* 47. 48. *ſæcul. xj. Bened. pag.* 299.

vû. Mais n'ayant personne auprès de lui que des gens rustiques, il demanda & reçut la Communion du Corps & du Sang du Sauveur, & vêcut encore trois jours.

Le Mardi suivant il tomba dans une pareille défaillance au milieu de la nuit: ses pieds devinrent froids, & élévant les mains pour prier, il reçut la mort avec joie; puis il vit descendre les mêmes trois Anges, qui l'avoient déja conduit. Ils l'éleverent comme la premiére fois; mais au lieu des chants mélodieux & agréables qu'il avoit ouis, il n'entendit que des hurlemens effroyables des Démons, qui commencerent à combattre contre lui, & à lui lancer des traits enflammés. L'Ange du Seigneur les recevoit sur son bouclier, & les éteignoit. Le Démon reprocha à Fursi quelques mauvaises pensées & quelques foiblesses humaines; mais les Anges le défendirent, disant : s'il n'a point commis de péchés capitaux, il ne périra point.

Le Démon ne pouvant rien lui reprocher qui fût digne de la mort éternelle, il vit deux Saints de son pays, saint Béan & saint Médan, qui le consolerent, & lui annoncerent les maux dont Dieu devoit punir les hommes, à cause principalement des péchés des Docteurs qui sont dans l'Eglise, & des Princes qui gouvernent les peuples ; les Docteurs pour leur négligence à annoncer la parole de Dieu, & les Princes pour les mauvais exemples qu'ils donnent à leurs peuples. Après quoi ils le renvoyerent dans son corps.

Il y rentra avec répugnance, & commença à raconter tout ce qu'il avoit vû. On lui versa de l'eau vive sur le corps, & il sentit une grande chaleur entre les deux épaules. Après cela il se mit à prêcher par toute l'Hibernie ; & Bede le Vénérable (*a*) dit, qu'il y avoit dans son Monastére un ancien Moine, qui disoit avoir appris d'une personne très-grave & très-digne de foi, qu'elle avoit oui raconter ces visions par saint Fursi lui-même. Ce Saint ne doutoit pas que son ame ne fût séparée de son corps, lorsqu'il fut ravi en extase.

(*a*) *Beda, lib.* 3. *Hist. c.* 19.

CHAPITRE LVIII.

Vision d'un Protestant d'York, & autres.

Voici un autre exemple arrivé en 1698. à un Prétendu Réformé (a). Un Ministre de la Province d'York, du lieu nommé Hipley, & qui s'appelloit Henri Vatz, étant tombé le 15 d'Août en apoplexie, fut mis le 17. dans un cercueil pour être enterré. Mais comme on alloit le mettre dans la fosse, il jetta un grand cri, qui effraya tous les gens du convoi; on le tira promptement hors du cercueil, & dès-qu'il fut revenu à lui, il raconta plusieurs choses surprenantes, qu'il disoit lui avoir été révélées pendant son extase, qui dura quarante huit heures. Le 24 du même mois, il fit un discours fort touchant à ceux qui l'avoient accompagné le jour qu'on le portoit au tombeau.

On traitera, si l'on veut, tout ce que nous venons de raconter de visions & de contes; mais on ne peut nier, qu'on

(a) *Larrey, Hist. de Louis XIV. an 1698. p. 68.*

ne reconnoisse dans ces résurrections & dans ces récits des hommes revenus après leur mort vraie ou apparente, la créance de l'Eglise sur l'Enfer, sur le Paradis, le Purgatoire, l'efficace des priéres pour les morts, & les apparitions des Anges & des Démons, qui tourmentent les damnés, & les ames à qui il reste quelque chose à expier dans l'autre vie.

On y voit aussi ce qui a un rapport visible à la matiére que nous traitons ici, des personnes réellement mortes, & d'autres tenues pour mortes, qui reviennent en santé, & vivent encore assez long-tems. Enfin on y remarque les sentimens sur l'état des ames après cette vie, à peu près les mêmes chez les Hébreux, les Egyptiens, les Grecs, les Romains, les Peuples barbares, & les Chrétiens. Si les Revenans de Hongrie ne parlent pas de ce qu'ils ont vû en l'autre vie, c'est ou qu'ils ne sont pas vraiment morts, où plutôt que tout ce qu'on raconte des Revenans est fabuleux & chimérique. J'ajouterai encore ici quelques exemples, qui serviront à constater la croyance de la primitive Eglise au sujet des Apparitions.

Sainte Perpétue, qui souffrit le Martyre en Afrique en 202, ou 203. étant en prison pour la foi, vit son frere nommé Dinocrate, qui étoit mort âgé d'environ sept ans d'un cancer à la joue : elle le vit comme dans un fort grand éloignement ; ensorte qu'ils ne pouvoient s'approcher. Il étoit comme dans un réservoir d'eau, mais dont les bords étoient plus élevés que lui, ensorte qu'il ne pouvoit atteindre à l'eau dont il paroissoit fort altéré. Perpétue en fut très-sensiblement touchée, & commença à prier Dieu avec beaucoup de larmes & de gémissemens pour son soulagement. Quelques jours après elle vit en esprit le même Dinocrate bien vêtu, lavé, & rafraîchi, & l'eau de la piscine où il étoit, qui ne lui venoit plus que jusqu'au nombril, & au bord une coupe dans laquelle il buvoit, sans que l'eau en diminuât, & la peau du cancer de sa joue bien guérie, en sorte qu'il n'en restoit que la cicatrice. Elle comprit parlà que Dinocrate étoit hors de peine.

Dinocrate étoit-là apparemment (a) pour expier quelques fautes qu'il avoit commises depuis son Baptême : car Perpetue dit un peu plus haut, qu'il n'y avoit que son pere qui fût demeuré dans l'infidélité.

(a) *Aug. l. 1. de origine animæ.*

La même sainte Perpétue étant dans la prison quelques jours avant son Martyre, (a) eut une vision du Diacre Pomponius, qui avoit souffert le Martyre quelque tems auparavant, & qui lui dit : Venez, nous vous attendons. Il la mena par un chemin fort tortueux & fort difficile, jusques dans l'amphithéâtre, où elle eut à combattre contre un Egyptien fort laid, accompagné de quelques autres hommes comme lui. Perpétue se trouva changée en homme, & commença à combattre nuë, aidée de quelques jeunes hommes fort bien faits, qui étoient venus à son service & à son secours.

Alors elle vit paroître un homme d'une taille extraordinaire, qui cria à haute voix : si l'Egyptien remporte la victoire sur celle-ci, il la tuera de son épée ; mais si elle le surmonte, elle aura pour récompense cette branche ornée de pommes d'or. Perpétue commença à le combattre, & l'ayant terrassé, lui marche sur la tête. Le peuple lui cria victoire, & Perpétue s'approchant de celui qui tenoit la branche dont on a parlé, il la lui mit en main, & lui dit : La paix

(a) Ibid. pag. 97.

soit avec vous. Alors Perpétue s'éveilla, & comprit qu'elle auroit à combattre non contre les bêtes, mais contre le Démon.

Sature, un des compagnons du Martyre de sainte Perpétue, eut aussi une vision qu'il raconta ainsi. Nous avions souffert le Martyre, & nous étions dégagés de cette chair mortelle. Quatre Anges nous porterent vers l'Orient, sans nous toucher. Nous arrivâmes en un lieu où brilloit une clarté immense. Perpétue étoit à mon côté; je lui dis: Voilà ce que le Seigneur nous promettoit.

Nous entrâmes dans un grand jardin rempli d'arbres & de fleurs; les quatre Anges qui nous avoient portés, nous mirent entre les mains d'autres Anges, qui nous menerent par un chemin fort spatieux dans un lieu, où nous trouvâmes Joconde, Saturnin, & Artaze, qui avoient souffert avant nous, & qui nous inviterent à venir saluer le Seigneur. Nous les suivîmes, & vîmes au milieu de ce lieu le Tout-Puissant environné d'une lumiére immense, & nous ouimes qu'on disoit sans cesse autour de lui: Saint, Saint, Saint. On nous éléva vers lui: nous nous arrêtâmes devant son Trône, nous lui donnâmes le baiser, il nous passa la main sur le visage. Nous sortîmes, & nous vîmes devant la porte l'Evêque Optat, & le Prêtre Aspase, qui se jetterent à nos pieds : nous les relevâmes, nous nous embrassâmes ; nous reconnûmes en ce lieu plusieurs de nos freres & quelques Martyrs. Telle fut la vision de Sature.

Voilà des visions de toutes sortes ; de Saints Martyrs, & de Saints Anges. On raconte de S. Exupere Evêque de Toulouse (a), qu'ayant conçu le dessein de transférer les Reliques de saint Saturnin ancien Evêque de cette Eglise, pour les placer dans une nouvelle Eglise bâtie en son honneur, il avoit peine à se résoudre à tirer ce saint corps du tombeau, craignant de déplaire au Saint, ou de diminuer l'honneur, qui lui étoit dû. Mais dans ce doute il eut une vision, qui lui fit entendre que cette translation ne pouvoit ni nuire au respect qui étoit dû aux cendres du saint Martyr, ni préjudicier à son honneur ; qu'au contraire elle contribueroit au salut des Fidéles & à la plus grande gloire de Dieu.

Quelques jours avant (b) que S. Cy-

(a) Ibid. pag. 132.
(b) Acta Martyr. Sincera, p. 212. Vita & passio. S. Cypriani, p. 268.

prien Evêque de Carthage souffrit le Martyre en 258. il eut une vision n'étant pas encore entiérement endormi, dans laquelle un jeune homme d'une taille extraordinairement grande sembla le conduire au Prétoire devant le Proconsul assis sur son tribunal. Ce Magistrat ayant apperçu Cyprien, commença à écrire sa sentence, avant qu'il l'eût interrogé à l'ordinaire. Cyprien ne savoit ce que portoit la sentence. Mais le jeune homme dont on a parlé, & qui étoit derriére le juge, fit signe à Cyprien en ouvrant la main & l'étendant en forme d'épée, qu'il étoit condamné à avoir la tête tranchée.

 Cyprien comprit aisément ce qu'il vouloit dire par ce signe, & ayant demandé avec beaucoup d'instance qu'on lui accordât un jour de délai pour mettre ordre à ses affaires, le juge lui ayant accordé sa demande, écrivit de nouveau sur ses tablettes, & le jeune homme par le mouvement de sa main lui fit connoître qu'on lui avoit accordé un jour de délai. Ces prédictions furent exactement suivies de l'effet. On en voit beaucoup d'autres dans les ouvrages de S. Cyprien.

 Saint Fructueux, Evêque de Tarragone, (a) qui souffrit le Martyre en 259. fut vû après sa mort montant au Ciel, avec ses Diacres qui avoient souffert avec lui ; ils apparurent comme étant encore attachés aux pieux après lesquels ils avoient été brûlés. Ils furent vûs par deux Chrétiens qui les montrerent à la femme & à la fille d'Emilien, qui les avoit condamnés. Le Saint se fit voir à Emilien lui-même & aux Chrétiens, qui avoient enlevé leurs cendres, & leur ordonna de les rassembler toutes en un même lieu.

On voit de pareilles apparitions (b) dans les Actes de S. Jacques, de S. Marien Martyrs & de quelques autres, qui souffrirent dans la Numidie en 259. On en remarque de pareilles (c) dans les Actes des saints Montan, Lucius & autres Martyrs d'Afrique en 259. ou 260. & dans ceux de saint Vincent Martyr en Espagne en 304. & dans la vie de S. Théodore Martyr en 306. dont S. Grégoire de Nisse a écrit la passion. Tout le monde sait ce qui arriva à Sebaste en Arménie dans le Martyre des

---

(a) Ibid. p. 219. & 221.
(b) Ibid. p. 226.
(c) Item, p. 231. 232. 233. 237.

fameux quarante Martyrs dont S. Basile le Grand a écrit l'éloge. L'un des 40. vaincu par l'excès du froid qui étoit extrême, se jetta dans un bain chaud qui étoit préparé là auprès. Alors celui qui les gardoit ayant apperçu des Anges qui apportoient des couronnes aux 39. qui avoient persévéré dans leurs souffrances, se dépouilla, se joignit à eux & se déclara Chrétien.

Tous ces exemples prouvent invinciblement au moins que dans les premiers siécles de l'Eglise, les plus grands & les plus savans Evêques, les Saints Martyrs, & le commun des Fidéles, étoient très-persuadés de la possibilité & de la réalité des apparitions.

CHAPITRE LIX.

Conclusion de cette Dissertation.

POur reprendre en peu de mots tout ce que nous avons rapporté dans cette Dissertation, nous y avons montré, qu'une résurrection proprement dite d'une personne morte depuis un tems considérable, & dont le corps étoit ou corrompu, ou puant, ou prêt à se corrompre, comme celui de Pierre enterré depuis trois ans, & ressuscité par saint Stanislas, ou celui de Lazare, qui étoit depuis quatre jours dans le tombeau, & déja sentant une odeur cadavéreuse, qu'une telle résurrection est un ouvrage de la seule toute-puissance de Dieu.

Que des personnes noyées, tombées en syncope, en léthargie, ou extasiées, ou tenues pour mortes, de quelque maniere que ce soit, peuvent être guéries & rappellées à la vie, à leur premiere santé sans aucun miracle, mais par les seules forces de la Médecine, ou par une industrie naturelle, ou par la patience, attendant que la nature se rétablisse d'elle-même en son premier état, que le cœur reprenne son mouvement, & que le sang coule librement de nouveau dans les artères, les veines, & les esprits vitaux & animaux dans les nerfs.

Que les Oupires, ou Vampires, ou Revenans de Moravie, de Hongrie, de Pologne, &c. dont on raconte des choses si extraordinaires, si détaillées, si circonstanciées, revêtues de toutes les formalités capables de les faire croire, & de les prouver même juridiquement par devant les Juges, & dans les Tribunaux les plus sévéres & les plus exacts ; que tout ce qu'on dit de leur retour à la vie, de leurs Apparitions, du trouble qu'elles causent dans les villes & dans les campagnes, de la mort qu'ils donnent aux personnes en leur suçant le sang, ou en leur faisant signe de les suivre, que tout cela n'est qu'illusion, & une suite de l'imagination frappée & fortement prévenue. L'on ne peut citer aucun témoin sensé, sérieux, non prévenu, qui puisse témoigner avoir vû, touché, interrrogé, senti, examiné de sang froid ces Revenans, qui puisse assurer la réalité de leur retour, & des effets qu'on leur attribue.

Je ne nierai point, que des personnes ne soient mortes de frayeur, s'imaginant voir leurs proches qui les appelloient au tombeau ; que d'autres n'ayent crû ouir frapper à leurs portes, les harceler, les inquiéter, en un mot leur causer des maladies mortelles ; & que ces personnes interrogées juridiquement, n'ayent répondu qu'elles avoient vû & oui ce que leur imagination frappée leur avoit représenté. Mais je demande des témoins non préoccupés, sans frayeur, sans intérêt, sans passion, qui assurent après de sérieuses réflexions, qu'ils ont vû, oui, interrogé ces Vampires, & qu'ils ont été témoins de leurs opérations ; & je suis persuadé qu'on n'en trouvera aucun de cette sorte.

J'ai en main une lettre, qui m'a été écrite de Varsovie le 3 Février 1745. par M. Sliviski, Visiteur de la Province des Prêtres de la Mission de Pologne. Il me mande qu'ayant étudié avec grand soin cette matiere, & s'étant proposé de composer sur ce sujet une Dissertation Théologique & Physique, il avoit ramassé des Mémoires dans cette vûe ; mais que les occupations de Visiteur & de Supérieur de la maison de sa Congrégation de Varsovie ne lui avoient pas permis d'exécuter son projet. Qu'il a depuis recherché inutilement ces Mémoires, qui probablement sont demeurés entre les mains de quelques-uns de ceux à qui il les avoit communiqués. Qu'il y avoit parmi ces Mémoires deux résolutions de Sorbonne, qui défendoient l'une & l'autre de couper la tête, & de sévir contre les corps des prétendus Oupires. Il ajoûte qu'on pourroit trouver ces décisions dans les Registres de Sorbonne, depuis l'an 1700. jusqu'en 1710. Je rapporterai ci-après une décision de Sorbonne sur ce sujet de l'an 1693.

Il dit de plus, qu'en Pologne on est

si persuadé de l'existence des Oupires, qu'on regarderoit presque comme Hérétiques ceux qui penseroient autrement. Il y a plusieurs faits sur cette matiere qu'on regarde comme incontestables, & l'on cite pour cela une infinité de témoins. Je me suis, dit-il, donné la peine d'aller jusqu'à la source, & d'examiner ceux qu'on citoit pour témoins oculaires ; il s'est trouvé, qu'il n'y a eu personne qui osât affirmer d'avoir vû les faits dont il s'agissoit, & que ce n'étoient que des rêveries & des imaginations causées par la peur, & par des discours mal fondés. C'est ce que m'écrit ce sage & judicieux Prêtre.

J'ai encore depuis reçu une autre lettre de Vienne en Autriche écrite le 3 Août 1746 par un Baron Lorrain (a), qui a toujours suivi son Prince. Il me dit qu'en 1732. sa Majesté Impériale, alors son Altesse Royale de Lorraine, se fit donner plusieurs procès-verbaux sur des cas arrivés en Moravie : je les ai encore, les ai lûs & relûs, & à dire vrai, je n'y ai pas trouvé l'ombre de vérité, ni même de probabilité de ce qui étoit avancé. Ce sont cependant ces actes que l'on regarde en ce pays-ci comme l'Évangile.

(a) M. le Baron Toussaint.

CHAPITRE LX.

Impossibilité morale, que les Revenans sortent de leurs tombeaux.

J'Ai déja proposé l'objection formée sur l'impossibilité que ces Vampires sortent de leurs tombeaux, & y rentrent, sans qu'il y paroisse qu'ils ont remué la terre en sortant, ou en rentrant; on n'a jamais pû répondre à cette difficulté, & l'on n'y répondra jamais. Dire que le Démon subtilise & spiritualise les corps des Vampires, c'est une chose avancée sans preuve & sans vraisemblance.

La fluidité du sang, la couleur vermeille, la souplesse des Vampires ne doivent pas surprendre, non plus que les ongles & les cheveux qui leur croissent, & leur corps qui demeure sans corruption. On voit tous les jours des corps qui n'éprouvent point la corruption, & qui conservent une couleur vermeille après leur mort. Cela ne doit pas paroître étrange dans ceux qui meurent sans maladie & de mort subite, ou de certaines maladies connues aux Médécins, qui n'ôtent pas la fluidité du sang, ni la souplesse des membres.

A l'égard de l'accroissement des cheveux & des ongles dans les corps qui ne sont point corrompus, la chose est toute naturelle. Il demeure dans ces corps une certaine circulation lente & imperceptible des humeurs, qui cause cet accroissement des ongles & des cheveux, de même que nous voyons tous les jours les oignons ordinaires & les cayeux croître & pousser, quoique sans aucune nourriture ni humidité tirée de la terre.

On en peut dire autant des fleurs, & en général de tout ce qui dépend de la végétation dans les animaux & dans les plantes.

La persuasion où sont les Peuples de la Gréce du retour des Broucolaques, n'est pas mieux fondée que celle des Vampires & des Revenans. Ce n'est que l'ignorance, la prévention, la terreur des Grecs, qui ont donné naissance à cette vaine & ridicule créance, & qui l'ont entretenue jusqu'aujourd'hui. La relation que nous avons rapportée d'après M. Tournefort, témoin oculaire & bon Philosophe, peut suffire pour détromper ceux qui voudroient s'intéresser à les soutenir.

L'incorruption ou l'incorruptibilité

des corps des décédés dans l'excommunication est encore moins fondée, que le retour des Vampires, & les véxations des vivans causées par les Broucolaques; l'Antiquité n'a rien cru de semblable: les Grecs Schismatiques & les Hérétiques séparés de l'Eglise Romaine, qui sont certainement morts dans l'excommunication, devroient donc, suivant ce principe demeurer, sans corruption, ce qui est contre l'expérience & répugne au bon sens; & si les Grecs prétendent être la vraie Eglise, tous les Catholiques Romains qui sont séparés de communion d'avec eux, devroient donc demeurer aussi incorruptibles. Les exemples cités par les Grecs, ou ne prouvent rien, ou prouvent trop. Ces corps qui n'ont pas été corrompus étoient réellement excommuniés ou non? S'ils n'étoient pas nommément & réellement excommuniés, leur incorruption ne prouve rien; & quand ils auroient été vraiment & réellement excommuniés, encore faudroit-il prouver, qu'il n'y avoit point d'autre cause de leur incorruption, ce qu'on ne prouvera jamais.

De plus une chose aussi équivoque que l'incorruption ne peut pas être employée en preuve dans une matiere aussi sérieuse que celle-ci. L'on convient que souvent les corps des Saints sont préservés de corruption : cela passe pour certain chez les Grecs comme chez les Latins ; l'on ne peut donc pas conclure que cette même incorruption soit une preuve, qu'une personne est excommuniée.

Enfin cette preuve est univoque & générale, ou seulement particuliere : je veux dire, tous les Excommuniés demeurent sans corruption, ou seulement quelques-uns. On ne peut pas soutenir que tous ceux qui meurent dans l'excommunication sont incorruptibles. Il faudroit pour cela que tous les Latins envers les Grecs, & les Grecs envers les Latins fussent incorruptibles, ce qui n'est pas. Cette preuve est donc frivole, & ne conclut rien. Je me défie beaucoup de toutes ces Histoires que l'on rapporte pour prouver cette prétendue incorruption des personnes excommuniées. Si on les examinoit de près, on y trouveroit sans doute bien du faux.

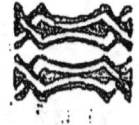

CHAPITRE LXI.

Ce qu'on raconte des corps des Excommuniés qui sortent de l'Eglise, est sujet à de très-grandes difficultés.

QUelque respect que j'aye pour saint Grégoire le Grand, qui rapporte des exemples de personnes mortes excommuniées, qui sortoient de l'Eglise à la vûe de tout le monde; & quelque considération que méritent les autres Auteurs que j'ai cités, & qui racontent d'autres faits semblables, & même plus incroyables : je ne puis me persuader, que nous ayons ces Histoires avec toutes leurs circonstances; & après les raisons de douter que j'ai rapportées à la suite de ces Histoires, je crois pouvoir dire encore, que Dieu pour inspirer aux peuples une plus grande terreur des Excommunications, & un plus grand respect pour les Sentences & les Censures de l'Eglise, a voulu dans ces occasions pour des raisons qui ne nous sont pas bien connues, faire éclater sa puissance, opérer des miracles à la vûe des Fidéles : car comment expliquer tout cela sans recourir au miracle ?

Tout ce qu'on dit des perfonnes mortes, qui mâchent fous la terre dans leurs tombeaux, eſt ſi pitoyable & ſi puérile, qu'il ne mérite pas une réfutation férieuſe. Tout le monde convient qu'il n'arrive que trop ſouvent, qu'on enterre des perſonnes qui ne ſont pas bien mortes. On n'en a que trop d'exemples dans toutes les Hiſtoires anciennes & modernes. La Thèſe de M. Vinſlow, & les notes que M. Bruyer y a ajoûtées, ſont très-propres pour prouver qu'il y a peu de ſignes certains d'une véritable mort, hors la puanteur & la putréfaction d'un corps au moins commencée. On a une infinité d'exemples de perfonnes qu'on a crûes mortes, & qui ſont revenues, même après avoir été miſes en terre. Il y a je ne ſçai combien de maladies où le malade demeure long-tems fans parole, fans mouvement, fans reſpiration fenſible. Il y a des noyés qu'on a crû morts, & qu'on a fait revenir en les faignant & les foulageant.

Tout cela eſt connu, & peut ſervir à expliquer comment on a pû tirer du tombeau quelques Vampires, qui ont parlé, crié, hurlé, jetté du ſang; tout cela, parce qu'ils n'étoient pas encore morts. On les a fait mourir en les décapitant, en leur perçant le cœur, en les brûlant,

& en cela on a eu très-grand tort : car le prétexte qu'on a pris de leur prétendu retour pour inquiéter les vivans, les faire mourir, les maltraiter, n'est pas une raison suffisante pour les traiter comme l'on fait. D'ailleurs leur prétendu retour n'a jamais été prouvé ni constaté d'une maniere qui puisse autoriser personne à user d'une pareille inhumanité, ni à deshonorer, faire mourir ignominieusement sur des accusations vagues, frivoles, non prouvées, des personnes certainement innocentes de la chose dont on les charge.

Car rien n'est plus mal fondé que ce qu'on dit des Apparitions, des véxations, des troubles causés par les prétendus Vampires & par les Brucolaques. Je ne suis pas surpris que la Sorbonne ait condamné les exécutions sanglantes & violentes, que l'on exerce sur ces sortes de corps morts ; mais il est étonnant que les Puissances séculieres & les Magistrats n'emploient pas leur autorité & la sévérité des Loix, pour les réprimer.

Les dévouemens magiques, les fascinations, les évocations dont nous avons parlé, sont des œuvres de ténébres, des opérations de Satan, si elles ont quelque réalité, ce que j'ai peine à croire pour les dévouemens & les évocations des Manes, ou des Ames des personnes mortes : car pour les fascinations ou les illusions des sens, il semble qu'il est malaisé de n'en pas admettre quelques-unes, comme lorsqu'on croit voir ce qui n'est pas, ou qu'on ne voit pas ce qui est présent à nos yeux, ou qu'on croit entendre ce qui ne frappe pas nos oreilles, ou au contraire. Mais dire que le Démon peut donner la mort à une personne, parce qu'on a formé sa statue en cire, ou qu'on lui a donné son nom avec quelques cérémonies superstitieuses, & qu'on l'a dévouée, ensorte que la personne se sente mourir à mesure que la figure de cire se consume ; c'est donner au Démon trop de pouvoir, & à la Magie trop d'efficace. Dieu peut, quand il veut, lâcher la bride à l'ennemi du genre humain, & lui permettre de nous causer le mal, que lui-même ou ses suppôts cherchent à nous faire ; mais il seroit ridicule de croire que la Magie puisse déterminer le souverain Maître de la nature à permettre au Démon de nous nuire, ou de s'imaginer que le Magicien ait le pouvoir de faire agir contre nous le Démon, indépendamment de Dieu.

L'exemple de ce paysan de Delme, qui donna son enfant au Diable, & à qui le Diable ôta la vie, & puis la lui rendit, est un de ces faits extraordinaires & presqu'incroyables que l'on rencontre quelque fois dans l'Histoire, & que ni la Théologie, ni la Philosophie ne savent comment expliquer. Etoit-ce un Démon qui animoit le corps de cet enfant, ou étoit-ce l'ame de cet enfant qui étoit rentrée dans son corps par la permission de Dieu? Par quelle autorité le Démon a-t-il pû ôter la vie à cet enfant, puis la lui rendre? Dieu l'a pû permettre pour punir l'impiété du malheureux Pere, qui s'étoit donné au Démon pour contenter une passion honteuse & criminelle. Et encore comment l'a-t-il pû contenter avec un Démon, qui lui parut sous la forme d'une fille qu'il aimoit? Dans tout cela je ne vois que ténèbres & difficultés, que je laisse à résoudre à de plus habiles & plus hardis que moi.

Extractum ex Epistolâ quâdam è Poloniâ Parisios missâ 9 Januarij 1693.

CASUS.

Quædam Puella non pridem affligebatur à tali Spiritu, & ex dolore quem sensit expergefacta, clamans auxilium petiit, & dixit, quòd hic Spiritus repræsentaret ei figuram Matris jam pridem demortuæ. Hæc Puella perceptibiliter attenuabatur, & macie conficiebatur. Conventum est ad sepulchrum Matris, & inventum est cadaver molle, flexibile, inflatum & rubicundum; amputato capite, & corde aperto, effluxit ingens copia sanguinis, & Puella convaluit à suâ infirmitate & languore, & benè nunc valet.

Sacerdotes fide digni fuerunt in hâc executione, & viderunt Puellam, quæ eis narravit omnem historiam.

Quæritur, quid Confessarius facere debeat, & quomodò se gerere, tum erga illos qui faciunt has executiones, quàm erga illos qui petunt aperiri sepulchrum, ad amputandum caput cadaveri, quandò erit tale ut suprà.

Resolutio Doctorum Sorbonæ.

NOs infrà scripti æstimamus, tam hos qui faciunt has executiones, quàm illos qui petunt visitari sepulchra ad eum finem, peccare gravissimè, & quòd Confessarii debeant admonere similes personas, & explicare eis malum, quod faciunt in his occasionbus, & eis denegare absolutionem, si perseverent in perversâ hâc praxi : hoc fundatur in duabus rationibus ; una desumitur ex honore debito corporibus defunctorum, alia ex facto particulari, de quo agitur.

Primò magnus semper delatus est honor & respectus corporibus defunctorum, ita ut religioni ducatur eos semper haberi in honore, & velle ut sepulchra eorum sint inviolabilia. *Cod. de sepulchro violato, lib. 9. t. 19.* ubi assignatur pœna contra violatores sanctitatis sepulchrorum, diciturque, eos esse Sacrilegos, & procedendum esse contra illos ut tales, quandò audent invertere & asportare aliquid ex monumentis, ubi corpora fidelium requiescunt. *Pergit audacia* (sunt verba Codicis) *ad busta defunctorum & aggeres consecratos : cùm & lapidem hinc movere, & terram evertere, & cespitem evellere, proximum sacrilegio majores nostri semper habuerint. Quibus primò consulentes, ne in piaculum incidat contaminata religio defunctorum, hoc fieri prohibemus pœnâ sacrilegii cohibentes.* Major est audacia, & secundùm vim Legis totius meretur majorem pœnam, quandò visitantur sepulchra, non ad illa destruenda, vel ad auferendum aliquod ornamentum, sed ad amputandum caput defunctorum jacentium in illo sepulchro.

In jure Canonico, qui amputant partem unam vel plures corporis defuncti, sunt excommunicati ipso facto; & Papa Bonifacius VIII. qui fecit hanc legem c. detestanda, Extrav. de sepult. vult, ut absolutio ejus sit reservata S. Sedi Apostolicæ, dicitque esse impietatem & crudelitatem sic tractare corpora defunctorum. *Defunctorum corpora sic impiè ac crudeliter non tractentur.*

Verum est, quòd hoc capitulum loquatur de iis qui in frusta concidunt corpora defunctorum extra Patriam, ut faciliùs ea transferantur; certum quoque est, quòd casus propositus non habeat prætextum tam favorabilem, & consequenter meretur, ut majori justitiâ condemnetur. Et certè hujus Canonis motivum non est aliud, quàm hæc ratio generalis, quòd oporteat respectum deferre corporibus defunctorum. Et glossa sic nos docet: *Catholicæ fidei humana natura est erubescenda, & ideo etiam post mortem corpus humanum non recipit æstimationem.*

In authentico *ut defunct. tit.* 15. *collat.* 5. sic erat priùs his verbis: *qui enim hominis naturam non erubuit, dignus est & pecuniis, & gloriâ, & aliis omnibus condemnari.* Dicitur de illis, qui mortuo injuriam inferunt. Possunt videri supra eandem materiam plures alii Canones quos refert Antoni. 3. part. lib. 35. tit 12. & in Canon. pœnit. 8. tit. 4. l. 7.

Secundò finis intentus in his visitationibus sepulchrorum cum executione reddit causam pejorem, quia, ut fertur, hoc fit ad vitandam vexationem Dæmonis, & recuperandam sanitatem; manducatur panis cum illo sanguine factus, qui defluit ex cadaveribus, vel dum amputatur caput defuncto in sepulchro jacenti. Undè ratio præsumendi est, quòd hoc fiat per pactum cum Dæmone, & unum maleficium expellitur alio, quia ille panis sanguine mixtus, sicut etiam amputatio capitis, naturaliter non possunt restituere sanitatem personæ morti proximæ, & expellere Dæmonem eam vexantem. Non potest etiam dici, quòd tunc fiat à Deo miraculum. Sola narratio eorum, quæ facta sunt Matri hujus Puellæ, de quâ agitur, satis ostendit, quòd Deus non inspiravit hunc modum, neque virtutem aliquam supernaturalem alligaverit tali modo ad procurandam prædictæ filiæ sanitatem. Supponendum est ergò, esse tacitum pactum cum Dæmone, & dicendum est, quòd Dæmon ipsemet recedat ad præsentiam talis à se inspirati maleficii.

Gerson in opusculo quodam facto

contra doctrinam cujufdam Medici de Montpellier dicit, quòd Facultas Parifienfis fic argumenta fit Seff. 4. propofitio : » omnis obfervatio, cujus ef» fectus expectatur aliter, quàm per ra» tionem naturalem, aut per divinum » miraculum, debet rationabiliter repro» bari, & de pacto Dæmonum expreffo » vel occulto vehementer haberi fufpecta. » Sic determinavit facra Theologiæ Fa» cultas Univerfit. Parif.

Hæc cùm ita fint, non licet unum maleficium pellere alio. S. Thomas *in 4. dift. 34. art. 3.* & Decretum Facultatis Parifienfis, quod refert in fine operum fuorum Magifter Sentent. *art. 6.* quòd licitum fit, aut etiam permittendum maleficia maleficiis expellere. *Error* undè duæ funt fequelæ ; & damnandam effe hanc praxim, cùm fit ab utroque jure rejecta, & etiam Lege Divinâ, quæ dicit, non effe facienda mala, ut eveniant bona. Secundò quòd fi facto piorum & peritorum Medicorum confilio non poffit oftendi aliqua caufa naturalis hujus effectûs, neque juvari & fanari aliquo remedio naturali, relinquenda funt omnia Providentiæ Divinæ ; melius eft enim hæc mala pati cum patientiâ, & etiam exponere fe

morti,

morti, quàm offendere Deum. In hâc occasione posset haberi recursus ad alia media ad defendendum se ab hâc vexatione Diaboli ; & hæc sunt notata in capite *si per Sortiarias*, 33. q. 2. *si per Sortiariis atque maleficas, occulto sed nunquàm injusto Dei judicio permittente, & Diabolo præparante. &c.* Hortandi sunt quibus ista eveniunt, ut corde contrito, & spiritu humiliato, Deo & Sacerdoti de omnibus peccatis suis puram Confessionem faciant, & profusis lacrymis, & largioribus eleemosynis, & orationibus, & jejuniis Domino satisfaciant, & per Exorcismos, ac cætera Ecclesiasticæ medicinæ munia, Ministri Ecclesiæ tales, quantùm Dominus annuerit, sanare procurent. Hæc quoque est mens Bartholomæi de Spinâ, Magistri quondam sacri Palatii *in Tract. de Strigibus c.* 33. qui enim in hujusmodi maleficiis & in aliis curandis observarent ea, quæ docet caput, *si per Sortiarias* 33. q. 2. facilè per misericordiam Dei curarentur.

Deliberatum in Sorbonâ 1653.

G. FROMAGEAU.
C. DE PRECELLES.
THOMAS DURIERAZ.

Alia Resolutio Doctoris particularis Parif.
ad difficultatem propositam.

Videtur quòd non debeat permitti, ut visitentur sepulchra, amputetur caput, aperiatur cor defuncti, excipiatur sanguis ex illo corpore, fiat panis, manducetur vel potetur, neque aliquid ex præfatis fiat, propter quamcunque causam, & sub qualicunque prætextu; quia videtur quòd sint mala & superstitiosa, quòd fuerint inventa & edocta à Dæmone, & ex se nullam habeant virtutem & efficaciam, ad minuendam vel tollendam talem vexationem Dæmonis: sed ipsemet operatur hos effectus, qui eis attribuuntur, & quos videntur habere, & quòd eorum usus supponit aliquod pactum factum cum ipso, cui adhæretur, saltem implicitè, eos ad executionem deducendo. Fortassè illi qui solent facere has executiones, & qui cognoscunt sæpè personas vexatas, habent aliquod commercium cum Dæmone; & Confessarii debent ab eis inquirere quâ viâ cognoscunt tales personas esse vexatas, & quis eos docuit hoc uti remedio; tales verò personas oportet addu-cere, ut recurrant ad Deum per frequentes orationes, ad implorandum auxilium & intercessionem B. Virginis, & Sanctorum Angelorum, & aliorum Sanctorum, ut per Confessionem factam sint in statu gratiæ, & ut nihil sit in eorum conscientiâ de quo possint à Dæmone argui : ut devotè communicent, procurent celebrari Missas ad eorum intentionem, ut jejunent, eleemosynam dent, & alia bona opera faciant. Bonum etiam esset uti Exorcismis, Benedictionibus, & Orationibus ab Ecclesiâ institutis, & quibus utitur ad exorcisandum Diabolum, & ad impediendum ne noceat hominibus. Demùm magnum remedium est procurare, ut populus afflictus sit benè instructus, & sciat Mysteria & veritates Religionis, & omnes obligationes nostras, ad quas professio Christianitatis nos obligat, & christianè piéque vivant ; quia ubi Deus cognoscitur, adoratur, & fideliter servitur, Dæmon parùm habet potestatis, & superstitiones ibi non habent locum. Videatur Vallensis *jus Can. lib.* 3. *tit.* 30. §. 9. *de Paræciis & Parochianis*, ubi, multa & pœna civilis 100. aureorum, & capitalis criminalis statuitur in violantes sepulchra.

CHAPITRE LXII.

Remarques sur la Dissertation touchant l'Esprit revenu à S. Maur des Fossés.

LA Dissertation suivante sur l'Apparition arrivée à S. Maur près Paris en 1706. m'étoit entiérement inconnue. Un ami qui prenoit quelque part à mon ouvrage sur les Apparitions, me fit demander par lettres, si je trouverois bon qu'on la fît imprimer à la suite de mon écrit; j'y consentis sans peine, sur le témoignage qu'il me rendit que c'étoit l'ouvrage d'une main habile, & qui méritoit qu'on le préservât de l'oubli où il étoit tombé. J'ai appris depuis qu'elle étoit imprimée au quatriéme tome du Traité des superstitions du R. P. le Brun de l'Oratoire.

Après l'impression, un Religieux habile (a) m'écrit d'Amiens en Picardie, qu'il a remarqué dans cette Dissertation cinq ou six propositions qui lui paroissoient fausses.

(a) *Lettre du R. P. Richard, Dominicain d'Amiens, du 29 Juillet 1746.*

1°. Ce que dit l'Auteur, que tous les saints Docteurs conviennent qu'il ne reste aux Démons aucun moyen de nous tromper que la suggestion, que Dieu leur a laissée pour exercer notre vertu.

2°. A l'égard de tous ces prodiges & de ces maléfices si ordinaires, que le Peuple attribue au sortilege & au commerce avec le Démon, il est constant qu'on ne peut les opérer que par la Magie naturelle : c'est le sentiment de la plûpart des Peres de l'Eglise qui en ont parlé.

3°. Toute la part qu'ont les Démons dans les pratiques criminelles de ceux qu'on nomme communément Sorciers, est la suggestion, par laquelle ils les invitent à la recherche abominable de toutes les causes naturelles, qui peuvent nuire au prochain.

4°. Quoique ceux qui ont voulu soûtenir cette erreur populaire du retour des Ames du Purgatoire, ayent fait leurs efforts pour s'appuyer sur différens passages tirés de S. Augustin, de S. Jérôme, de S. Thomas, &c. il est constant que tous ces Peres ne parlent que du retour des ames bienheureuses, pour manifester la gloire de Dieu.

5°. De quoi ne peut-on pas croire

l'imagination capable, après une si forte preuve de son pouvoir? Peut-on douter, que parmi toutes les Apparitions prétendues qu'on raconte, elle n'opère seule toutes celles qui ne viennent pas des Anges & de ames bienheureuses, & qui ne sont pas de la malice des hommes?

6°. Après avoir suffisamment établi, que toutes les Apparitions qui ne peuvent pas être attribuées à des Anges ou à des ames bienheureuses, ne sont produites que par l'une de ces trois causes: premiérement, la force de l'imagination; secondement, l'extrême subtilité des sens; & troisiément, la dépravation des organes, tels qu'ils sont dans la folie & dans les fiévres chaudes.

Le Religieux qui m'écrit, soûtient que la premiére proposition est fausse; que les anciens Peres de l'Eglise attribuent au Démon la plûpart des effets extraordinaires qui se font par certains tons de voix, par des figures, des Fantômes; que les Exorcistes dans la primitive Eglise chassoient les Démons, de l'aveu même des Payens; que les Anges & les Démons ont souvent apparu aux hommes; que personne n'a parlé plus fortement des Apparitions, des Obsessions, & du pouvoir du Démon que les anciens Peres; que l'Eglise a toujours employé les Exorcismes sur les enfans présentés au Baptême, & contre les Obsédés & Possédés du Démon: ajoutez que l'Auteur de la Dissertation ne cite aucun Pere, pour appuyer sa proposition générale (a).

La seconde proposition est encore fausse: car si l'on doit attribuer à la Magie naturelle tout ce qu'on attribue aux Sorciers, il n'est donc plus de Sorciers proprement dits, & l'Eglise se trompe dans les priéres qu'elle fait contr'eux.

La troisiéme proposition est fausse par la même raison.

La quatriéme est encore plus fausse, & absolument contraire à saint Thomas, qui parlant des morts en général qui apparoissent, dit que cela arrive, ou par miracle, ou par une permission toute particuliére de Dieu, ou par l'opération des bons ou des mauvais Anges, 1. Partie, q. 89. articl. 8. ad 2.

La cinquiéme proposition est encore fausse & contraire aux Peres, au sentiment du commun des Fidéles & aux usages de l'Eglise. Si toutes les Apparitions qui ne viennent pas des Anges ou des Bienheureux, ou de la malice des hom-

(a) Voyez à ce sujet la lettre de M. le Marquis Maffei, qui suit.

mes, ne viennent que de l'imagination, que deviennent toutes les Apparitions des Démons racontées par les Saints, & arrivées aux Saints? Que deviennent en particulier les Histoires des Saints Solitaires, de S. Antoine, de S. Hilarion (a), &c. Que deviennent les priéres & les cérémonies de l'Eglise contre les Démons, qui obsédent, qui possédent, qui infestent qui apparoissent souvent dans les Obsessions, les Possessions & infestations?

La sixiéme proposition est fausse par les mêmes raisons, & par beaucoup d'autres qu'on pourroit ajouter.

Voilà, ajoute le R. P. qui m'écrit, ce qui me fait douter si la troisiéme Dissertation a été ajoutée aux deux autres de votre aveu. J'ai soupçonné que l'Imprimeur de son chef, ou persuadé par des gens mal-intentionnés, auroit bien pû l'avoir ajoutée de lui-même, & sans votre participation, quoique sous votre nom : car, me disois-je à moi même, ou le R. P. approuve cette Dissertation, ou il ne l'approuve pas ; il paroît qu'il l'approuve, puisqu'il dit qu'elle vient d'une main habile, & qu'il veut la préserver de l'oubli.

(a) L'Auteur a prévenu cette objection dès le commencement de sa Dissertation.

Or comment approuve-t-il une Dissertation fausse en elle-même, contraire à lui-même? Quand il ne l'approuveroit pas, n'est-ce pas trop que d'unir à son ouvrage une méchante piéce remplie de mensonges, de déguisemens, de raisonnemens faux & foibles, opposée à la créance commune, aux usages & aux priéres de l'Eglise, dangereuse par conséquent, & tout-à-fait favorable aux Esprits forts & incrédules, dont le siécle est rempli? Ne devoit-il pas plutôt la combattre, & en montrer la foiblesse, la fausseté, les dangers? Voilà, mon R. P. toute ma difficulté.

D'autres personnes m'ont fait dire, qu'ils auroient souhaité que je traitasse la matiére des Apparitions dans le goût de l'Auteur de cette Dissertation, c'est-à-dire, en pur Philosophe, & dans la vûe d'en détruire la créance & la réalité, plutôt que dans le dessein d'appuyer la créance des Apparitions si bien marquées dans les Ecritures de l'Ancien & du Nouveau Testament, dans les Peres, & dans les usages & priéres de l'Eglise. L'Auteur dont nous parlons a cité les Peres, mais en général, & sans en marquer les témoignages & les passages exprés & formels; je ne sçai s'il en fait grand cas, & s'il est fort versé dans leur lecture : cela ne paroit guére par son ouvrage.

Le grand principe sur lequel roule toute cette troisiéme Dissertation, est que depuis la venuë & la mort de Jesus-Christ, tout le pouvoir du Démon est borné à séduire, à inspirer & à persuader le mal ; mais que pour le reste, il est lié comme un lion ou un chien dans sa prison : il peut aboyer, il peut menacer ; mais il ne peut pas mordre, à moins qu'on ne veuille s'approcher de lui, & se livrer à lui, comme l'a dit véritablement saint Augustin (a), *mordere omninò non potest nisi volentem.*

Mais prétendre que Satan ne peut pas nuire, ni à la santé de l'homme & des animaux, ni aux fruits de la terre, ni nous attaquer par ses ruses, sa malice, sa fureur contre nous, ni tourmenter les personnes qu'il obséde, ou qu'il posséde ; que les Magiciens & les Sorciers ne peuvent user de sortiléges & de charmes, pour causer aux hommes & aux animaux des maladies mortelles, & la mort même : c'est attaquer directement la Foi de l'Eglise, les saintes Ecritures, les Pratiques les plus sacrées, & les sen-

(a) *Aug. Serm. de temp.* 197.

timens non seulement des Saints Peres & des meilleurs Théologiens, mais aussi les Loix & les Ordonnances des Princes, & les Arrêts des Parlemens les plus respectables.

Je ne citerai point ici les exemples tirés de l'Ancien Testament, l'Auteur s'étant borné à ce qui s'est passé depuis la mort & la résurrection du Sauveur, parce que, dit-il, Jesus-Christ a détruit le Royaume de Satan, & que le Prince du monde est déja jugé: *Princeps hujus mundi jam judicatus est* (*a*).

S. Pierre, S. Paul, S. Jean & les Evangélistes bien instruits des paroles du Fils de Dieu, & du sens qu'on leur doit donner, nous enseignent que Satan a demandé les Apôtres de Jesus-Christ, pour les cribler comme on crible le froment (*b*), c'est-à-dire, pour les éprouver par les persécutions, & les faire renoncer à la Foi. S. Paul ne se plaint-il pas de *l'Ange de Satan* qui lui donna des soufflets (*c*) ? Ceux qu'il livra à Satan pour leurs crimes (*d*) ne souffrirent-ils rien dans leurs corps ? Ceux qui communioient indignement, & qui étoient

(*a*) Joan. xvj. 11.
(*b*) Luc. xxij. 3. 8.
(*c*) II. Cor. xj. 7.
(*d*) I. Tim. j. 2.

frappés de maladies ou même de mort, ne souffroient-ils pas ces châtimens par l'opération du Démon (*a*) ? L'Apôtre avertit les Corinthiens de ne se pas laisser surprendre par Satan, qui se transfigure quelquefois en Ange de lumiére (*b*). Le même Apôtre parlant aux Thessaloniciens, leur dit, que l'Antechrist paroîtra avant le dernier jour (*c*) *selon l'opération de Satan, par un pouvoir extraordinaire, par des prodiges & des signes trompeurs.* Dans l'Apocalypse, le Démon est l'instrument dont Dieu se sert pour punir les mortels, & pour leur faire boire le calice de sa colére. S. Pierre (*d*) ne nous dit-il pas, que le Démon rode autour de nous comme un lion rugissant, toujours prêt à nous dévorer; & S. Paul aux Ephésiens (*e*), *que nous avons à combattre, non contre des hommes de chair & de sang, mais contre les Principautés, & contre les Puissances, contre les Princes du monde, c'est-à-dire, de ce siécle ténébreux, contre les Esprits de malice répandus en l'air ?*

(*a*) I. Cor. xj. 30.

(*b*) II. Cor. II. 11. & xj. 14.

(*c*) II. ad Thess. II.

(*d*) I. Pet. v. 8.

(*e*) Ephes. vj. 12.

Les Peres des premiers siécles parlent souvent du pouvoir que les Chrétiens exerçoient contre les Démons, contre ceux qui se disoient remplis de l'Esprit de Python, contre les Magiciens & les autres suppôts du Démon, principalement contre les Possédés qui étoient alors assez fréquens, & que l'on a vûs encore de tems en tems dans l'Eglise & hors de l'Eglise; on a toujours employé contr'eux, & avec succès, les Exorcismes & les autres priéres de l'Eglise. Les Empereurs & les Rois ont employé leur autorité & la rigueur des Loix contre ceux qui se sont dévoués aux Démons, & qui ont usé de sortiléges, de charmes, & des autres moyens que le Démon emploie pour séduire, pour faire périr les hommes, les animaux, ou les fruits de la campagne.

On pourroit ajouter aux remarques du R. P. Dominicain diverses autres propositions tirées du même ouvrage; par exemple, ce que dit l'Auteur, « que les Anges connoissent toutes les choses d'ici-bas: car si c'est par le moyen des espéces que Dieu leur communique tous les jours, comme le croit S. Augustin, il n'y a pas lieu de croire qu'ils ne connoissent tous les besoins des hommes, & qu'ils ne puissent

« pour les consoler & les fortifier, se
» rendre sensibles à eux par la permis-
» sion de Dieu, sans en recevoir toujours
» un ordre exprès ».

Cette proposition est hazardée; il n'est pas certain que les Anges connoissent toutes les choses d'ici-bas. Jesus-Christ dans S. Matthieu xxiv. 36. dit, que les Anges ne savent pas le jour de son avenement. Il est encore plus douteux que les Anges puissent apparoître sans un ordre exprès de Dieu, & que saint Augustin l'ait ainsi enseigné.

Il dit un peu après, » que les Dé-
» mons ont souvent apparu avant J. C.
» sous des figures phantastiques, qu'ils pre-
» noient de la même manière que les pren-
» nent les Anges, c'est-à-dire, sous des
» corps aëriens qu'ils organisoient; au-
» lieu qu'à présent, & depuis la venue
» de Jesus-Christ, les prodiges & les ma-
» léfices si ordinaires, que le Peuple
» attribuoit au sortilége & au commerce
» avec les Démons, il est constant, qu'ils
» ne peuvent être opérés que par la
» Magie naturelle, qui est la connois-
» sance des effets secrets par des causes
» naturelles, & plusieurs par la seule
» subtilité de l'art: c'est le sentiment de
» la plûpart des Peres qui en ont parlé.

Cette proposition est fausse, & contraire à la doctrine & à la pratique de l'Eglise ; & il n'est pas vrai que ce soit le sentiment de la plûpart des Peres, il auroit dû en citer quelques-uns (a).

Il dit que le livre de Job & le » Cantique d'Ezéchias sont remplis de » témoignages, que le Saint-Esprit sem- » ble nous avoir voulu donner, que nos » Ames ne peuvent revenir sur la terre » après notre mort, jusqu'à ce que Dieu » en ait fait des Anges. »

Il est vrai que les saintes Ecritures parlent de la résurrection & du retour des Ames dans leurs corps comme d'une chose impossible selon le cours naturel. L'homme ne peut ni se ressusciter, ni ressusciter son semblable, sans un effet de la Toute-Puissance de Dieu. Les Ames des Trépassés ne peuvent pas non plus apparoître aux vivans sans l'ordre ou la permission de Dieu. Mais il est faux de dire, *que Dieu fasse de nos Ames des Anges, & qu'alors elles pourront apparoître aux vivans.* Nos Ames ne deviendront jamais Anges ; mais J. C. nous dit qu'après notre mort nos Ames seront comme les Anges de Dieu, *Matth.* XXII. 30. c'est-à-dire, spirituelles, incorporelles, immortelles, & exemptes

(a) Ils sont cités dans la Lettre de M. le Marquis Maffei.

de toutes les foiblesses & des besoins de la vie présente ; mais il ne dit pas, que nos Ames doivent devenir Anges.

» Il avance que ce qu'a dit J. C.
» que les *Esprits n'ont ni chair, ni os*,
» loin de faire croire que les Esprits
» puissent revenir, prouve au contraire
» évidemment qu'ils ne peuvent sans mi-
» racle se rendre sensibles aux hommes ;
» puisqu'il faut absolument une substan-
» ce corporelle & des organes pour se
» faire entendre, ce qui ne convient
» pas aux Ames qui ne peuvent na-
» turellement être soumises à nos sens «.

Cela n'est pas plus impossible, que ce qu'il a dit ci-devant des Apparitions des Anges, puisque nos Ames après la mort du corps *sont semblables aux Anges*, selon l'Evangile : il reconnoît lui-même avec S. Jérôme contre Vigilance, que les Saints qui sont dans le Ciel apparoissent quelquefois visiblement aux hommes.

D'où vient que les animaux ont aussi
» bien que nous la mémoire, mais non
» pas les réflexions qui l'accompagnent,
» qui ne partent que de l'Ame qu'ils
» n'ont pas ?

La mémoire n'est-elle pas la réflexion sur ce que l'on a vû, fait, ou ouï ; &

dans les animaux la mémoire n'est-elle pas suivie de la réflexion (a), puisqu'ils se vengent de ceux qui leur ont fait du mal, qu'ils évitent ce qui les a incommodés, qu'ils prévoient ce qui peut leur en arriver, s'ils tombent dans les mêmes fautes, &c.

Après avoir parlé de la Palingénésie naturelle, il conclut: « Ainsi l'on voit combien
» il y a peu de raison de les attribuer
» au retour des Ames, ou aux Démons,
» comme ont fait quelques ignorans. »

Si ceux qui opèrent les merveilles de la Palingénésie naturelle, & qui admettent le retour naturel des Fantômes dans les cimetieres & dans les champs de bataille, ce que je ne crois point qui arrive naturellement, montroient que ces Fantômes parlent, agissent, se meuvent, annoncent l'avenir, & font ce qu'on rapporte du retour des Ames ou des autres Apparitions, soit des bons, soit des mauvais Anges, on pourroit conclure qu'il n'y a point de raison de les attri-

---

(a) L'Auteur, comme on le voit, n'est pas Cartésien, puisqu'il donne aux animaux même de la réflexion. Mais s'ils reflechissent, ils choisissent ; d'où il suit conséquemment qu'ils sont libres.

tribuer aux Ames, aux Anges, & aux Démons; mais 1°. on n'a jamais pû faire paroître le Fantôme d'un homme mort par aucun secret de l'art. 2°. Quand on auroit pû susciter son ombre, on ne lui auroit jamais inspiré la pensée, ni le raisonnement, comme on voit que les Ames, les Anges & les Démons qui apparoissent, raisonnent & agissent, comme intelligens & doués de connoissance du passé, du présent, & quelquefois de l'avenir.

Il nie que les Ames du Purgatoire reviennent: car si elles pouvoient revenir « il n'y auroit personne qui
» ne reçût de pareilles visites de
» la part de ses parens & ses amis,
» puisque toutes les Ames seroient
» dans la même disposition. Il y a bien
» de l'apparence, dit-il, que Dieu leur
» accorderoit la même permission; & si
» elles avoient cette permission, toutes
» les personnes de bon sens ne comprennent
» pas pourquoi elles accompagneroient
» toutes leurs Apparitions de tou-
» tes les folies, dont on les circonstan-
» cie dans les Histoires. »

On peut répondre, que le retour des Ames ne peut dépendre ni de leur disposition, ni de leur volonté, mais de la volonté de Dieu, qui accorde cette permiſſion à qui il veut, quand il veut, & comme il veut.

Le mauvais Riche demanda le retour de Lazare au monde (a) pour avertir ſes freres de ne pas tomber dans le même malheur que lui ; mais il ne put l'obtenir. Il y a une infinité d'Ames dans le même cas & dans la même diſpoſition, qui ne peuvent obtenir la permiſſion de revenir, ni par elles-mêmes, ni par d'autres (b).

Si l'on a accompagné certains récits du retour des Ames de quelques circonſtances peu ſérieuſes, cela ne fait rien contre la vérité de la choſe ; pour une relation imprudemment embellie par des circonſtances peu certaines, il y en a mille d'écrites très-ſenſément, très-ſérieuſement, & d'une maniére très-conforme à la vérité.

Il ſoûtient que toutes les Apparitions qui ne peuvent pas être attribuées à des Anges ou à des Ames bienheureuſes, ne ſont produites que par l'une de ces trois cauſes ; la force de l'imagination, l'extrême ſubtilité des ſens, & la dépravation des organes, tels qu'ils ſont

(a) *Luc xiij* 13. 14.
(b) D'où l'Auteur l'a t'il appris

dans la folie & dans les fiévres chaudes.

Cette proposition est téméraire, & a été réfutée ci-devant par le R. P. Richard.

L'Auteur raconte tout ce qu'il a dit de l'Esprit de S. Maur, en réduisant le mouvement du lit fait en présence des trois personnes bien éveillées, les cris redoublés d'une personne qu'on ne voyoit pas, d'une porte bien vérouillée, des coups redoublés donnés sur les murailles des vitres poussées avec violence en présence de trois personnes sans qu'on vît l'auteur de ce mouvement; il réduit tout cela au dérangement de l'imagination, à la subtilité de l'air, aux vapeurs causées dans le cerveau d'un malade. Que ne nioit-il tous ces faits? Pourquoi se donnoit-il la peine de composer avec tant de soin une Dissertation pour expliquer un Phénoméne qui, selon lui, n'a ni vérité ni réalité?

Pour moi, je suis bien aise d'avertir le Public, que je n'adopte ni n'approuve la Dissertation de l'Anonyme, que je ne l'ai jamais vûe que depuis l'impression, que je n'en connois point l'Auteur, que je n'y prends nulle part, & n'ai nul intérêt à la défendre. Si la matiére des Apparitions étoit purement philosophique, & qu'on pût sans donner atteinte à la religion la réduire en problême, je m'y serois pris autrement pour la détruire, & j'aurois donné essor à mon raisonnement & à mon imagination.

CHAPITRE LXIII.

DISSERTATION D'UN ANONYME,

Sur ce qu'on doit penser de l'Apparition des Esprits, à l'occasion de l'aventure arrivée à S. Maur en 1706.

Vous m'avez prévenu, Monsieur, au sujet de l'Esprit de S. Maur qui fait tant de bruit à Paris: car j'étois dans la résolution de vous envoyer un petit détail de cet évenement, afin que vous me fissiez part de vos réflexions sur une matière si délicate, & qui intéresse si fort tout le Public. Mais puisque vous avez lû la relation, je ne puis comprendre que vous ayez hésité un moment à vous déterminer sur ce que vous en deviez penser. Ce que vous me faites l'honneur de me dire, que vous avez suspendu votre jugement jusqu'à ce que je vous eusse fait part du mien, m'est trop glorieux pour que je puisse me le persuader. & je trouve plus d'apparence à croire, que c'est un tour que vous me voulez jouer, pour voir de quelle maniére je me tirerai d'un pas si glissant. Cependant je ne puis résister aux priéres ou plutôt aux ordres dont est remplie votre lettre ; & j'aime mieux m'exposer aux plaisanteries des Esprits forts, ou aux reproches des crédules, qu'à la colére des personnes dont vous me menacez.

Vous demandez si je crois qu'il revienne des Esprits, & si le fait arrivé à S. Maur peut être attribué à quelqu'une de ces substances incorporelles.

Pour répondre à vos deux questions dans le même ordre que vous me les proposez, je vous dirai d'abord, que les anciens Payens reconnoissoient plusieurs sortes d'Esprits, qu'ils nommoient *Lares, Lamies, Larves, Lemures, Genies, Manes*.

Pour nous, sans nous arrêter à la folie de nos Philosophes cabalistes, qui imaginent des Esprits dans tous les Elemens, appellant *Sylphes* ceux qu'ils prétendent habiter dans l'air, *Gnômes* ceux qu'ils feignent être dans la terre, *On-*

dains ceux de l'eau, & *Salamandres* ceux du feu; nous ne reconnoissons que trois sortes d'Esprits créés, savoir les Anges, les Démons, & les Ames que Dieu a unies à nos corps, & qui en sont séparées par la mort.

L'Ecriture sainte parle en trop d'endroits des Apparitions des Anges à Abraham, à Jacob, à Tobie, & à plusieurs autres saints Patriarches & Prophétes, pour que nous en puissions douter. D'ailleurs comme leur nom signifie leur ministére, étant créés de Dieu pour être ses Messagers & les Exécuteurs de ses ordres, il est aisé de croire qu'ils ont souvent apparu visiblement aux hommes, pour leur annoncer les volontés du Tout-Puissant. Presque tous les Théologiens conviennent, que les Anges apparoissent sous des corps aëriens dont ils se revêtissent.

Pour faire comprendre de quelle maniére ils prennent & se pétrissent ces corps pour se rendre visibles aux hommes, & s'en faire entendre, il faut d'abord expliquer comment se fait la vision, qui n'est que le rapport de l'espéce dans l'organe de la vûe. Cette espéce est le rayon de la lumiére rompu & modifié sur un corps, sur lequel formant différens angles, cette lumiére se convertit en couleurs. Car un angle de certaine maniére fait du rouge, un autre du verd, du bleu ou du jaune, & ainsi de toutes les couleurs, comme nous les appercevons dans le verre triangulaire, sur lequel le rayon du Soleil réfléchi forme les différentes couleurs de l'Arc-en Ciel; l'espéce visible n'est donc autre chose que le rayon de la lumiére, qui rejaillit depuis l'objet sur lequel il s'est rompu jusques dans l'œil.

Or la lumiére ne tombe, que sur trois sortes d'objets ou de corps, dont les uns sont diaphanes, les autres opaques, & les autres participent des deux qualités, étant en partie diaphanes, & en partie opaques. Lorsque la lumiére tombe sur un corps diaphane qui est rempli d'une infinité de petits pores, comme l'air, elle passe au travers, & ne fait point de réflexion. Lorsque la lumiére tombe sur un corps entiérement opaque, comme est une fleur, ne pouvant le pénétrer, son rayon se réfléchit dessus & retourne de la fleur à l'œil, où elle porte l'espéce, & fait distinguer les couleurs, selon les angles formés par cette réflexion. Si le corps sur lequel tombe la lumiére est en partie opaque & en partie diaphane,

phane, comme est le verre, elle passe au travers par le diaphane, c'est-à-dire, par les pores du verre qu'elle pénétre, & fait reflexion sur les parties opaques, c'est-à-dire qui ne sont pas poreuses Ainsi l'air est invisible, parce qu'il est absolument pénétré par la lumiére. La fleur renvoie à l'œil une couleur, parce qu'étant impénétrable à la lumiére, elle l'oblige de réfléchir ; & le verre n'est visible, que parce qu'il contient quelques parties opaques, qui selon la diversité des angles que forme le rayon de la lumiére qui donne dessus, réfléchit différentes couleurs.

Voilà la maniére dont se forme la vision, desorte que l'air étant invisible à cause de sa grande diaphanéité, un Ange ne peut s'en revêtir & se faire voir, qu'en épaississant tellement l'air, que de diaphane il le rende opaque, & capable de réfléchir le rayon de la lumiére jusqu'à l'œil de celui qui l'apperçoit. Or comme les Anges ont des connoissances & des puissances bien au-delà de ce que nous pouvons imaginer, il ne faut pas s'étonner s'ils peuvent se former des corps aëriens, qui seront visibles par l'opacité qu'ils leur donneront. A l'égard des organes nécessaires à ces corps aëriens pour former des sons, & se faire entendre, sans avoir recours à la disposition de la matiére, il les faut attribuer entiérement au miracle.

C'est ainsi que les Anges ont apparu aux saints Patriarches. C'est ainsi que les Ames glorieuses qui participent à la nature des Anges, se peuvent revêtir d'un corps aërien pour se rendre visibles, & que les Démons mêmes peuvent en épaississant & condensant l'air, s'en former des corps pour se rendre visibles aux hommes par une permission toute particuliére de Dieu, & pour accomplir les secrets de sa Providence ; comme on dit qu'ils ont apparu à S. Antoine le solitaire, & à d'autres Saints pour les tenter.

Pardonnez-moi, Monsieur, cette petite digression physique, dont je n'ai pû me dispenser pour faire comprendre la maniére dont les Anges, qui sont des substances purement spirituelles, peuvent tomber sous nos sens charnels.

La seule chose dont les saints Docteurs ne sont point d'accord sur ce sujet, c'est de sçavoir si les Anges apparoissent aux hommes de leur propre mouvement, ou s'ils ne le peuvent faire que par un ordre exprès de Dieu? Il me semble que rien ne peut mieux contribuer à décider cette difficulté, que de déterminer la maniére dont les Anges connoissent toutes les choses d'ici-bas : car si c'est par le moyen des espéces que Dieu leur communique tous les jours, comme le croit S. Augustin, il n'y a pas lieu de douter qu'ils ne connoissent tous les besoins des hommes, & qu'ils ne puissent pour les consoler & les fortifier se rendre sensibles à eux par la permission de Dieu, sans en recevoir toujours un ordre exprès : ce qu'on peut conclure de ce que dit S. Ambroise au sujet de l'Apparition des Anges, que leur nature les rend invisibles, & que leur volonté les rend visibles; *hujus naturæ est non videri, voluntatis, videri (a).*

Pour ce qui est des Démons, il est certain que leur pouvoir étoit bien grand avant la venue de J. C. puisqu'il les nomme lui-même *les Puissances des ténébres, & les Princes du monde.* On ne peut douter qu'ils n'ayent long-tems trompé les hommes par les prodiges qu'ils faisoient opérer à ceux qui se dévouoient plus particuliérement à eux ; que plusieurs Oracles n'ayent été un effet de leur puissance & de leurs connoissances, quoi qu'une partie se doive attribuer à la subtilité des hommes ; & qu'ils n'ayent

(a) *S. Ambroise, Com. sur S. Luc, 1. c. 1.*

apparu sous des figures phantastiques, qu'ils prenoient de la même manière que les prennent les Anges, c'est à-dire, sous des corps aëriens qu'ils organisoient. L'Ecriture sainte nous assure même, qu'ils s'emparoient des corps de personnes vivantes. Mais J. C. dit trop précisément, qu'il a détruit l'empire des Démons & nous a affranchis de leur tyrannie, pour qu'on puisse raisonnablement penser qu'ils ayent encore sur nous la puissance qu'ils avoient autrefois, jusqu'à opérer des choses qui paroissoient miraculeuses ; comme on le raconte de cette Vestale, qui porta de l'eau dans un crible pour prouver sa virginité, & de celle qui avec sa simple ceinture fit remonter sur le Tibre un bateau qui étoit tellement engravé, que toute la force humaine ne le pouvoit ébranler : presque tous les Saints Docteurs conviennent, qu'il ne leur reste d'autre moyen de nous tromper, que par la suggestion que Dieu leur a voulu laisser pour exercer notre vertu.

Je ne m'amuserai point à combattre toutes les impostures qu'on a publiées des Démons incubes & succubes, dont quelques Auteurs ont sali leurs écrits, non plus qu'à répondre aux prétendues Possessions des filles de Loudun, & de Marthe Broffier (a), qui ont fait tant de bruit à Paris au commencement du dernier siécle, parce que plusieurs Savans qui nous ont donné leurs réflexions sur ces aventures, ont assez fait voir que les Démons n'y ont eu aucune part; & la derniére sur-tout est parfaitement détruite par le rapport de Marescot célébre Médecin, qui fut député par la Faculté de Théologie, pour examiner cette fille qui faisoit tant de merveilles. Voici ses propres paroles, qui peuvent servir d'une réponse générale à toutes ces sortes d'aventures: *à naturâ multa, plura ficta, à Dæmone nulla.* C'est-à-dire que le tempérament de Marthe Broffier qui étoit apparemment fort mélancolique & hypocondriaque, contribuoit beaucoup à ses Enthousiasmes, qu'elle en feignoit encore plus, & que le Démon n'y avoit aucune part.

(a) Marthe Broffier fille d'un Tisserand de Romorantin fut produite comme Démoniaque en 1578. Voyez à ce sujet l'Histoire de M. de Thou livre cxxiii. & le tom V. du Journal de Henri III. Edition de 1744 page 206. &c. L'affaire de Loudun parut sous Louis XIII. & l'on accusa le Cardinal de Richelieu d'avoir fait jouer cette Tragédie pour perdre Urbain Grandier Curé de Loudun, pour avoir écrit une Satyre sanglante contre lui.

Si quelques Peres, comme S. Thomas, croyent que les Démons opérent quelquefois des effets sensibles, ils ajoutent toujours que ce ne peut être que par une permission toute particuliére de Dieu, pour sa gloire & le salut des Hommes.

A l'égard de tous ces prodiges & de ces maléfices si ordinaires, que le Peuple attribue aux Sortiléges ou au commerce avec les Démons, il est constant qu'ils ne peuvent être opérés que par la Magie naturelle qui est la connoissance des effets secrets des causes naturelles, & plusieurs par la seule subtilité de l'art. C'est le sentiment de la plûpart des Peres de l'Eglise qui en ont parlé; & sans en chercher des témoignages dans les Auteurs du Paganisme, comme Xenophon, Athénée & Pline, dont les ouvrages sont remplis d'une infinité de merveilles toutes naturelles, nous voyons de notre tems des effets si surprenans de la nature, comme ceux de l'aiman, de l'acier, du mercure, que nous les attribuerions aux Sortiléges comme ont fait les Anciens, si nous n'en avions des démonstrations toutes sensibles. Nous voyons aussi des bâteleurs & joueurs de gibeciere faire des choses si extraordinaires, & qui semblent si opposées à la nature, que nous regarderions ces charlatans comme des Magiciens, si nous ne sçavions par expérience, que leur seule adresse jointe à la force de l'habitude leur fait opérer tant de choses, qui nous paroissent merveilleuses.

Toute la part qu'ont les Démons dans les pratiques criminelles de ceux qu'on nomme communément des Sorciers, est la suggestion, par laquelle ils les invitent à la recherche abominable de toutes les causes naturelles qui peuvent nuire au prochain.

Me voici enfin, Monsieur, au point le plus délicat de votre question, qui est de sçavoir si nos Ames peuvent revenir sur la terre, après qu'elles sont séparées de nos corps.

Comme les anciens Philosophes erroient si fort sur la nature des Ames, les uns croyant que ce n'étoit qu'un feu qui nous animoit, les autres un air subtil, & d'autres assurant que ce n'étoit rien autre chose que le bon arrangement de toute la machine du corps, ce qui n'étoit point à admettre, non plus que dans les bêtes; il ne faut pas s'étonner qu'ils ayent eû des idées si grossières sur leur état après la mort.

L'erreur des Grecs, qu'ils ont communiquée aux Romains, & ceux-ci à nos anciens Gaulois, étoit que les Ames dont les corps n'étoient pas solennellement ensévelis par le ministére des Prêtres de la Religion, erroient hors des enfers sans trouver de repos, jusqu'à ce qu'on eût brûlé leurs corps & recueilli leurs cendres. Homére fait apparoître Patrocle tué par Hector à son ami Achille pendant la nuit, pour lui demander la sépulture, sans laquelle il est privé, dit-il, de la douceur de passer le fleuve Acheron. Il n'y avoit que les Ames de ceux qui avoient été noyés, qu'ils croyoient ne pouvoir revenir après leur mort; dont l'on trouve une plaisante raison dans Servius interpréte de Virgile, qui dit que la plûpart des Sçavans du tems de Virgile, & Virgile lui-même, croyant que l'Ame n'étoit autre chose qu'un feu qui anime & fait agir le corps; ils étoient persuadés que le feu étoit entiérement éteint par l'eau, comme si le matériel pouvoit agir sur le spirituel. Virgile explique clairement son sentiment au sujet des Ames dans ces vers:

Igneus est ollis vigor & cœlestis origo.
Et peu a près --- *to•os infusa per artus*
Mens agitat molem,& toto se corpore miscet;

pour marquer l'Ame univerfelle du monde, qu'il croyoit avec la plûpart des Philofophes de fon tems.

C'étoit encore une erreur commune parmi les Payens, de croire que les Ames de ceux qui étoient morts avant leur jufte âge, qu'ils mettoient à l'extrémité de la croiffance, erroient vagabondes jufqu'à ce que le tems fût venu auquel elles devoient naturellement être féparées de leurs corps. Platon plus pénétrant & mieux inftruit que les autres, quoique dans l'erreur comme eux, difoit que les Ames des Juftes qui avoient fuivi la vertu montoient au Ciel, & que celles qui avoient été impies, retenant encore la contagion de la matiére terreftre du corps, erroient fans ceffe autour des fépulchres, apparoiffant comme des Ombres & des Fantômes.

Pour nous à qui la Religion apprend, que nos Ames font des fubftances fpirituelles créées de Dieu, & unies pour quelque tems à des corps, nous favons qu'il y a pour elles après la mort trois différens états.

Celles qui jouiffent de la béatitude éternelle, toutes abîmées, comme parlent les faints Docteurs, dans la contemplation de la gloire de Dieu, ne laissent pas de s'intéresser encore à ce qui regarde les hommes, dont elles ont éprouvé les miséres ; & comme elles sont parvenues au bonheur des Anges, tous les Ecrivains sacrés leur attribuent le même privilége, de pouvoir sous des corps aëriens se rendre visibles à leurs Freres qui sont encore sur la terre, pour les consoler, & leur apprendre les volontés divines, & ils nous en rapportent plusieurs Apparitions qui sont toujours arrivées par une permission particuliére de Dieu.

Les Ames que l'abomination de leurs crimes a plongées dans ce gouffre de tourmens que l'Ecriture appelle Enfer, étant condamnées à y être éternellement retenues, sans pouvoir espérer aucun soulagement, n'ont garde d'avoir la permission de venir parler aux hommes sous des corps phantastiques. L'Ecriture nous marque assez l'impossibilité de ce retour par le discours qu'elle met dans la bouche du mauvais Riche dans l'Enfer, qu'elle introduit parlant à Abraham : il ne demande pas la permission d'aller lui-même avertir ses freres qui sont sur la terre, d'éviter les tourmens qu'il souffre, parce qu'il sait que cela n'est pas possible ; mais il prie Abraham d'y envoyer le Lazare qui étoit dans la gloire ; & pour marquer en passant combien les Apparitions des Ames bien-heureuses & des Anges sont rares, Abraham lui répond, que cela seroit inutile, puisque ceux qui sont sur la terre ont des Prophétes & une Loi, qu'ils n'ont qu'à suivre.

L'Histoire du Chanoine de Reims dans l'onziéme siécle, qui au milieu du service solennel qu'on faisoit pour le repos de son Ame, parla hautement, & dit qu'il étoit jugé & condamné, a été réfutée par tant (a) de Sçavans, qui ont fait remarquer visiblement la supposition de ce fait qui ne se trouve dans aucun Auteur contemporain, que je ne pense pas qu'aucune personne éclairée me la puisse objecter. Mais quand elle seroit aussi incontestable qu'elle est apocryphe, il me seroit aisé de répondre, que la conversion de S. Bruno qui a fait gagner tant d'Ames à Dieu, étoit un assez grand motif pour donner lieu à la divine Providence de faire un miracle aussi éclatant.

(a) M. de Launoy en a fait une Dissertation particuliére, de causâ secessûs S. Brunonis, où il réfute solidement cette fable. Cependant cet évenement se trouve peint dans les beaux Tableaux du petit Cloître des Chartreux de Paris.

Il me reste à examiner si les Ames qui sont dans le Purgatoire, où elles expient le reste de leurs crimes avant de passer au séjour bienheureux, peuvent venir converser avec les hommes, & leur demander des priéres pour leur soulagement.

Quoique ceux qui ont voulu soutenir cette erreur populaire, ayent fait leurs efforts pour l'appuyer sur différens passages tirés de S. Augustin, de S. Jerôme, & de S. Thomas, il est constant que tous ces Peres ne parlent que du retour des Ames bien-heureuses pour manifester la gloire de Dieu, & que S. Augustin dit précisément, que s'il étoit possible que les Ames des morts apparussent aux hommes, il n'y auroit point de jour qu'il ne fût visité de sa Mere Monique.

Tertullien dans son traité de l'Ame se moque de ceux de son tems qui croyoient les Apparitions. S. Jean Chrisostome parlant au sujet de Lazare, les nie formellement, aussi bien que le Glossateur du Droit Canon Jean Andreas, qui appelle Fantômes de l'imagination malade & vaines Apparitions ce qu'on publie des Ames qu'on croit voir ou entendre. Le septiéme Chapitre de Job & le Cantique du Roi Ezéchias rapporté au Chapitre 38 d'Isaïe, sont tous remplis de témoignages que le S. Esprit semble nous avoir voulu donner de cette vérité, que nos Ames ne peuvent revenir sur la terre après notre mort, jusqu'à ce que Dieu en ait fait des Anges.

Mais pour mieux l'établir encore, il faut répondre aux plus fortes objections de ceux qui la combattent. Ils rapportent le sentiment des Juifs, qu'ils prétendent prouver par le témoignage de Josephe & des Rabins; les paroles de J. C. à ses Apôtres, lorsqu'il leur apparut après sa Résurrection; l'autorité du Concile (a) Eliberitain; quelques passages de S. Jerôme dans son traité contre Vigilance; des Arrêts rendus en différens Parlemens, par lesquels les baux de plusieurs maisons ont été résolus à cause des Esprits qui y revenoient journellement & tourmentoient les Locataires; enfin un nombre infini d'exemples qui sont répandus dans toutes les Histoires.

Pour détruire en peu de mots toutes ces autorités, je dis d'abord, qu'on ne

(a) Concile Eliberit, An. 305. ou 313. dans le Royaume de Grenade. D'autres ont crû que c'étoit Collioure dans le Roussillon, mais à tort.

peut pas conclure que les Juifs crussent le retour des Ames après la mort, de ce que Josephe assure que l'Esprit que la Pythonisse fit apparoître à Saül, étoit le véritable esprit de Samüel : car outre que la sainteté de ce Prophète l'avoit mis au nombre des bienheureux, il y a dans cette Apparition des circonstances, qui font que la plûpart des saints Docteurs (a) ont douté, que ce fût l'Esprit de Samuel, croyant que ce pouvoit être un prestige dont la Pythonisse trompoit Saül, & lui faisoit croire qu'il voyoit ce qu'il avoit envie de voir.

Ce que plusieurs Rabins (b) rapportent des Patriarches, des Prophétes & des Rois qu'ils ont vûs sur la montagne de Garisim, ne prouve pas non plus que les Juifs crussent que les Ames des morts pouvoient revenir, puisqu'outre que ce n'étoit qu'une vision procédant de l'esprit extasié qui croyoit voir ce qu'il ne voyoit pas véritablement, tous ceux qui composoient cette Apparition étoient des personnes de la sain-

(a) Jesus fils de Sirac Auteur de l'Ecclésiastique croit cette Apparition véritable. Eccli. xlvj. 23.
(b) Je ne sçai d'où cet Auteur a pris cette Histoire.

REVENANS EN CORPS. 351

eté desquelles les Juifs étoient persuadés. Ce que dit J. C. à ses Apôtres, que les Esprits n'ont *ni chair, ni os*, loin de faire croire que les Esprits puissent revenir, prouve au contraire évidemment, qu'ils ne peuvent sans miracle se rendre sensibles aux hommes, puisqu'il faut absolument une substance corporelle & des organes pour se faire entendre; ce qui ne convient point aux Ames, qui étant des substances pures & exemptes de toute matiére, sont invisibles, & ne peuvent naturellement être soumises à nos sens.

Le Concile Provincial Eliberitain tenu en Espagne sous le Pontificat de Sylvestre I. lequel défend d'allumer de jour des cierges dans les cimetiéres des Martyrs, ajoutant pour raison, qu'il ne faut pas inquiéter les esprits des Saints, n'est d'aucune considération; parce qu'outre que ces paroles sont sujettes à différentes interprétations, & peuvent même avoir été inférées par un Copiste, comme le croyent quelques Sçavans, elles ne regardent que les Martyrs, dont on ne peut pas douter, que les Ames ne soient bienheureuses.

Je réponds la même chose au passage de S. Jérôme; parce que combattant l'Hérésiarque Vigilance, qui traitoit d'illusions tous les miracles qui se faisoient aux tombeaux des Martyrs, il s'efforce de lui prouver, que les Saints qui sont dans le Ciel prennent toujours part aux miséres des hommes, & leur apparoissent même quelquefois visiblement pour les fortifier & les consoler.

Pour ce qui est des Arrêts qui ont annullé les baux de plusieurs maisons à cause des incommodités que les Esprits y causoient aux Locataires, il suffit d'examiner les moyens & les raisons sur lesquels ils ont été obtenus, pour comprendre ou que les Juges ont été induits en erreur par les préjugés de leur enfance, ou que comme ils sont obligés de déférer aux preuves qui sont produites, souvent même contre leurs propres connoissances, ils ont été trompés par l'imposture ou par la simplicité des témoins.

A l'égard des Apparitions dont toutes les Histoires sont remplies, une des plus fortes qu'on me puisse objecter, & à laquelle je me crois le plus obligé de répondre, est celle qu'on prétend être arrivée à Paris dans le dernier siécle, & dont on cite plus de cinq-cens témoins, qui ont examiné la vérité du fait avec une attention particuliére. Voici l'aventure telle que la rapportent ceux qui ont écrit dans le tems qu'elle s'est passée.

Le Marquis de Rambouillet, frere aîné de Madame la Duchesse de Montauzier, & le Marquis de Précy, aîné de la maison de Nantouillet, tous deux âgés de 25 à 30 ans, étoient intimes amis & alloient à la guerre, comme y vont en France toutes les personnes de qualité. Comme ils s'entretenoient un jour ensemble des affaires de l'autre monde, apres plusieurs discours qui témoignoient assez qu'ils n'étoient pas trop persuadés de tout ce qui s'en dit, ils se promirent l'un à l'autre, que le premier qui mourroit en viendroit apporter des nouvelles à son compagnon : au bout de trois mois le Marquis de Rambouillet partit pour la Flandre, où la guerre étoit pour lors; & de Précy arrêté par une grosse fiévre, demeura à Paris. Six semaines après de Précy entendit sur les six heures du matin tirer les rideaux de son lit, & se tournant pour voir qui c'étoit, il apperçut le Marquis de Rambouillet en buffle & en bottes : il sortit de son lit, & voulut sauter à son col, pour lui témoigner la joie qu'il avoit de son retour; mais Rambouillet reculant quelques pas en arriére, lui dit que ces caresses n'étoient plus de saison ; qu'il ne venoit que pour s'acquitter de la parole qu'il lui avoit donnée ; qu'il avoit été tué la veille en telle occasion ; que tout ce que l'on disoit de l'autre monde étoit très-certain ; qu'il devoit songer à vivre d'une autre maniére ; & qu'il n'avoit point de tems à perdre, parce qu'il seroit tué dans la premiére occasion où il se trouveroit.

On ne peut exprimer la surprise où fut le Marquis de Précy à ce discours : ne pouvant croire ce qu'il entendoit, il fit de nouveaux efforts pour embrasser son ami qu'il croyoit le vouloir abuser ; mais il n'embrassa que du vent, & Rambouillet voyant qu'il étoit incrédule, lui montra l'endroit où il avoit reçu le coup, qui étoit dans les reins, d'où le sang paroissoit encore couler. Après cela le Fantôme disparut, & laissa de Précy dans une frayeur plus aisée à comprendre qu'à décrire ; il appella en même tems son valet de chambre, & réveilla toute la maison par ses cris : plusieurs personnes accoururent, à qui il conta ce qu'il venoit de voir. Tout le monde attribua cette vision à l'ardeur de sa fiévre, qui pouvoit altérer son imagination ; on le pria de se recoucher, lui remontrant qu'il falloit qu'il eût rêvé ce qu'il disoit

Le Marquis au désespoir de voir qu'on le prenoit pour un visionnaire, raconta toutes les circonstances que je viens de dire; mais il eut beau protester qu'il avoit vû & entendu son ami en veillant, on demeura toujours dans la même pensée jusqu'à l'arrivée de la poste de Flandre, par laquelle on apprit la mort du Marquis de Rambouillet.

Cette première circonstance s'étant trouvée véritable & de la manière que l'avoit dit Précy, ceux à qui il avoit conté l'aventure commencerent à croire qu'il en pouvoit être quelque chose, parce que Rambouillet ayant été tué précisément la veille du jour qu'il l'avoit dit, il étoit impossible qu'il l'eût apprit naturellement. Cet évenement s'étant répandu dans Paris, on crut que c'étoit l'effet d'une imagination troublée, ou un conte fait à plaisir, & quoi que pussent dire les personnes qui examinoient la chose sérieusement, il resta toujours dans les esprits un soupçon, qu'il n'y avoit que le tems qui pût dissiper. Cela dépendoit de ce qui arriveroit au Marquis de Précy, lequel étoit menacé de périr à la première occasion: ainsi chacun regardoit son sort comme le dénouement de la piéce; mais il confirma bien tôt tout ce dont on doutoit : car dès qu'il fut guéri de sa maladie, les guerres civiles étant survenues, il voulut aller au combat de S. Antoine, quoique son pere & sa mere qui craignoient la Prophétie, dissent tout ce qu'ils purent pour l'en empêcher ; il y fut tué au grand regret de toute sa famille.

En supposant la vérité de toutes les circonstances de ce fait, voici ce que je dirai pour détruire les conséquences qu'on en veut tirer.

Il n'est pas difficile de comprendre que l'imagination du Marquis de Précy échauffée par la fiévre, & troublée par le souvenir de la promesse que le Marquis de Rambouillet & lui s'étoient faite, lui ait représenté le Fantôme de son ami, qu'il sçavoit être aux coups, & à tout moment en danger d'être tué. Les circonstances de la blessure du Marquis de Rambouillet & la prédiction de la mort de Précy qui se trouva accomplie, ont quelque chose de plus grave : cependant ceux qui ont éprouvé quelle est la force des présentimens, dont les effets sont tous les jours si ordinaires, n'auront pas de peine à concevoir que le Marquis de Précy, dont l'esprit agité par l'ardeur de son mal suivoit son ami dans tous les hazards de la guerre, & s'attendoit toujours à se voir annoncer par son Fantôme ce qui lui devoit arriver à lui-même, ait prévû que le Marquis de Rambouillet avoit été tué d'un coup de mousquet dans les reins, & que l'ardeur qu'il se sentoit lui-même pour se battre le feroit périr à la premiere occasion. On verra par les paroles de S. Augustin que je rapporterai dans la suite, combien ce Docteur de l'Eglise étoit persuadé de la force de l'imagination, à laquelle il attribue la connoissance des choses à venir. J'établirai encore l'autorité des préssentimens par un exemple des plus singuliers.

Une Dame d'esprit que je connois particuliérement, étant à Chartres où elle faisoit son séjour, songea la nuit dans son sommeil qu'elle voyoit le Paradis, qu'elle se représentoit comme une sale magnifique, autour de laquelle étoient en différens dégrés, les Anges, les Esprits bienheureux, & Dieu qui présidoit au milieu dans un Trône éclatant; elle entendit frapper à la porte de ce lieu plein de délices, & S. Pierre l'ayant ouverte, elle vit paroître deux très-petits enfans, dont l'un étoit vêtu d'une robe blanche, & l'autre étoit tout nud.

S. Pierre prit le premier par la main & le conduisit au pied du Trône, & laissa l'autre à la porte qui pleuroit amérement; elle se réveilla en ce moment, & raconta son rêve à plusieurs personnes, qui le trouverent tout-à-fait particulier. Une lettre qu'elle reçut de Paris l'après-midi lui apprit, qu'une de ses filles étoit accouchée de deux enfans qui étoient morts, & dont il n'y en avoit qu'un qui eût reçu le Baptême.

De quoi ne peut-on pas croire l'imagination capable après une si forte preuve de son pouvoir ? Peut-on douter que parmi toutes les prétendues Apparitions qu'on raconte, elle n'opére seule toutes celles qui ne viennent pas des Anges & des Ames bienheureuses, ou qui ne sont pas l'effet de la malice des hommes ?

Pour expliquer plus au long ce qui a donné lieu aux Fantômes, dont on a publié les Apparitions dans tous les tems, sans me prévaloir du sentiment ridicule des Sceptiques qui doutent de tout, & avancent que nos sens, quelque sains qu'ils soient, ne sçauroient rien imaginer que faussement; je remarquerai que les plus sages d'entre les Philosophes soûtiennent, que la mélancolie abondante, la colére, la frénésie, la fiévre, les sens dépravés ou débilités, soit naturellement, soit par accident, peuvent faire imaginer, voir & entendre beaucoup de choses qui n'ont nul fondement.

Aristote dit (a), qu'en dormant, les sens intérieurs agissent par le mouvement local des humeurs & du sang, & que cette action descend quelquefois jusqu'aux organes sensitifs, de sorte qu'au réveil les personnes les plus sages pensent voir les images qu'elles ont songées.

Plutarque en la vie de Brutus rapporte, que Cassius persuada à Brutus, qu'un Spectre que ce dernier publioit avoir vû en veillant, étoit un effet de son imagination; voici le raisonnement qu'il lui met en la bouche.

» L'esprit de l'homme étant de sa na-
» ture extrêmement actif & dans un mou-
» vement continuel, qui produit toujours
» quelque fantaisie: sur-tout les person-
» nes mélancoliques comme vous, Brutus,
» sont plus sujettes à se former dans l'i-
» magination des espéces, qui passent sou-
» vent jusqu'à leurs sens extérieurs. »

Galien si habile dans la connoissance de tous les ressorts du corps humain, attribue les Spectres à l'extrême subtilité de la vûe & de l'ouie.

(a) *Aristot. traité du songe & des veilles.*

Ce que j'ai lû dans Cardan semble établir le sentiment de Galien. Il dit qu'étant dans la ville de Milan, le bruit se répandit qu'il y avoit un Ange en l'air qui paroissoit visiblement, & qu'étant accouru sur la place, il le vit lui-même avec plus de deux mille personnes. Comme les plus sçavans étoient dans l'admiration de ce prodige, un habile Jurisconsulte qui survint ayant examiné la chose avec attention, leur fit remarquer sensiblement, que ce qu'ils voyoient n'étoit pas un Ange, mais la figure d'un Ange de pierre qui étoit sur le haut du clocher de S. Gothard, laquelle imprimée dans une nuée épaisse par le moyen d'un rayon de Soleil qui donnoit dessus, se réfléchissoit aux yeux de ceux qui avoient la vûe plus perçante. Si ce fait n'avoit été éclairci sur le champ par un homme exempt de toute prévention, il auroit passé pour constant que c'eût été un véritable Ange, puisqu'il avoit été vû par les plus éclairés de la Ville au nombre de plus de deux mille personnes.

Le célébre du Laurent, dans le traité qu'il a fait de la mélancolie, lui attribue les effets les plus surprenans, dont il rapporte une infinité d'exemples, qui semblent

semblent surpasser le pouvoir de la nature.

Saint Augustin consulté par Evode Evêque d'Upzal sur le sujet que je traite, lui répond en ces termes: A l'égard des visions, même de celles où l'on apprend quelque chose de l'avenir, il n'est pas possible d'expliquer comment elles se font, à moins de sçavoir auparavant par où se fait tout ce qui se passe en nous quand nous pensons: car nous voyons clairement, qu'il s'excite dans notre ame un nombre infini d'images, qui nous représentent ce qui a frappé nos yeux ou nos autres sens; nous l'expérimentons tous les jours & à toute heure. Et peu après il ajoute pour exemple: »Dans le moment
» que je dicte cette lettre, je vous vois
» des yeux de mon esprit sans que vous
» soyez présent, ni que vous en sachiez
» rien, & je me représente par la con-
» noissance que j'ai de vous, l'impression
» que mes paroles feront sur votre esprit,
» sans savoir néanmoins & sans pouvoir
» comprendre comment tout cela se passe
» en moi. »

Je ne crois pas, Monsieur, que vous me demandiez rien de plus précis que ces paroles de S. Augustin pour vous persuader qu'il faut attribuer à la force de l'i-

Tome II. Q

magination la plus grande partie des Apparitions, même de celles où l'on apprend des choses qui semblent ne pouvoir être connues naturellement ; & vous me dispenserez bien d'entreprendre de vous expliquer, comment l'imagination opére toutes ces merveilles, puisque ce S. Docteur avoue, qu'il ne peut pas lui-même le comprendre, quoiqu'il en soit convaincu.

Je vous dirai seulement, que le sang qui circule sans cesse dans nos artéres & dans nos veines, s'étant purifié & échauffé dans le cœur, jette des vapeurs délicates qui sont ses parties les plus subtiles, qu'on appelle esprits animaux, lesquelles étant portées dans les cavités du cerveau, mettent en mouvement la petite glande qui est, dit-on, le siége de l'ame, & par ce moyen réveillent & ressuscitent les espéces des choses qu'on a vûes ou entendues autrefois, qui y sont comme ensévelies, & forment le raisonnement intérieur, que nous appellons la pensée. D'où vient que les animaux ont aussi bien que nous la mémoire, mais non pas les réflexions qui l'accompagnent, qui ne partent que de l'ame qu'ils n'ont point.

Si ce que M. Digby sçavant Anglois

& Chancelier d'Henriette Reine d'Angleterre, le P. Kircher célébre Jésuite, & le P. Schott de la même Compagnie, Gaffarel & Vallemont publient de l'admirable secret de la Palingénésie ou résurrection des plantes a quelque fondement, on pourroit rendre raison des ombres & des Fantômes, que plusieurs personnes ont assuré avoir vûs dans des cimetiéres.

Voici la maniére dont ces Curieux parviennent à la merveilleuse opération de la Palingénésie.

Ils prennent une fleur, la brûlent & en ramassent toutes les cendres, dont ils tirent les sels par le moyen de la calcination: ils mettent ces sels dans une phiole de verre, où ayant mêlé certaines compositions capables de les mettre en mouvement lorsqu'on les échauffe, toute cette matiére forme une poussiére dont la couleur tire sur le bleu; de cette poussiére excitée par une chaleur douce il s'éleve un tronc, des feuilles & une fleur; en un mot on apperçoit l'Apparition d'une plante, qui sort du milieu de ses cendres. Dès que la chaleur cesse, tout le spectacle s'évanouit, la matiére se dérange & se précipite dans le fond du vaisseau, pour y former un nouveau chos. Le retour de la chaleur reffufcite toujours ce phœnix végératif caché dans fes cendres ; & comme la préfence de la chaleur lui donne la vie, fon abfence lui caufe la mort.

Le P. Kircher qui tâche de rendre raifon de cet admirable Phénoméne, dit que la vertu féminale de chaque mixte eft concentrée dans fes fels, & que dès-que la chaleur les met en mouvement, ils s'élevent auffi-tôt, & circulent comme un tourbillon dans le vaiffeau de verre. Ces fels dans cette fufpenfion qui les met en liberté de s'arranger, prennent la même fituation & forment la même figure que la nature leur avoit donnée primitivement : confervant le penchant à devenir ce qu'ils étoient, ils retournent à leur premiére deftination, & s'allignent comme ils étoient dans la plante vivante. Chaque corpufcule de fel rentrant dans la première deftination qu'il tenoit de la nature, ceux qui étoient au pied de la plante, s'y arrangent : de même ceux qui compofoient le haut de la tige, les branches, les feuilles & les fleurs, reprennent leur premiére place, & forment ainfi une parfaite Apparition de la plante entiére.

On prétend que cette opération a été

faite (*a*) sur un moineau; & M. M. de l'Académie Royale d'Angleterre qui en font des expériences, espérent parvenir à la faire aussi sur les hommes.

Or selon le principe du P. Kircher & des plus sçavans Chymistes, qui prétendent que la forme substantielle des corps réside dans les sels, & que ces sels mis en mouvement par la chaleur forment la même figure que la nature leur avoit donnée, il n'est pas difficile de comprendre, que les corps morts étant consommés dans la terre, les sels qui s'en exhalent avec les vapeurs par le moyen des fermentations qui se font si souvent dans cet élement, peuvent bien en s'arrangeant sur la surface de la terre, former ces ombres & ces Fantômes qui ont effrayé tant de personnes; ainsi l'on voit assez combien il y a peu de raison de les attribuer au retour des Ames ou aux Démons, comme ont fait quelques ignorans.

A toutes les autorités par lesquelles j'ai combattu les Apparitions des Ames qui sont dans le Purgatoire, j'ajouterai encore quelques réflexions toutes naturelles. Si les Ames qui sont dans le Purgatoire pou-

---

(*a*) M. l'Abbé de Vallemont en son livre des *singularités de la végétation*, in-12. Paris 1. vol.

voient revenir ici demander des priéres pour paſſer plutôt au ſéjour de la gloire, il n'y auroit perſonne qui ne reçût de pareilles inſtances de la part de ſes parens & de ſes amis, puiſque toutes les Ames étant dans la même diſpoſition, il y a bien de l'apparence que Dieu leur accorderoit la même permiſſion. D'ailleurs ſi elles avoient cette liberté, toutes les perſonnes de bon ſens ne comprennent pas, pourquoi elles accompagneroient leurs Apparitions de toutes les folies dont on les circonſtancie dans les Hiſtoires, comme de rouler un lit, d'ouvrir des rideaux, de tirer une couverture, de renverſer des meubles & de faire un bruit épouvantable. Enfin ſi ces Apparitions avoient quelque réalité, il eſt moralement impoſſible, que depuis tant de ſiécles il ne s'en trouvât pas quelqu'une ſi bien avérée, qu'on ne pourroit pas en douter.

Après avoir ſuffiſamment établi que toutes les Apparitions qui ne peuvent pas être attribuées à des Anges ou à des Ames bien-heureuſes, ne ſont produites que par l'une de ces trois cauſes, la force de l'imagination, l'extrême ſubtilité des ſens & la dépravation des organes, tels qu'ils ſont dans la folie & dans la fiévre chaude, voyons ce qu'on doit penser du fait arrivé à S. Maur.

Quoique vous ayez déja vû la relation qui en a été faite, je crois, Monsieur, que vous ne me saurez pas mauvais gré d'en rapporter ici avec quelque détail les circonstances les plus particuliéres ; je tâcherai de ne rien omettre de tout ce qu'on a employé pour établir la vérité du fait, & je me servirai même le plus que je pourrai des propres termes de l'Auteur, afin qu'on ne m'accuse pas d'avoir affoibli l'aventure.

M. de S. à qui elle est arrivée, est un jeune homme de petite stature, bienfait dans sa taille, âgé de 24 à 25 ans. Après avoir entendu plusieurs fois, étant couché, donner de grands coups à sa porte, sans que sa servante qui y couroit aussitôt, y trouvât personne, & tirer les rideaux de son lit, quoiqu'il n'y eût que lui dans la chambre, le 22 Mars dernier sur les onze heures du soir étant à contrôler des rôles d'ouvrages dans son cabinet avec trois jeunes garçons qui sont ses domestiques, ils entendirent tous distinctement feuilleter des papiers sur la table : le chat fut soupçonné de cet ouvrage ; mais le sieur de S. ayant pris un flambeau, & cherché avec attention, ne trouva rien. S'étant mis au lit peu après, & ayant envoyé coucher ceux qui étoient avec lui dans sa cuisine qui est à côté de sa chambre, il entendit encore le même bruit dans son cabinet : il se leva pour voir ce que c'étoit, & n'ayant rien trouvé non plus que la premiére fois, il voulut en fermer la porte ; mais il y sentit quelque résistance : il entra donc pour voir d'où pouvoit venir cet obstacle. Il entendit en même tems un bruit en l'air vers le coin, comme d'un grand coup donné sur la muraille, ce qui lui fit faire un cri auquel ses gens accoururent ; il tâcha de les rassurer, quoique effrayé lui-même, & n'ayant rien trouvé, il s'alla recoucher & s'endormit. A peine les garçons avoient éteint la lumiére, que le sieur de S. fut réveillé subitement par une secousse telle que pourroit être celle d'un bateau qui échoueroit contre l'arche d'un pont : il en fut si émû, qu'il appella ses domestiques ; & lorsqu'ils eurent apporté de la lumiére, il fut étrangement surpris de voir son lit déplacé au moins de quatre pieds, & il connut que le choc qu'il avoit senti, étoit celui qu'avoit fait son lit contre la muraille. Ses gens ayant replacé le lit, virent avec autant d'étonnement que de frayeur tous les rideaux s'ouvrir au même tems, & le lit courir vers la cheminée; le sieur de S. se leva aussi-tôt, & passa le reste de la nuit auprès du feu. Sur les six heures du matin ayant fait une nouvelle tentative pour dormir, il ne fut pas si-tôt couché, que le lit fit encore le même mouvement jusqu'à deux fois, en présence de ses gens qui tenoient les quenouilles du lit, pour l'empêcher de se déplacer : enfin étant obligé de quitter la partie, il s'alla promener jusqu'au dîné, après lequel ayant essayé de reposer, & son lit ayant encore par deux fois changé de place, il envoya querir un homme qui logeoit dans la même maison, tant pour se rassurer avec lui, que pour le rendre témoin d'un fait si surprenant; mais la secousse qui se passa devant cet homme fut si violente, que le pied gauche du chevet du lit en fut cassé, ce qui le surprit si fort, qu'aux offres qu'on lui fit de lui en faire voir une seconde, il répondit, que ce qu'il avoit vû, avec le bruit effroyable qu'il avoit entendu toute la nuit, étoient suffisans pour le convaincre de la vérité du fait.

Ce fut ainsi que la chose qui étoit demeurée jusques-là entre le sieur de S. & ses domestiques, devint publique. Ce bruit s'étant répandu auſſi tôt, & étant venu aux oreilles d'un très-grand Prince qui venoit d'arriver à S. Maur, ſon Alteſſe fut curieuſe de s'en éclaircir, & ſe donna la peine d'examiner avec ſoin la qualité des faits qui lui furent rapportés. Comme cette aventure étoit le ſujet de toutes les converſations, on n'entendit bien-tôt qu'Hiſtoires d'Eſprits rapportées par les plus crédules, & que plaiſanteries de la part des Eſprits forts. Cependant le ſieur de S. tâchoit de ſe raſſûrer, pour ſe mettre la nuit ſuivante dans ſon lit, & ſe rendre digne de la converſation de l'Eſprit, qu'il ne doutoit pas qui n'eût quelque choſe à lui dire : il dormit juſqu'au lendemain neuf heures du matin, ſans avoir ſenti autre choſe que de petits ſoulevemens, comme ſi les matelas s'étoient élevés en l'air, ce qui n'avoit ſervi qu'à le bercer & à provoquer le ſommeil. Le lendemain ſe paſſa aſſez tranquillement ; mais le 26. l'Eſprit qui paroiſſoit être devenu ſage, reprit ſon humeur badine, & commença le matin par faire un grand bruit dans la cuiſine : on lui auroit pardonné ce jeu, s'il en étoit demeuré là ; mais ce fut bien pis l'après-midi. Le ſieur de S. qui avoue qu'il ſe ſentoit un attrait particulier pour son cabinet, auquel pourtant il ne laisſoit pas de répugner, y étant entré ſur les ſix heures, y fit un tour juſqu'au fond, & revenant vers la porte pour rentrer dans ſa chambre, fut fort ſurpris de la voir ſe fermer toute ſeule, & ſe barricader avec les deux verroux. En même tems les deux volets d'une grande armoire s'ouvrirent derriére lui, & rendirent ſon cabinet un peu obſcur, parce que la fenêtre qui étoit ouverte, ſe trouvoit derriére l'un des volets.

Ce ſpectacle jetta le ſieur de S. dans une frayeur plus aiſée à imaginer qu'à décrire ; cependant il lui reſta aſſez de ſang froid pour entendre à ſon oreille gauche une voix diſtincte, qui venoit d'un coin du cabinet, & qui lui ſembloit un pied environ au-deſſus de ſa tête, laquelle lui parla en fort bons termes pendant l'eſpace d'un demi-*miſerere*, & lui ordonna en le tutoyant de faire certaine choſe, ſur quoi elle lui a recommandé le ſecret. Ce qu'il a publié, c'eſt qu'elle lui a donné quatorze jours pour l'accomplir ; qu'elle lui a commandé d'aller en un endroit, où il trouveroit des gens qui l'inſtruiroient ſur ce qu'il devoit faire ; & qu'elle l'a menacé de revenir le tourmenter, s'il manquoit à lui obéir : sa conversation finit par un adieu.

Après cela le sieur de S. se souvient d'être tombé évanoui sur le bord d'un coffre, dont il a ressenti de la douleur dans le côté. Le grand bruit, & les cris qu'il fit ensuite, firent accourir plusieurs personnes, qui ayant fait des efforts inutiles pour ouvrir les portes du cabinet, alloient l'enfoncer avec une hache, lorsqu'ils entendirent le sieur de S. se traîner vers la porte, qu'il ouvrit avec beaucoup de peine. Dans le désordre où il parut, & hors d'état de parler, on le porta près du feu, & ensuite sur son lit, où il éprouva toute la compassion du grand Prince dont j'ai déja parlé, qui accourut au premier bruit de cet évenement. Son Altesse ayant fait visiter tous les coins & recoins de la maison, où l'on ne trouva personne, voulut faire saigner le sieur de S. mais son Chirurgien ne lui ayant point trouvé de pouls, ne crut pas qu'il le pût sans danger.

Lorsqu'il fut revenu de son évanouissement, son Altesse qui vouloit découvrir la vérité, l'interrogea sur son aventure ; mais elle n'apprit que les circonstances dont j'ai parlé, le sieur de S.

lui ayant protesté, qu'il ne pouvoit sans courir risque de la vie lui en dire davantage. L'Esprit n'a point fait parler de lui pendant quinze jours ; mais ce terme expiré, soit que ses ordres n'eussent pas été fidelement exécutés, ou qu'il fût bien-aise de venir remercier le sieur de S. de son exactitude, comme il étoit pendant la nuit couché dans un petit lit près d'une fenêtre de sa chambre, Madame sa Mere dans le grand lit, & un de ses amis dans un fauteuil auprès du feu, ils entendirent tous trois frapper plusieurs fois contre la muraille, & donner un si grand coup contre la fenêtre, qu'ils crurent toutes les vîtres cassées. Le sieur de S. se leva dans le moment, & s'en alla dans son cabinet, pour voir si cet Esprit importun auroit encore quelque chose à lui dire ; mais il n'y trouva ni n'entendit rien. C'est ainsi que finit cette aventure qui a fait tant de bruit, & qui a attiré à S. Maur tant de Curieux.

Faisons présentement quelques réflexions sur les circonstances les plus fortes & les plus capables de faire impression.

Le bruit qui a été entendu plusieurs fois pendant la nuit par le maître, la servante & les voisins, est tout-à-fait équivoque ; & les personnes les plus prévenues ne sçauroient disconvenir, qu'il a pû être produit par différentes causes toutes naturelles.

On peut répondre la même chose aux papiers qu'on a entendu feuilleter, puisqu'un petit vent ou une souris ont pû les agiter.

Le mouvement du lit a quelque chose de plus grave, parce qu'on en rapporte plusieurs témoins ; mais j'espére qu'une réflexion nous dispensera d'avoir recours à des bras phantastiques pour l'expliquer.

Représentons-nous un lit sous les pieds duquel il y a des roulétes ; une personne dont l'imagination est frappée, ou qui a envie de se réjouir en effrayant ses domestiques, est couchée dessus, & s'agite beaucoup, en se plaignant qu'elle est tourmentée : est-il surprenant qu'on voie remuer ce lit, sur-tout le plancher de la chambre étant frotté ? Mais, dit-on, il y a des témoins qui ont même fait des efforts inutiles pour empêcher ce mouvement. Qui sont ces témoins ? Deux sont de jeunes gens aux gages du patient, auxquels la frayeur causoit un tremblement universel, & qui n'étoient pas capables d'examiner les ressorts secrets qui causoient ce mouvement ; & l'autre, qu'on peut regarder comme le plus considérable, a dit depuis à plusieurs personnes, qu'il voudroit pour dix pistoles n'avoir pas assûré qu'il avoit vû ce lit remuer tout seul.

A l'égard de la voix dont on a conservé le secret avec tant de soin, comme il n'y en a aucun témoin, nous n'en saurions juger, que par l'état où l'on trouva dans ce moment celui qui avoit été favorisé de cette prétendue révélation.

Des cris redoublés d'un homme, qui entendant enfoncer la porte de son cabinet, ouvre les verroux qu'il avoit apparemment fermés lui-même, ses yeux égarés, & le désordre extraordinaire qui parut dans toute sa personne, l'auroient fait prendre par les anciens Payens pour une Sibylle pleine de son enthousiasme, & nous doivent paroître plûtôt des suites de quelques mouvemens convulsifs, que de l'entretien d'une substance spirituelle.

Enfin les coups donnés sur la muraille & sur les vîtres, & avec une extrême violence pendant la nuit en présence de deux témoins, pourroient faire quelque impression, si l'on étoit sûr que le patient, qui étoit couché directement sous la fenêtre dans un petit lit, n'y eût eu aucune part : car des deux témoins qui ont entendu ce bruit, l'un étoit la Mere, & l'autre un ami particulier, qui même faisant réflexion sur ce qu'il a vû & entendu, publie que ce ne peut être que l'effet d'un maléfice.

Quelque bien que vous vouliez à ce pays-ci, je ne crois pas, Monsieur, que ce que je viens de remarquer sur les circonstances de l'aventure, vous engage à croire qu'il a été honoré d'une Apparition Angélique ; je crains bien plûtôt que l'attribuant au dérangement de l'imagination, vous n'accusiez la subtilité de l'air qui y regne d'avoir causé ce désordre. Comme j'ai intérêt que vous ne fassiez pas cette injure au climat de S. Maur, je me trouve obligé d'ajoûter quelque chose à ce que j'ai dit de la personne dont il s'agit, afin de vous en faire connoître le caractére.

Il ne faut pas être fort expert en l'art de la Physionomie, pour remarquer sur son visage que la mélancolie domine dans son tempérament. Cette humeur noire, jointe à la fiévre qui le tourmentoit depuis quelque tems, portoit dans son cerveau des vapeurs, qui pouvoient bien lui faire croire qu'il entendoit tout ce qu'il a publié, outre que l'envie de se donner un divertissement en effrayant ses domestiques, peut bien l'avoir engagé à feindre plusieurs choses, lorsqu'il a vû que l'aventure étoit venue aux oreilles d'un Prince, duquel il appréhendoit que son badinage ne lui fît tort. Ainsi je pense, Monsieur, que vous jugerez comme moi, que le rapport du célébre Médecin Marescot au sujet de la fameuse Marthe Brossier, convient parfaitement à notre mélancolique, & explique bien son aventure : *à naturâ multa, plura ficta, à Dæmone nulla.*

Son tempérament lui a fait imaginer, voir & entendre beaucoup de choses ; il en a feint encore davantage, pour soûtenir ce que son égarement ou son jeu lui avoient fait avancer, & aucune sorte d'Esprit n'a eu part à son aventure. Sans m'arrêter à rapporter plusieurs effets de sa mélancolie, je remarquerai seulement, qu'un embarquement qu'il fit l'un des jours gras derniers, partant à dix heures du soir pour faire sur la riviére le tour de la presqu'isle de S. Maur, dans un bateau où il s'étoit empaillé à cause du froid, a paru si singulier au grand Prince dont j'ai parlé, qu'il s'est donné la peine de l'interroger sur les motifs d'un pareil voyage à une heure si indue.

J'ajoûterai, que le discernement de son Altesse lui a fait aisément juger d'où procédoit son aventure, & que la conduite qu'elle a tenue en cette occasion, a bien fait connoître qu'il n'est pas facile de la tromper. Je ne crois pas qu'il me soit permis d'omettre le jugement que M. de S. le Pere, qui est un homme d'un mérite distingué, porta de l'aventure de son fils, lorsqu'il en apprit à Paris les circonstances par une lettre de son Epouse qui étoit à S. Maur: il dit à plusieurs personnes, qu'il étoit persuadé que l'esprit qui agissoit en cette occasion, étoit celui de sa femme & de son fils. L'Auteur de la relation a eu raison de faire ses efforts pour affoiblir un pareil témoignage; mais je ne sai s'il se flatte d'y avoir réussi, en disant que celui qui l'a rendu est un esprit fort, & qui se fait honneur d'être de l'opinion à la mode sur le fait des Esprits.

Enfin pour fixer votre jugement, & terminer agréablement cette petite Dissertation dans laquelle vous m'avez engagé, je ne sai rien de meilleur, que de vous rapporter les paroles d'une Princesse (a) qui n'est pas moins distinguée à la Cour par la délicatesse de son esprit, que par la grandeur de son rang & par les charmes de sa personne. Comme on s'entretenoit en sa présence de la singularité de l'aventure qui se passoit à S. Maur: pourquoi vous étonner si fort, dit-elle, avec cet air gracieux qui lui est si naturel? Est-il surprenant que le fils ait commerce avec des Esprits, puisque la Mere voit trois fois toutes les semaines le Pere éternel? Cette femme est bien-heureuse, ajoûta cette spirituelle Princesse; pour moi je ne demanderois d'autre faveur, que de le voir une seule fois en ma vie.

Riez avec vos amis de cette agréable réflexion; mais sur-tout gardez-vous bien, Monsieur, de rendre ma lettre publique: c'est la seule récompense que je vous demande de l'exactitude avec laquelle je vous ai obéi dans une occasion si délicate. Je suis, Monsieur, votre très-humble, &c.

A Saint Maur ce 8 Mai 1706.

(a) *Madame la Duchesse Mere, fille du feu Roi Louis XIV. & mere de M. le Duc dernier mort, de M. le Comte de Charolois, & de M. le Comte de Clermont.*

FIN.

APPROBATION.

J'AI lû par ordre de Monseigneur le Chancelier cette Dissertation sur ce qu'on doit penser des Esprits en général, & de celui de S. Maur en particulier; & je n'y ai rien trouvé qui en doive empêcher l'impression. Fait à Paris le 17. Octobre 1706. Signé,

LA MARQUE TILLADET.

Le Privilége du Roi est du 21 *Novembre* 1706.

LETTRE
DE M. LE MARQUIS,
MAFFEI,
SUR LA MAGIE;

Adressée au R. P. Innocent Ansaldi, *de l'Ordre de Saint Dominique, traduite de l'Italien de l'Auteur.*

LETTRE
DE M. LE MARQUIS
MAFFEI,
SUR LA MAGIE.

MON REVEREND PERE,

C'eſt aux bontés de votre Révérence à mon égard, que je dois attribuer la curioſité qu'elle paroît avoir de ſçavoir ce que je penſe au ſujet du livre, que le ſieur Jérôme Tartarotti vient de mettre au jour ſur les *Aſſemblées nocturnes des Sorciers*. J'y réponds avec le plus grand plaiſir; & je vais vous en dire mon avis dans le plus grand détail, à condition que vous examinerez ce que je vous en écrirai avec votre pénétration ordinaire, & que vous me direz franchement ce que vous y remarquerez de bien ou de mal, & ce qui vous paroîtra mériter votre approbation ou votre cenſure. J'avois déja lû ce livre, & j'en avois fait l'éloge, tant pour la grande érudition que l'Auteur y fait paroître, que parce qu'il y réfute très-sensément quelques opinions ridicules, dont on est infatué au sujet des Sorciers & de quelques autres abus aussi dangereux. Mais, à dire la vérité, j'avoue qu'à cela près, je suis très-peu porté à l'approuver ; si M. Muratori l'a fait par sa lettre qui a été vûe de plusieurs personnes, ou bien il n'a pas lû l'Ouvrage en entier, ou nous sommes en cela lui & moi d'un sentiment tout différent. A l'égard du mien, votre Révérence va voir par ce que je lui dirai, qu'il ne s'éloigne point de celui qu'elle a elle même sur cette matiere, tel qu'elle m'a fait la grace de me le marquer par sa lettre.

I. Dans cet Ouvrage on suppose d'abord comme un principe certain & indubitable l'existence & la réalité de la Magie, & la vérité des effets qu'elle produit, supérieurs, dit-on, à toutes les forces naturelles : on lui donne le nom de *Magie diabolique* ; & on la définit, *la connoissance de certaines pratiques superstitieuses, telles que des paroles, des vers, des caractères, des images, des signes, &c. par le moyen desquelles les Magiciens viennent à bout de leurs desseins.* Pour moi, je suis fort porté à croire que toute la science des prétendus Magiciens n'aboutit qu'à trompe-

tromper les autres, & à les tromper peut-être eux-mêmes; & que cette Magie aujourd'hui tant vantée n'est autre chose qu'une pure chimere. Peut-être même seroit-ce se donner aujourd'hui une peine fort inutile, d'entreprendre de montrer que tout ce qu'on raconte de ces Hipogryphes nocturnes (*a*), de ces prétendus voyages au travers des airs, de ces assemblées & de ces festins des Sorciers, n'est que vanité & pure imagination; parce que ces fables détruites n'empêcheront point qu'il n'en reste encore une infinité d'autres, qu'on a débitées & qui se sont répandues sur le même sujet, & qui quoique plus folles & plus ridicules que tout ce que nous lisons d'extravagant dans les Romans, sont d'autant plus dangereuses, qu'elles se font croire plus facilement. Ce seroit, au sentiment de bien des gens, faire trop d'honneur à ces sortes de contes, de s'attacher à les réfuter sérieusément; n'y ayant aujourd'hui personne, du moins en Italie, même parmi le peuple, pour peu qu'il ait de sens commun, qui ne se moque de tout ce qui se dit du Sabbat, & de ces

(*a*) L'Auteur fait ici allusion à l'Hipogryphe, cheval ailé de l'invention de l'Arioste, qui portoit les Paladins au travers des airs.

troupes de Sorciers qui vont la nuit par les airs s'assembler dans des lieux écartés pour y danser. Il est vrai que malgré cela pour peu qu'un homme accrédité, soit parmi les Sçavans, soit parmi les personnes constituées en dignité, soutienne un sentiment, quel qu'extravagant qu'il soit, il trouvera aussitôt des partisans: on aura beau écrire ou parler au contraire, il n'en sera pas moins suivi; & il n'est gueres possible que les choses soient autrement, tant il y a de têtes & de manieres de penser différentes. Mais il ne s'agit ici que de l'opinion commune, & de ce que l'on croit le plus universellement. Mon dessein n'est point de composer un Ouvrage exprès sur la Magie, ni de m'étendre fort au long sur cette matiére; j'exposerai seulement ici en peu de mots les raisons qui m'obligent à m'en mocquer, & qui me font grandement pencher vers le sentiment de ceux qui ne la regardent que comme une pure illusion & une vraie chimere. Je suis bien-aise d'avertir d'abord, qu'on ne doit pas se laisser éblouir par la vérité des opérations magiques rapportées dans l'Ancien Testament, comme si de-là on pouvoit tirer un argument concluant pour prouver la réalité de la prétendue Magie de notre tems.

C'est ce que je montrerai clairement dans la suite de ce discours, où j'espere faire voir, que mon opinion à ce sujet est conforme à l'Ecriture, & fondée sur la tradition des Peres. Parlons donc à présent des Magiciens modernes.

II. S'il y a quelque réalité dans cet Art auquel on attribue tant de merveilles, il doit être l'effet ou d'un sçavoir acquis par l'étude, ou de l'impiété de quiconque renonce à ce qu'il doit à Dieu pour se donner au Démon & pour l'invoquer. Il semble en effet qu'on veuille quelquefois l'attribuer à une connoissance acquise, puisque dans le Livre que je combats, on parle souvent des *vrais mysteres de l'Art magique*, & qu'on y assure que peu de gens *sont parfaitement instruits des principes secrets & difficiles de cette science* ; ce qui n'est pas surprenant, dit-on, puisque *la vie de l'homme suffiroit à peine*, pour lire tous les livres qui en ont traité. On l'appelle quelquefois *la science magique*, ou la *Philosophie magique* : on en fait remonter l'origine jusqu'au Philosophe Pythagore ; on regarde l'*ignorance de l'Art Magique, comme une des raisons du petit nombre de Magiciens qu'on voit de nos jours*. On ne parle que de l'échelle mystérieuse renfermée par Orphée dans l'unité, dans les nombres de deux & de douze; de l'harmonie de la nature, composée des parties proportionnelles, qui sont l'octave ou la double, & la quinte ou l'une & demie; de noms étranges & barbares qui ne signifient rien, & auxquels on attribue des vertus surnaturelles; du concert des parties inférieures & supérieures de cet univers, qui quand on le comprend, fait par le moyen de certaines paroles ou de certaines pierres entretenir commerce avec les substances invisibles; de nombres & de signes, qui répondent aux Esprits lesquels président aux différens jours, ou aux diverses parties du corps; de cercles, de triangles & de pentagones, qui ont le pouvoir de lier les Esprits; & de plusieurs autres secrets de même nature, fort ridicules, à dire le vrai, mais très-propres à en imposer à ceux qui admirent tout ce qu'ils n'entendent point.

III. Mais de quelqu'épaisses ténebres, que la nature soit pour nous couverte & quoique nous ne connoissions que fort imparfaitement les principes & les propriétés essentielles des choses, qui ne voit cependant qu'il ne peut y avoir aucune proportion, aucun rapport, entre des cercles & des triangles que nous traçons, ou de grands mots qui ne fignifient rien, & les Efprits immatériels ? Peut-on ne pas concevoir que c'eſt une folie de croire que par le moyen de quelques herbes, de certaines pierres, de certains fignes ou caracteres, on fe fera obéir des fubſtances invifibles qui nous font inconnues ? Que l'homme étudie tant qu'il voudra la prétendue ame du monde, l'harmonie de la nature, le concert & l'influence de toutes les parties qui la compofent, n'eſt-il pas évident qu'il ne retirera de fon travail que des termes & des mots, & jamais aucuns effets qui foient au deſſus des forces naturelles de l'homme ? Pour fe convaincre de cette vérité, il fuffit d'obferver que les prétendus Magiciens ne font & n'ont jamais été rien moins que des gens fçavans, mais au contraire des hommes fort ignorans & fans lettres. Eſt-il croyable que tant de gens célebres, anciens & modernes, tant d'hommes fameux & verfés en tout genre de littérature, n'euſſent jamais pû ou voulu fonder les fecrets myſteres de cet art & les pénétrer ; & que de tant de Philofophes dont parle Diogene Laërce, ni Platon, ni Aristote, ni aucun autre ne nous en eût pas laissé quelque traité ? Il seroit inutile de vouloir se rejetter sur ce que le monde en pensoit alors. Ne sçait-on pas de combien d'erreurs il a été infatué dans tous les tems, & qui pour être communes n'en étoient pas moins des erreurs ? Ne croyoit-on pas généralement autrefois qu'il n'y avoit point d'antipodes ; que selon que les poulets sacrés avoient mangé ou non, il étoit permis ou défendu d'en venir aux mains avec l'ennemi ; que les statues des Dieux avoient parlé, ou changé de situation ? Que l'on joigne à tout cela toutes les fourberies & les subtilités, que les charlatans mettoient en usage pour tromper les peuples & leur faire illusion : après cela sera-t'on surpris qu'ils ayent réussi à leur en imposer & à leur en faire accroire ? Mais qu'on ne s'imagine pas pourtant que tout le monde ait été leur dupe, & que parmi tant de gens crédules & aveugles il ne se soit pas toujours trouvé des hommes sensés & clairvoyans, qui ayent apperçu la vérité.

IV. Pour nous en convaincre, considérons seulement ce qu'en a pensé un

Ancien des plus sçavans, & l'on peut dire un des plus curieux & des plus attentifs observateurs des merveilles de la nature. Je parle de Pline, qui s'exprime ainsi au commencement de son trentieme livre: (a) *jusqu'ici j'ai fait voir dans cet ouvrage toutes les fois qu'il a été nécessaire & que l'occasion s'en est présentée, combien il y a peu de réalité dans tout ce qui se dit de la Magie; & je continuerai à le faire encore dans la suite. Mais parce que pendant plusieurs siecles cet art de tous le plus trompeur a été en grand crédit chez plusieurs peuples, je pense qu'il est à propos d'en parler plus au long.* Il avoit déja dit ailleurs (b): *Il n'y a point d'hommes plus habiles que les Magiciens à cacher leurs fourberies;* & dans sept à huit autres endroits (c) il s'attache à relever *leurs mensonges, leurs*

_____

(a) Magicas vanitates sæpiùs quidem antecedentis operis parte, ubicunque causæ locusque poscebant, coarguimus, detegemusque etiamnùm: in paucis tamen digna res est, de quâ plura dicantur, vel eo ipso quòd fraudulentissima artium plurimùm in toto terrarum orbe, plurimisque seculis valuit.

(b) Ut est Magorum solertia occultandis fraudibus sagax. *l.* 29. *c.* 3.

(c) *l.* 26. *c.* 4. *l.* 27. *c.* 8. *l.* 28. *c.* 13. *l.* 29. *c.* 4. *l.* 37. *c.* 9. &c.

tromperies, la vanité de leur art, & à s'en mocquer. Mais à quoi l'on doit surtout faire attention, c'est à un argument invincible qu'il rapporte contre cet art prétendu. Car après avoir fait l'énumération des diverses espèces de Magie que l'on employoit avec différentes sortes d'instrumens, & de plusieurs maniéres différentes, & dont on se promettoit des effets *tout divins* (a), c'est-à-dire supérieurs à toutes les forces de la nature, même de pouvoir *s'entretenir avec les manes & les ames des morts*; il ajoûte (b): *Mais de nos jours l'Empereur Néron a découvert, qu'en tout cela il n'y a que tromperie & que vanité. Jamais Prince*, dit-il un peu plus bas (c), *ne rechercha avec plus d'empressement à se rendre habile dans aucun autre art; & comme il étoit le maître du monde, il est certain qu'il ne*

(a) Divina promittit; prætereà umbrarum inferorumque colloquia. *l.* 30. *c.* 2.

(b) Quæ omnia ætate nostrâ Princeps Nero vana, falsaque comperit.

(c) Nemo unquàm ulli artium validiùs favit. Ad hæc non opes ei defuere, non vires, non discendi ingenium, aliaque, non patiente (*il faut lire* non alia ei parente) mundo. Immensum, & indubitatum exemplum est falsæ artis, quam dereliquit Nero.

manqua ni de richesses, ni de forces, ni d'esprit, ni d'aucun autre secours nécessaire pour y réussir. Quelle plus forte preuve peut-on avoir de la fausseté de cet art, que de voir que Néron y a renoncé ? Suétone nous apprend aussi (*a*), que ce Prince employa inutilement des sacrifices magiques pour évoquer les manes de sa mere, & pour lui parler. Pline dit encore (*b*), que *Tirdate le Mage* (car c'est ainsi que l'on doit lire, & non pas *Tiridate le Grand*, comme porte l'Edition du P. Hardouin;) s'étant rendu à la Cour de Néron, & *ayant amené plusieurs Mages avec lui, initia ce Prince dans tous les mysteres de la Magie.* Cependant, ajoute-t'il, *Néron eut beau lui faire présent d'un Royaume; il ne put obtenir de lui la connoissance de cet art:* ce qui doit nous convaincre, que cette

[*a*] Quin & facto per Magos sacrificio, evocare manes, & exorare tentavit. *Suet. in Ner. c.* 34.

[*b*] Magos secum adduxerat, Magicis etiam cœnis eum initiaverat: non tamen, cùm regnum ei daret, hanc abeo recipere artem valuit. Proindè ita persuasum sit, inestabilem, irritam, inanem esse; habentem tamen quasdam veritatis umbras, sed in his veneficas artes pollere, non Magicas. *Plin. l.* 30. *c.* 2.

science détestable n'est que vanité; ou que s'il s'y rencontre quelqu'ombre de vérité, ses effets réels tiennent moins de l'art Magique, que de l'art d'empoisonner. Séneque qui de même étoit fort habile, après avoir rapporté une loi des douze Tables, *qui défendoit d'employer les enchantemens pour faire périr les biens de la terre*, y fait ce commentaire (a): *Nos peres encore grossiers & ignorans s'étoient imaginés, que par le moyen des enchantemens on pouvoit attirer la pluie sur la terre, ou l'empêcher de tomber; mais aujourd'hui il est si clair que l'un & l'autre est impossible, que pour en être convaincu, il n'est pas nécessaire d'être Philosophe.* Il seroit inutile de rassembler ici une infinité de passages des Anciens, qui prouvent tous la même chose; on pourra seulement consulter le livre qu'Hipocrate a écrit sur le mal caduc, qui passoit communément pour être un effet

___

[a] Apud nos in duodecim Tabulis cavebatur, ne quis alienos fructus excantassit. Rudis adhuc antiquitas credebat, & attrahi imbres cantibus, & repelli: quorum nihil posse fieri tam palam est, ut hujus rei causâ nullius philosophi Schola in tranda sit. *Senec. Nat. Qu. l.* 4. c. 7.

de la vengeance des Dieux, & qu'on appelloit pour cette raison *le mal sacré*. On verra comment il s'y moque *des Magiciens & des Charlatans (a)*, qui se vantoient de le guérir par leurs enchantemens & leurs expiations ; il y fait voir que par la profession qu'ils faisoient de pouvoir obscurcir le soleil, faire descendre la lune sur la terre, donner du beau ou du mauvais tems, procurer l'abondance ou la stérilité, il sembloient vouloir attribuer à l'homme plus de pouvoir qu'à la Divinité même, montrant par-là bien moins de religion que *d'impiété, & prouvant qu'ils ne croyoient point de Dieux (b)*. Je ne parle point des fables & des contes inventés par Philostrate au sujet d'Apollonius de Thyane ; ils ont été suffisamment réfutés par les plus excellentes plumes. Mais je ne dois pas oublier d'avertir, que le nom de Magie a été souvent pris en bonne part pour une science peu commune, & une espece de Philosophie plus sublime. C'est en ce sens qu'on doit l'entendre dans cet endroit de Pli-

―――――――

(a) Μάγοί τε, ἢ καθάρται, ἢ ἀγύρται.

(b) Ἀλλὰ περὶ δυσσεβείης μᾶλλον, ἢ ὡς οἱ θεοὶ ὐκ εἴη.

ne, où il dit, (a) quoique d'une manière assez obscure, que Pythagore, Empédocle, Démocrite & Platon voyagerent beaucoup pour s'en instruire. Du reste on est naturellement porté à attribuer à la sorcellerie tout ce qui paroît nouveau & merveilleux. N'avons nous pas aussi passé pour Magiciens M. Seguier & moi dans l'esprit de quelques personnes, parce que dans nos expériences de l'électricité on nous voyoit allumer sans peine des chandelles éteintes, en les approchant de l'eau froide ; ce qui paroissoit alors inouï, & ce que bien des gens soûtiennent encore fermement aujourd'hui ne pouvoir se faire que par un pact tacite ? Il est vrai que dans les effets de l'électricité il y a quelque chose de si extraordinaire & de si merveilleux, qu'on seroit beaucoup plus porté à excuser les personnes qui auroient de la peine à les croire naturels, que ceux qui ont été imaginer des pacts tacites pour des choses, qu'il étoit beaucoup plus facile d'expliquer naturellement.

V. De ce qui vient d'être dit, il résulte évidemment, qu'il y a de la

(a) Plin. l. 30. c.

folie à croire que par la voie de l'étude & du sçavoir on puisse jamais parvenir à aucun de ces effets merveilleux qu'on attribue à la Magie, & que c'est profaner le nom de science, de le donner à une imposture aussi grossiérement imaginée ; reste donc que ces effets prétendus puissent être produits par une vertu diabolique. En effet on lit dans l'Ouvrage en question, que tous les effets de la Magie *doivent s'attribuer à l'opération du Démon ; que c'est en vertu du pact exprès ou tacite qu'il a fait avec lui, que le Magicien opere tous ces prétendus prodiges ; & que c'est eu égard aux différens effets de cet art, & aux différentes maniéres dont ils sont produits, que les Auteurs l'ont depuis divisé en plusieurs classes.* Mais je prie d'abord le Lecteur de considérer sérieusement, s'il est croyable que dès qu'il en prendra fantaisie à quelque misérable femmelette ou à quelque malheureux frippon, Dieu dont la sagesse & la bonté sont infinies, veuille jamais permettre que le Démon leur apparoisse, qu'il les instruise, qu'il leur obéisse, & qu'ils fassent pact avec lui. Est-il croyable que pour complaire à un scélérat, il accorde au Démon le pouvoir d'exciter des tempêtes, de ravager par la grêle toute une contrée, de faire souffrir les plus grand maux à de petits innocens, & même quelquefois *de donner la mort aux hommes par le moyen de la Magie ?* Croit-on pouvoir ajoûter foi à de pareilles choses sans offenser Dieu, & sans marquer une défiance trop injurieuse de sa toute-puissance ? Il m'est arrivé plusieurs fois, sur-tout lorsque j'étois dans les armées, d'apprendre que quelques misérables s'étoient donnés au Diable, & l'avoient appellé à eux avec les blasphêmes les plus horribles, sans que pour cela il leur fût apparu, ni que leurs tentatives eussent jamais été suivies d'aucun succès. Et certes si pour obtenir ce que promet l'art Magique, il suffisoit de renier Dieu & d'invoquer le Démon, que de gens prendroient bien-tôt cet affreux parti ! Combien d'impies ne voit-on pas tous les jours, pour avoir de l'argent, pour se venger d'une personne, pour satisfaire un desir criminel, se porter sans remords aux plus grands excès ! Combien de misérables qui souffrent dans les prisons, aux galeres ou autrement, auroient recours au Démon pour sortir de peine ? Il me seroit aisé de rapporter ici grand nombre d'historiettes fort curieuses de personnes que l'on croyoit généralement ensorcelées, de maisons infestées par des Esprits, ou de chevaux pansés par des Follets, que j'ai vûes moi-même en différens tems & en différens lieux se réduire enfin à rien. Ce que je puis certifier, est que deux Religieux très-sensés, qui avoient exercé l'office d'Inquisiteurs, l'un pendant 24 ans, l'autre pendant 28. m'ont assuré que de différentes accusations de sorcellerie qui leur avoient été déférées, & qui paroissoient bien prouvées, après les avoir examinées avec soin & maturité, ils n'en avoient trouvé aucune qui ne fût pure fourberie. Comment peut-on s'imaginer que le Démon, qui est le pere du mensonge, apprenne aux Magiciens le véritable secret de cet art, & que cet Esprit plein d'orgueil dont il est la source, enseigne à un Enchanteur le moyen de le forcer à lui obéir ? Dès qu'on veut se mettre au dessus de quelques vieux préjugés, qui font excuser ceux lesquels dans les siécles passés donnoient croyance à ces folies, peut-on ajoûter foi à certaines opinions extravagantes, comme à ce qu'on raconte des Démons incubes & succubes, du commerce desquels on veut que naissent des enfans ? Qui croiroit aujourd'hui qu'Ezzelin fût fils d'un Follet ? Mais se peut-il rien imaginer de plus étrange, que ce qui se dit des pacts tacites ? On veut que quand quelqu'un, de quelque pays qu'il soit, & quelque éloigné qu'il puisse être, aura fait pact avec le Diable, que toutes les fois qu'il dira certaines paroles ou fera certains signes, il s'ensuivra un certain effet, si moi qui suis parfaitement ignorant de cette convention, je viens à dire les mêmes paroles ou à faire les mêmes signes, le même effet doive s'ensuivre. On veut que qui fait pact avec le Démon, ait droit de l'obliger à produire un certain effet, non-seulement quand il fera lui même, par exemple, certaines figures, mais encore toutes les fois qu'elles seront faites par telle autre personne qu'on voudra, en quelque tems, en quelque lieu que ce soit, & quoique l'intention soit toute différente. Certes rien n'est plus propre que ces opinions à nous humilier, & à nous faire connoître combien l'homme doit peu compter sur les foibles lumieres de son esprit. De tous les faits extraordinaires qu'on dit avoir été produits par des pacts tacites, plusieurs sont absolument faux, d'autres sont arrivés tout autrement qu'on ne les raconte, quelques-uns sont vrais, mais très-naturels, & tels que pour les expliquer il n'est nullement besoin de recourir au Démon.

VI. L'évidence de ces raisons semble suffire pour prouver, que tout ce qui se dit aujourd'hui de la Magie n'est que chimere; mais parce que répondant aux solides difficultés qui lui étoient proposées par M. le Comte Rinaldi Carli, l'Auteur du livre prétend que la nier est une opinion hérétique & condamnée par les Loix, il est à propos d'examiner encore cet article. Pour premiere preuve de sa réalité on rapporte le consentement général de tous les hommes, la tradition de tous les peuples, des histoires & des témoignages à l'infini, de Théologiens, de Philosophes, de Jurisconsultes ; d'où l'on conclut, qu'on ne peut en nier l'existence, *ou la révoquer en doute, sans sapper par les fondemens ce qui s'appelle foi humaine.* Mais le peu que j'ai dit au nombre IV. suffit seul pour prouver combien est faux ce qu'on avance de ce prétendu consentement général.

Horace qui passe pour avoir été un des plus sages & des plus éclairés d'entre les Anciens, compte au conttaire au nombre des vertus nécessaires à un honnête homme de n'ajouter aucune foi à ce qui se publie de la Magie, & de s'en rire. Son ami se croyant fort vertueux, parce qu'il n'étoit point avare, *Cela ne suffit pas*, dit-il: *êtes-vous exempt de tout autre vice & de tout autre défaut, sans ambition, sans colere sans crainte de la mort?* (a) *Vous mocquez vous de tout ce qui se dit des songes, des opérations Magiques, des miracles, des Sorcieres, des Revenans & des prodiges de la Thessalie?* c'est-à-dire en un mot, de toute espece de Magie. Quel est le but de Lucien dans son Dialogue intitulé *Philopseudès*, sinon de tourner l'Art Magique en ridicule; & n'est-ce pas aussi ce qu'il s'est proposé dans cet autre qui a pour titre *l'Ane*, d'où Apulée a tiré son *Ane d'or*. Il est aisé de s'appercevoir que dans tout cet Ouvrage, où il parle si sou-

---

(a) Somnia, terrores Magicos, miracula, Sagas,
Nocturnos Lemures, portentaque Thessala rides?

Horat. lib. 2. Ep. 2.

vent du pouvoir qu'on attribuoit à la Magie, de faire remonter les fleuves vers leur source, d'arrêter le cours du soleil, d'obscurcir les étoiles & de contraindre les Dieux mêmes à lui obéir, il n'a eu d'autre vûe que de s'en moquer ; ce qu'il n'auroit certainement pas fait, s'il l'eût crûe capable de produire, comme on le prétend, des effets supérieurs à toutes les forces de la nature. C'est donc en badinant & par ironie, qu'il dit qu'on voit s'opérer des prodiges *par le pouvoir invincible de la Magie* (a) *& par la nécessité aveugle qu'elle impose aux Dieux mêmes de lui obéir.* Le pauvre homme pensant devoir être changé en oiseau, avoit eu la douleur de se voir métamorphosé en âne par la méprise d'une femme, qui par empressement s'étoit trompée de boëte, & lui avoit donné d'un onguent pour un autre. Les termes les plus ordinaires dont les Anciens se servoient en parlant de la Magie, étoient ceux de *jeu* & de *badinage* ; ce qui fait bien voir qu'ils n'y reconnoissoient rien de réel. S. Cyprien parlant des mys-

(a) Inexpugnabili Magicæ disciplinæ potestate, &c. *lib.* 3.

teres des Magiciens, les appelle (a) *des opérations pernicieuses & badines.* Si par leurs prestiges & par leur badinage, dit Tertullien (b), les Charlatans semblent opérer plusieurs prodiges; & dans son Traité de l'Ame il s'écrie (c) : *Que dirons-nous donc de la Magie ? Ce que presque tout le monde en dit ; que ce n'est que fourberie.* Arnobe l'appelle (d) *les jeux de l'Art Magique;* & sur ces paroles de Minutius Felix (e), *Tous les prodiges qu'ils semblent opérer par leur badinage,* son Commentateur remarque que ce mot de *badinage* est en cet endroit le terme propre. Cette maniere de s'exprimer fait voir, quel étoit alors le sentiment commun de tous les gens sages. *Que le Métayer,* dit Columelle (f), *ne fréquente ni les Devins ni les Sorcieres, parce que par leurs vaines super-*

(a) Ad perniciosa & ludicra. *Cypr. de Idol.*
(b) Si multa miracula circulatores præstigiis ludunt. *Tertul. Apol. c. 23.*
(c) Quid ergò dicemus Magiam ? quod omnes penè, fallaciam. *Idem de An. c. 57.*
(d) Magicarum artium ludi. *Arn. lib. 1.*
(e) Quidquid miraculi ludunt... Ludere hâc in re proprium vocabulum.
(f) Haruspices Sagasque, quæ utraque genera vanâ superstitione rudes animos ad impensas, ac deinceps ad flagitia compellunt, ne admiserit. *Colum. lib. 1 c. 8.*

ſtitions les uns & les autres jettent les ignorans dans la dépenſe, & de là les conduiſent au crime. Nous apprenons de Suidas (a), qu'on nommoit *Magiciens* ceux qui ſe rempliſſoient la tête de vaines imaginations. Ainſi c'eſt avec raiſon que parlant d'un de ces impoſteurs, le Dante à dit (b): *il ſçavoit tout le badinage & toutes les fourberies de la Magie.* Il n'eſt donc pas vrai que jamais on ait crû généralement la réalité de l'Art Magique; & ſi de nos jours on vouloit recueillir les voix des gens de Lettres & les ſentimens des plus célebres Académies, je ſuis perſuadé que de dix à peine s'en trouveroit-il un ou deux qui fuſſent convaincus de ſon exiſtence. Ce ne ſeroit pas du moins un des ſçavans amis de l'Auteur du Livre en queſtion, qui ayant été conſulté par celui-ci ſur cette matiere, lui répond en ces termes: *La Magie eſt un Art ridicule, qui n'a de réalité que dans la tête d'un fou, lequel s'imagine pouvoir porter le Diable à ſatisfaire tous ſes déſirs.* J'ai lû dans quelques catalogues qui nous viennent

---

(a) Μάγες ἐκάλυν τὰς ψευδεῖς φαντασίας πειθέντες ἑαυτοῖς.

(b) *Delle Magiche frodi ſeppe il Givoco.* Dant. Inf. c. 20.

d'Allemagne, que l'on se prépare à donner au Public une *Bibliotheque Magique ; oder grundliche Nagrichen*, &c. C'est un vaste recueil de différens écrits tendans tous à prouver la vanité & l'insuffisance de la Magie. On doit observer, que les Poëtes ont beaucoup contribué à donner la vogue à toutes ces imaginations. Sans cette source féconde, que devenoient les fictions d'Homere les plus ingénieuses ? On peut en dire autant de l'Arioste, & de nos autres Poëtes modernes. Au reste on ne doit pas oublier ce que j'ai remarqué plus haut en parlant de Pline, que dans les Auteurs anciens le terme de Magie est souvent équivoque. Car dans certains pays on donnoit le nom de Mages, ou de Magiciens, à ceux qui faisoient une profession particuliere de s'appliquer à l'étude de l'Astronomie, de la Philosophie, de la Médecine ; dans d'autres, on appelloit ainsi les Philosophes d'une certaine secte : on peut consulter sur cela la Préface de Diogene Laërce. Platon écrit, qu'en Perse par le nom de Magie on entendoit *le culte des Dieux* (a). *Suivant un*

(a) Ἔστι δὲ τοῦτο Θεῶν θεραπεία. Plat. in Alcib. 1.

grand nombre d'*Auteurs*, dit Apulée dans son Apologie (*a*), *les Perses appellent Mages, ceux à qui nous donnons le nom de Prêtres.* S. Jérôme écrivant contre Jovinien, s'exprime ainsi (*b*) : *Eubule qui a écrit l'histoire de Mithras en plusieurs volumes, raconte que chez les Perses on distingue trois sortes de Mages, dont les premiers sont ceux qui sont les plus sçavans & les plus éloquens, &c.* Malgré cela il ne laisse pas de se trouver des gens, qui confondent la chimere de la prétendue Magie diabolique avec la Magie Philosophique, comme l'a fait Corneille Agrippa dans ses Livres de *la Philosophie secrette*.

VII. Une autre raison qu'on apporte, pour prouver la réalité & le pouvoir de l'Art Magique, est que les Loix décernent la peine de mort contre les Enchanteurs. *Quelle idée*, dit-on, *pourrions nous avoir des anciens Législateurs,*

(*a*) Quod ego apud plurimos lego, Persarum linguâ Magus est, qui nostrâ Sacerdos. *Apul. Apol.* 1.
(*b*) Eubulus quoque, qui historiam Mithræ multis voluminibus explicavit, narrat apud Persas tria genera Magorum, quorum primos, qui sint doctissimi & éloquentissimi, &c. *Hier. adv. Jov. Tom.* 2. *pag.* 344.

si nous les croyons capables d'avoir recours à des peines si rigoureuses pour réprimer une chimere, un Art qui ne produit aucun effet ? Surquoi il est à propos d'observer, qu'en supposant cette erreur universellement répandue, il ne seroit pas impossible que ceux mêmes qui ont fait les Loix s'en fussent laissé prévenir; auquel cas on pourroit faire à leurs loix le même Commentaire, que Séneque appliquoit, comme on la vû plus haut, à celle des douze Tables. Mais je vais plus loin. Ce n'est pas ici le lieu de parler des peines sagement décernées dans l'Ecriture contre l'impiété des Cananéens, qui joignoient à l'Idolâtrie la Magie la plus outrée. A l'égard des Loix Grecques, dont les Auteurs nous ont conservé un si grand nombre, je ne me souviens point qu'en aucun endroit elles fassent mention de ce crime, ni qu'elles le soumettent à aucune peine. Je puis en dire de-même des Loix Romaines contenues dans le Digeste. Il est vrai que dans le Code de Théodose & dans celui de Justinien il y a un Titre entier concernant les *Malfaiteurs*, où se trouvent beaucoup de Loix qui condamnent à la mort la plus cruelle les Magiciens

de

de toute espece; mais n'est-on pas forcé d'avouer, que cette condamnation étoit très-juste? Ces misérables se vantoient de pouvoir causer à leur fantaisie des calamités & des mortalités publiques; dans cette vûe ils tenoient leurs charmes & leurs noirs complots les plus secrets qu'il leur étoit possible : c'est ce qui fait dire à l'Empereur Constans(a) : *Que tous les Magiciens, en quelqu'endroit de l'Empire qu'ils se trouvent, soient regardés comme les ennemis publics du genre humain.* Qu'importe en effet qu'ils se vantassent faussement, & que leurs tentatives fussent inutiles? *Dans les maléfices,* dit la Loi (b), *c'est la volonté, non l'évenement qui fait le crime.* Aussi Constantin veut-il que l'on fasse grace à ceux d'entr'eux (c) qui faisoient profession de guérir les hommes par cette voie, & de conserver les biens de la terre. Mais ordinairement les vûes de ces sortes de gens ne tendoient qu'au mal : voilà pourquoi les Loix ordonnent qu'ils soient regardés

___

(a) Humani generis inimici credendi sunt. Cod. Th. l. 9. tit. 16. l. 6.

(b) In maleficiis voluntas spectatur, non exitus. D. lib. 48. tit 8. l. 14.

(c) Cod. Th. de Malef. leg. 3.

(a) *comme des ennemis Publics.* Le moindre mal dont on pouvoit les accuser, étoit de faire illusion au peuple, de séduire les simples, & de causer par là une infinité de troubles & de désordres. Outre cela, de combien de crimes ne se rendoient ils pas coupables dans l'usage de leurs sortileges ? C'est ce qui porta l'Empereur Valentinien à décerner la peine de mort (b). *contre quiconque travailleroit à nuit par des prieres impies & des sacrifices détestables à des opérations Magiques* Quelquefois même ils se servoient adroitement de quelqu'autre voie pour procurer le mal qu'ils vouloient faire ; après quoi ils faisoient entendre, qu'on devoit l'attribuer au pouvoir de leur Art. Mais à quoi bon tant de raisons ? N'est-il pas certain que le premier pas que faisoient ceux qui avoient recours à la Magie, étoit de renoncer à Dieu & à Jesus-Christ, & d'invoquer le Démon ? La Magie n'étoit-elle pas regardée comme une espece d'Idolâtrie ;

(a) Communis hostem salutis. *Leg.* 11.
(b) Ne quis deinceps nocturnis temporibus, aut nefarias preces, aut Magicos apparatus, aut sacrificia funesta celebrare conetur. *Leg.* 7.

& cela n'étoit-il pas suffisant pour rendre ce crime capital ? Falloit-il en faire dépendre la punition de l'évenement ? Honorius ordonna qu'on traitât ces fortes de gens dans toute la rigueur des Loix, (a) *à moins qu'ils ne promissent e se conformer à l'avenir à ce que la religion Catholique exige, après avoir brûlé eux-mêmes en présence des Evêques les écrits pernicieux qui servoient à entretenir leur erreur.*

VIII. Ce qu'il y a d'admirable, est que si jamais quelqu'un s'est moqué de la Magie, ce doit être certainement l'Auteur dont il s'agit, puisque tout son Livre ne tend qu'à prouver qu'il n'y a point de Sorcieres, & que tout ce que l'on en dit, n'est que folie & pure chimere. S'il en est ainsi, la question est décidée. Mais ce qui a lieu de surprendre, est qu'en même tems on soutienne, qu'à la vérité il n'y a point de Sorcieres, mais qu'il y a des Magiciennes ; que la sorcellerie n'est qu'une chimére, mais que la Magie diabolique est très-réelle. N'est-ce

(a) Nisi parati sint, codicibus erroris proprii sub oculis Episcoporum incendio crematis, Catholicæ religionis cultui fidem tradere. Leg. 12.

S ij

pas là, comme il semble à quelques-uns, nier & affirmer en même tems la même chose sous différens noms ? Tibulle n'avoit garde de connoître ces différences, lorsqu'il disoit : (a) *Comme me l'a promis une Sorciere, dont les opérations Magiques ne trompent jamais.* En traitant dans ce Livre de la *Sorcellerie* & de la *Magie*, on assure que *le Démon intervient dans l'une & dans l'autre, & que l'une & l'autre operent des prodiges.* Mais si cela est, il est impossible de trouver entr'elles aucune différence. Si l'une & l'autre operent des prodiges, & cela par l'intervention du Démon, leur essence est donc la même. Après cela n'y a-t'il pas de la contradiction à dire, que le Magicien agit, & que la Sorciere n'agit pas ; que le premier commande au Diable, & que l'autre lui obéit ; que la Magie est fondée sur des pacts exprès ou tacites, au lieu que dans la Sorcellerie il n'y a rien que d'imaginaire & de chimérique ? Quelle raison en rapporte t'on ? Si le Démon est toujours prêt à apparoître à quiconque l'invoque & se dis-

(a) . . . . Ut mihi verax
Posita est Magico saga ministerio.
Tib. lib. 1. *El.* 2.

posé à faire pact avec lui, pourquoi ne se montrera-t'il pas aussitôt à celle que l'Auteur appelle une Sorciere, qu'à celle à qui il lui plaît de donner le nom plus honnête de Magicienne ? S'il est si disposé à paroître, & à s'attirer le culte & les adorations qui ne sont dûes qu'à Dieu, que lui importe qu'elles lui viennent de la part d'une personne vile ou distinguée, de la part d'un ignorant ou d'un homme sçavant ? La principale différence que l'Auteur admette entre la Sorcellerie & la Magie, est que celle-ci *est propre des Prêtres, des Médecins & des autres personnes qui cultivent les Lettres* ; au lieu que la Sorcellerie est un pur fanatisme, *qui ne convient qu'au peuple & à de pauvres femmelettes* : aussi ne tire-t'elle point, dit-il, *son origine de la Philosophie ni d'aucune autre science, & n'a de fondement que dans des contes populaires*. Pour moi, je pense que c'est bien à tort, qu'on fait ici tant d'honneur à la Magie. J'ai prouvé ci-dessus en peu de mots par l'autorité de plusieurs Auteurs anciens, que les hommes les plus sensés s'en sont toujours mocqués, qu'ils ne l'ont regardée que comme un badinage & comme un jeu, & qu'après n'y avoir épargné ni application ni dépense, un Empereur Romain n'a jamais pû parvenir à en voir aucun effet. J'ai de même fait observer l'équivoque du nom, qui souvent a été cause qu'on a confondu ces opinions populaires avec la Philosophie & les Sciences les plus sublimes. Mais je crois trouver dans le Livre même de l'Auteur de quoi prouver que l'on ne peut en effet faire cette distinction, puisqu'il y dit que *les pratiques superstitieuses, telles que des figures, des caracteres, des conjurations & des enchantemens, passant de l'un à l'autre, & venant à la connoissance de ces malheureuses, operent en vertu du consentement tacite qu'elles donnent à l'opération du Démon.* Voilà donc toute distinction ôtée. On dit encore que, selon quelques uns, *des clous, des épingles, des os, des charbons, des paquets de cheveux ou de chiffons trouvés au chevet du lit des enfans, sont des indices d'un pact exprès ou tacite, à cause de la ressemblance qu'ils ont avec les symboles dont usent les vrais Magiciens.* Les Sorcieres & ceux qu'on nomme ici *vrais Magiciens* emploient donc également les mêmes folies : ils mettent également leur confiance dans des pacts imaginaires ; par conséquent on doit ranger les uns & les autres dans la même catégorie.

IX. Il est à propos d'avertir ici, qu'il n'est pas aussi nouveau qu'on le croit communément, de faire de la différence entre les Sorcieres & les Magiciens. Il y a près de deux cens ans que Jean Wier, Médecin de profession, avoit déja dit la même chose. Jamais Auteur n'a écrit plus au long sur cette matiére ; on consultera la sixieme édition de son Livre *De præstigiis Dæmonum & incantationibus*, publiée à Bâle. Il y prouve qu'on ne doit point condamner à mort les Sorcieres, parce que ce sont des folles qui ont le cerveau blessé ; parce que tous les crimes qu'on leur impute sont imaginaires, n'ayant de réalité que dans leur mauvaise volonté, & point du tout dans l'exécution ; enfin parce que selon les regles de la plus saine jurisprudence, la confession des choses impossibles n'est d'aucun poids, & ne peut servir à fonder une condamnation. Il montre comment ces vieilles folles parviennent à s'imaginer avoir eu commerce avec quelque Esprit, ou avoir été portées par les airs. Rien de mieux jusques-là ; mais persuadé d'ailleurs qu'il y a véritablement des prodiges Magiques (a), & croyant avoir éprouvé lui-même quelque chose de cette nature, il admet une Magie diabolique, & veut que l'on punisse sévèrement les Magiciens. Il dit (b) que ce sont souvent *des hommes sçavans, qui pour acquérir cet art diabolique, ont beaucoup voyagé* ; & qui instruits (c) dans la Goësie & dans la Théurgie (d) soit par le Démon ou par les Li-

(a) Pag. 139. & 145. (b) Pag. 9.
(c) Pag. 144.

(d) La *Goësie* est, dit-on, une espèce de Magie. On prétend que ceux qui en font profession se rendent la nuit auprès des tombeaux, où ils invoquent les Démons, les mauvais Génies, par des lamentations & des gémissemens.

À l'égard de la *Théurgie*, les Anciens donnoient ce nom à cette partie de la Magie qu'on a appellée *Magie blanche*. Ce mot de *Théurgie* signifie l'art de faire des choses divines, ou que Dieu seul peut faire ; la puissance de produire des effets merveilleux & surnaturels par des moyens licites, en invoquant le secours de Dieu & des Anges. La *Théurgie* diffère de la *Magie naturelle*, qui se fait par les puissances de la nature ; & de la *Nécromancie*, qui n'opère que par l'invocation des Démons.

vres, (a) *se servent de termes étranges, de caracteres, d'exorcismes & d'imprécations*, emploient (b) *les paroles sacrées & les noms divins, & ne négligent rien pour se rendre habiles dans cette noire science*; ce qui les rend dignes de mort (c). *Mais il y a*, selon lui, *une grande différence entre les Magiciens & les Sorcieres;* en ce que celles-ci (d) *ne se servent ni de livres, ni d'exorcismes, ni de caracteres, mais ont seulement l'esprit & l'imagination gâtés par le Démon.* Il appelle Sorcieres celles qui passent pour faire beaucoup de mal, ou en vertu (e) *de quelque pact imaginaire, ou par leur volonté propre, ou par un instinct diabolique*; & qui ayant le cerveau blessé, confessent avoir fait beaucoup de choses, qu'elles n'ont jamais faites ni pû faire. *Les Magiciens*, dit il, (f), *sont portés d'eux mêmes & par leur propre inclination à apprendre cet art défendu, & cherchent des maîtres qui les en instruisent: au contraire les Sorciers ne cherchent ni maîtres, ni instructions; mais le Diable s'empare*

(a) Pag. 170. (b) Pag. 654. (c) Pag. 749.
(d) Pag. 9. (e) Pag. 30. de Lam.
(f) Pag. 94.

de celles qu'il croit les plus propres à se laisser tromper, *à cause ou de leur vieillesse, ou de leur naturel mélancolique, ou de leur pauvreté & de leur misere.* Il n'y a personne qui ne voie, & je l'ai déja montré suffisamment, à combien de difficultés & de contradictions toute cette doctrine est sujette ; ce que l'on peut en conclure, est que les Sorciers comme les Magiciens, ont également recours au Démon & mettent leur espérance en lui, sans que les uns ni les autres obtiennent jamais ce qu'ils souhaitent. L'Auteur croit quelquefois rendre plus probable ce qui se dit du pouvoir de la Magie, & en quelque sorte le réduire à rien, en disant que tous les effets prodigieux qu'on lui attribue n'ont rien de réel, & que ce ne sont que des illusions & de vains fantômes ; mais il ne fait pas attention, qu'il y a même du miraculeux à faire paroître ainsi ce qui n'est point. Que les verges des Magiciens de Pharaon ayent été véritablement métamorphosées en serpens, ou qu'elles ayent seulement paru ainsi changées aux yeux de ceux qui étoient présens, l'un & l'autre surpassoit également toutes les forces & toute l'industrie des hommes. Je ne m'amuferai point ici à relever beaucoup d'inutilités qui fe trouvent dans cet ouvrage ; par exemple, on ne manque pas d'y rapporter la fable impertinente de la prétendue Magie de Sylveftre II. qui, comme Panvinius l'a fait voir, n'a d'autre fondement finon que ce Pape étoit fort adonné aux Mathématiques & à la Philofophie.

X. On convient dans le livre nouveau, qu'il peut bien fe trouver quelque femme, *qui avec l'aide du Démon foit capable d'opérer beaucoup de chofes même préjudiciables aux hommes*, & cela en vertu *d'un pact exprès ou tacite ;* & on ajoûte qu'on ne peut nier que cela fe puiffe, fans nier abfolument la réalité de la Magie. Mais quand bien loin de la nier, on fait au contraire tous fes efforts pour l'établir ; quand on foûtient hautement, qu'il peut fe trouver des gens capables avec l'aide du Démon de produire des effets réels, même de nuire aux hommes, comment après cela peut-on nier qu'il y ait des Sorcieres, puifque, felon l'opinion commune, la forcellerie n'eft autre chofe que cela ? Que l'on regarde, fi l'on veut, comme une fable ce qui fe dit de leurs voyages au travers des airs pour se rendre à leurs assemblées nocturnes ; qu'y gagnera-t'on, si malgré cela on croit qu'elles ayent le pouvoir de faire mourir les enfans par leurs charmes, d'envoyer le Diable dans le corps du premier venu, & cent autres choses de même nature. On dit que *pour rendre les présens qu'il fait plus précieux & plus estimables, & pour les faire d'autant plus souhaiter, le Démon les fait acheter fort cher, comme si on ne pouvoit autrement l'exciter à agir qu'en employant de puissans moyens, & en se servant d'un art tout mystérieux & très-caché*, qu'on veut sans doute que les Sorciers ignorent, & qui ne soit connu que des Magiciens. Mais cet art, on prétend que ce n'est que du Diable qu'on peut l'apprendre ; & pour obtenir de lui qu'il l'apprenne, on tient qu'il faut l'invoquer & l'adorer. Or comme il n'y a gueres d'impie, qui s'étant mis en tête d'opérer par ses charmes quelque chose d'important, ne soit disposé à en venir jusqu'à cet excès affreux, on ne voit pas pourquoi l'un doit venir à bout de ce qu'il souhaite, tandis que l'autre ne pourra y réussir, ni quelle distinction on peut faire entre des scélérats & des fous qui sont précisément de même espèce. Je tiens même que si l'on accorde la réalité & les forces de la Magie, on ne sçauroit que très-difficilement refuser à ceux qui en font profession le pouvoir d'entrer dans les lieux fermés, & de se porter par les airs à leurs assemblées nocturnes. On dira sans doute que cela est impossible, & surpasse les forces de l'homme; mais qui peut l'assûrer, puisque nous ignorons jusqu'où s'étend le pouvoir des Anges rebelles?

Je me souviens d'avoir autrefois entendu raisonner à Rome fort sensément sur la difficulté qu'il y a quelquefois à décider de la vérité d'un miracle, fondée sur ce que nous ignorons jusqu'où s'étend le pouvoir de la nature.

[(*a*) Il est vrai qu'il seroit dangereux de pousser ce principe trop loin : il ne faut pas en conclure sans doute qu'il n'arrive jamais rien que de naturel ; comme si l'Auteur souverain de toutes choses se fût en quelque sorte lié les mains, & qu'il ne se fût pas réservé

―――――――

(*a*) Ce qui suit renfermé entre deux parenthèses, est une longue addition envoyée par l'Auteur à l'Imprimeur dans le tems que l'on travailloit à une seconde édition de sa Lettre.

la liberté, pour complaire aux vœux & aux prieres de ses serviteurs, de faire quelquefois des graces qui surpassent manifestement les forces qu'il a accordées à la nature. Il peut souvent arriver, que l'on doute si un effet est naturel ou surnaturel ; mais combien aussi ne voyons nous pas de faits, sur lesquels toute personne sensée & raisonnable ne sçauroit former le moindre doute, le bons sens concourant également avec la plus saine Philosophie à nous apprendre, que certaines merveilles ne peuvent arriver que par une vertu secrete & toute divine ? Une des preuves des plus certaines qu'on puisse en avoir, est sans contredit la guérison subite & durable de certains maux longs & cruels. Je sçai que des personnes simples & pieuses ont quelquefois attribué à miracle des guérisons, qu'on pouvoit fort bien regarder comme des effets purement naturels ; mais que peut-on opposer à certains faits extraordinaires arrivés quelquefois à des personnes très-sages & bien éveillées, en présence de plusieurs témoins tous également sensés & judicieux qui les ont attestés. & confirmés par le rapport des Médecins même les plus habiles, qui en ont marqué leur étonnement ? Dans cette ville de Vérone, où je demeure, il est arrivé tout récemment un évenement de cette nature, qui a attiré l'admiration de tout le monde; mais parce que la vérité n'en a pas encore été constatée juridiquement, je me dispenserai de le rapporter. Il n'en est pas de même d'un fait tout semblable vérifié il y a dix ans après les recherches les plus exactes. Je parle de la guérison miraculeuse de Dame Victoire Buri du Monastere de S. Daniel, qui après une fievre chronique de près de cinq ans, après avoir été tourmentée pendant plusieurs jours d'un point de côté très-vif & de coliques d'estomac très-douloureuses, ayant enfin perdu tout-à-fait la voix, & étant tombée en langueur, reçut le saint Viatique le matin du jour que l'on célebre la fête de saint Louis de Gonzague. En cet état s'étant recommandée avec ardeur à l'intercession du Saint, elle sentit en un moment ses forces revenir ; ses douleurs cesserent, & elle commença à crier qu'elle étoit guérie. A ses cris l'Abbesse & les Religieuses accoururent; elle s'habilla elle-même, monta l'escalier toute seule & sans aide, & alla au chœur avec les autres rendre graces à Dieu de son rétablissement. J'eus la curiosité de vouloir m'informer par moi-même du fait & de ses circonstances; & après avoir interrogé cette Dame elle-même, ceux qui avoient été témoins de sa guérison, & les Médecins qui l'avoient traitée, je demeurai pleinement convaincu de la vérité, moi, dis-je, dont le défaut n'est pas d'être trop crédule, comme il paroît assez par ce que j'écris ici.

Je puis dire encore que me trouvant il y a quatorze ans à Florence, je connus dans cette ville une fille nommée sœur Catherine Biondi du tiers Ordre de S. François, par les prieres de laquelle une Dame fut guérie en un moment & pour toûjours d'une dislocation très-douloureuse. Ce fait fut connu de tout le monde; & je ne doute point qu'un jour on ne le voie constaté juridiquement. A mon égard je crois avoir obtenu de Dieu plusieurs graces singulieres par les prieres de cette sainte fille, à l'intercession de laquelle je me suis recommandé plusieurs fois depuis sa mort. Le sage & sçavant P. Pellicioni, Abbé de l'Ordre de S. Benoît, son Confesseur, disoit que si l'on connoissoit la vie & l'intérieur de cette petite Sœur, on seroit bientôt délivré de toutes sortes de tentations contre la foi.

En effet, que ces faits particuliers qui demeurent comme enfévelis dans l'oubli, nous apprennent de chofes ! Que de queftions fubtiles éclaircies par là en bien peu de tems ! Que les Sçavans qui brillent dans d'autres communions, ne se donnent-ils la peine, comme cela leur feroit facile, de s'affûrer d'un feul de ces faits ! Un feul fuffit pour mettre en évidence la vérité des Dogmes Catholiques. Il n'y a pas un article controversé, pour la deffenfe duquel il ne fallût compofer un infolio; au lieu qu'un feul de ces faits les décide tous fur le champ. On n'avance gueres par la difpute, parce que chacun n'y cherche qu'à faire montre de fon érudition & de fon efprit, & que perfonne ne veut céder; au lieu que par cette méthode tout devient fi évident, qu'il ne refte pas un mot à répondre. Et qui pourroit imaginer, que de tant de miracles vérifiés fur les lieux en différens pays, & rapportés dans les informations rigoureufes faites pour la canonifation des Saints, il n'y en eût pas un feul qui fût véritable ? Il faudroit pour cela renoncer à rien croire, & à faire usage de sa raison. Mais lorsque quelqu'un de ces faits devient si notoire qu'il n'y a plus lieu d'en douter, si après cela il s'offre quelque difficulté à notre foible esprit, qui bien loin d'avoir quelque idée de l'infini, n'a même des corps matériels que des connoissances très-confuses, quiconque voudra raisonner ne sera-t-il pas obligé de les résoudre & de les décider tout d'un coup en disant: *Je n'y entends rien, mais je crois tout* Ceux aussi qui par la haute idée qu'ils ont de leurs propres lumieres, se moquent de tout ce qui est au dessus d'eux, que peuvent ils opposer à des faits, où la divine Providence éclate d'une maniere si sensible, non seulement à l'esprit, mais même aux yeux ? A l'égard de ceux qui par la mauvaise éducation qu'ils ont eue, ou par la vie oisive & voluptueuse qu'ils menent, croupissent dans une ignorance grossiere, avec quelle facilité un seul de ces faits bien éclairci ne peut-il pas les instruire de ce qu'il importe le plus de sçavoir, & les éclairer en un moment sur toutes choses?]

Je reviens à mon sujet. S'il est quelquefois si difficile de décider de la vérité d'un miracle, combien n'y aura-t'il pas plus de difficulté à marquer toutes les propriétés qui conviennent à la nature supérieure & spirituelle, & à lui prescrire des bornes ? A l'égard de la différence des peines que l'Auteur veut qu'on inflige aux Magiciens & aux Sorcieres, prétendant qu'on doit traiter ceux-là à la rigueur, & qu'il faut au contraire user d'indulgence envers celles-ci, je ne vois pas sur quoi elle est fondée. La charité veut sans doute que l'on commence par instruire une vieille folle, qui ayant l'imagination gâtée ou le cœur perverti pour avoir lû ou entendu raconter certaines choses, se condamnera elle-même, en avouant des crimes qu'elle n'aura point commis. Mais si l'on apprend, par exemple, qu'après avoir fait une petite image, un ignorant l'a percée de plusieurs coups à différentes reprises, en murmurant des paroles ridicules, comment distinguera-t'on si c'est à la Sorcellerie ou à la Magie que ce charme doit être attribué ; & par conséquent comment sçaura-t'on, s'il doit être puni doucement ou avec rigueur ? De quelque façon que ce soit, il ne s'ensuivra jamais aucun effet, comme on l'a souvent éprouvé ; & soit que le charme vienne d'un Magicien ou d'un Sorcier; celui auquel il s'adresse ne s'en portera pas moins bien : on doit seulement observer, que quoique sans effet, l'attentat de ces Sorcieres n'en est pas moins un crime, puisque pour en venir là, il a fallu *qu'elles ayent renonconcé à tout ce qu'elles doivent à Dieu, & qu'elles se soient rendues esclaves du Démon;* aussi confessent-elles que pour faire leurs maléfices, il faut qu'elles *renoncent à Jesus-Christ & au baptême*. On tient communément, que *les Démons leur apparoissent, & qu'ils s'en font adorer*: il n'en est certainement rien ; mais si cela étoit, pourquoi les Sorcieres auroient-elle moins de pouvoir que les Magiciens, & sur quel fondement prétendroit-on qu'elles fussent moins criminelles ?

XI. Venons présentement au point qui a trompé beaucoup de gens, & qui fait encore aujourd'hui illusion à plusieurs personnes. De ce que dans l'Ancien Testament il est souvent parlé de la Magie telle qu'elle étoit alors, on en conclut qu'elle existe encore, & qu'elle est toujours aujourd'hui sur le même pied. A cela il est facile de répondre. Avant la venue du Sauveur, le Démon avoit ce pouvoir; mais il ne l'a plus, depuis que Jesus-Christ a consommé par sa mort le grand ouvrage de notre Rédemption. C'est ce que S. Jean enseigne clairement dans l'Apocalypse, lorsqu'il dit : (a) *Je vis un Ange descendre du Ciel, tenant à sa main la clef du puits de l'abîme, & une grande chaîne dont il enchaîna le Dragon, l'ancien Serpent qui est le Diable & Satan; & il le lia pour mille ans.* L'Evangéliste s'est servi ici du terme de mille ans pour désigner un tems fort long & indéterminé, puisque nous lisons un peu plus bas, que le Démon sera délié à la venue de l'Antechrist (b) : *Et après mille ans, dit S. Jean, Satan sera délié & sortira de sa prison.* De-là vient qu'au tems de l'Antechrist toutes les merveilles de la Magie se renouvelleront, comme l'Apôtre nous l'apprend, quand il dit que (c) *son arrivée sera*

(a) Et vidi Angelum descendentem de cælo habentem clavem abyssi, & catenam magnam in manu suâ; & apprehendit draconem, serpentem antiquum, qui est Diabolus & Satanas, & ligavit eum per annos mille. *Apoc.* xx. 1.

(b) Et cùm consummati fuerint mille anni, solvetur Satanas de carcere suo. *Ibid.* v. 7.

(c) Cujus est adventus secundùm operatio-

marquée par les plus grands miracles que Satan soit capable d'opérer, & par toutes sortes de signes & de prodiges apparens. Mais jusques là, (a) le *Prince de ce monde*, c'est-à-dire le Démon, *sera chassé dehors.* C'est ce qui a fait dire à S. Pierre, (b) qu'en montant au Ciel, Jesus-Christ s'est soumis les Anges, les Puissances & les Vertus ; & à S. Paul, (c) qu'il s'est enrichi des dépouilles des Principautés & des Puissances. & que (d) quand il aura remis le Royaume à Dieu & au Pere, il aura détruit tout le pouvoir des Principautés, des Puissances & des Vertus. Ces noms divers indiquent les différens Ordres des Esprits réprouvés, comme nous l'apprenons de plusieurs endroits du Nouveau Testament. Or pour comprendre que la force

nem Satanæ in omni virtute, & signis, & prodigiis mendacibus. 2. *Thessal.* II. 9.

(a) Nunc Princeps hujus mundi ejicietur foràs. *Joan.* XII. 31.

(b) Profectus in cœlum, subjectis sibi Angelis, & Potestatibus, & Virtutibus. 1. *Petr.* III. 22.

(c) Exspolians Principatus, & Potestates. *Col.* II. 15.

(d) Cùm tradiderit regnum Deo, & Patri, cùm evacuaverit omnem Principatum, & Potestatem, & Virtutem. 1. *Cor.* XV. 24.

& la puissance dont le Démon a été privé par le Sauveur, est précisément celle dont il avoit joui jusqu'alors, de tromper le monde par des pratiques Magiques, & de se faire par là des Adorateurs, il est à propos d'observer qu'avant la venue de Jesus-Christ, il y avoit trois voies ou trois moyens, par où les Esprits réprouvés exerçoient leur pouvoir & leur malice sur les hommes; 1°. En les tentant, & les portant au mal; 2°. En s'emparant des corps, & les possédant; 3°. En secondant les opérations Magiques, & opérant quelquefois des merveilles, pour ravir à Dieu le culte qui lui étoit dû. Aujourd'hui de ces trois sortes de pouvoirs, le Démon n'a certainement pas perdu la premiere par la venue du Sauveur, puisque nous sçavons avec quel acharnement il a toujours continué depuis, & continue encore chaque jour de nous tenter. Il n'a pas non plus été privé de la seconde, puisqu'il se trouve encore de nos jours des Possédés, & qu'on ne peut nier que même depuis Jesus-Christ Dieu n'ait souvent permis ces sortes de possessions pour châtier les hommes, & pour leur servir d'avertissement. Reste donc que le Démon ait seulement été absolument dépouillé de la troisieme, & que ce soit en ce sens qu'on doive entendre ce que dit S. Paul, que le Sauveur *a détruit & anéanti tout le pouvoir des Démons.* Sans cela comment se vérifieroit ce qui est dit, *que Satan a été enchaîné?* De-là vient que depuis la mort du Sauveur tous ces arts Diaboliques n'ayant plus le même succès qu'auparavant, (a) ceux qui jusqu'alors en avoient fait profession, porterent leurs livres aux pieds des Apôtres, & les brûlerent en leur présence. Car que ces livres traitassent principalement de la Magie, c'est ce que nous apprend S. Athanase, qui fait allusion à cet endroit de l'Ecriture, lorsqu'il dit (b) que *ceux qui s'etoient rendus célebres par cet art, brûlerent leurs livres.* Ce n'est pas que même dans les tems les plus reculés on ait manqué de fanfarons & d'imposteurs, qui se vantoient faussement de ce qu'ils ne pouvoient pas faire. Aussi lisons-nous dans l'Ecclésia-

---

(a) Qui fuerant curiosa sectati, contulerunt libros, & combusserunt coram omnibus. *Act.* XIX. 19.

(b) Τῆς δὲ Μαγείας θαυμασθέντας τὰς βίβλους κατακαῦσαι. *Athan. de Incarn.*

stique

ſtique : (a) *Qui aura pitié de l'Enchanteur qu'un Serpent aura mordu ?* Du tems de S. Paul quelques Exorciſtes Juifs couroient le pays (b) eſſayant inutilement de chaſſer les Démons : c'eſt ce que firent à Epheſe ſept fils d'un des Princes des Prêtres. C'eſt ce préjugé qui a fait croire à Joſephe (c), qu'en préſence de Veſpaſien & de toute ſa ſuite, un Juif avoit chaſſé les Démons du corps des Poſſédés en leur paſſant dans le nez un anneau, dans lequel étoit enchâſſée une racine enſeignée par Salomon. Dans le récit qu'il fait de cet événement, on voit à la vérité, qu'on obligeoit les Démons à donner quelque ſigne de leur ſortie ; mais qui n'apperçoit pas d'ailleurs que ce qu'il en raconte ne peut venir que d'un homme qui s'eſt laiſſé tromper, ou qui cherche à tromper les autres ?

XII. De tout ce que j'ai dit il réſulte, que ſi dans l'Ancien Teſtament il eſt ſouvent parlé de la vertu Magique & des prodiges opérés par la Magie ;

___

(a) Quis miſerebitur incantatori à ſerpente percuſſo ? *Eccli.* XII. 13.
(b) Tentaverunt autem quidam & de circumeuntibus Judæis exorciſtis, &c. *Act.* XIX. 13.
(c) Joſeph. *Antiq. lib.* 8. *c.* 2.

Tome II.   T

il n'en est fait d'ailleurs aucune mention dans le Nouveau. Il est vrai que comme le monde ne manqua jamais d'imposteurs, qui cherchèrent à s'attribuer le nom & la réputation de Magiciens, on trouve deux de ces Séducteurs, nommés dans les Actes des Apôtres. L'un est Elymas, (*a*) qui dans l'isle de Chypre voulut détourner le Proconsul Romain de prêter l'oreille à la prédication des Apôtres, & qui pour cela fut puni de l'aveuglement. L'autre est Simon qui depuis très-long-tems (*b*) *prêchant dans Samarie qu'il étoit quelque chose de grand, avoit séduit tout le peuple de cette Ville* au point qu'il y étoit généralement regardé comme une espéce d'homme Divin, parce que (*c*) *par l'effet de sa Magie, il avoit depuis long-tems fait tourner la tête à tous les Habitans*; c'est-à-dire qu'il les avoit séduits & éblouis par ses fourberies, comme cela est souvent arrivé en beaucoup d'autres endroits. Car que du reste il n'eût jamais pû parvenir à opérer aucun pro-

─────────

(*a*) *Act.* XIII. 6.
(*b*) Seducens gentem Samariæ, dicens se esse aliquem magnum. *Ibid.* VIII. 9.
(*c*) Propter quòd multo tempore dementasset eos. *Ibid. v.* 11.

digé, cela se voit évidemment, non-seulement en ce que l'Ecriture n'en parle point, mais aussi en ce que voyant les miracles de S Philippe, (a) *il en fut si surpris & si rempli d'admiration, qu'il demanda aussitôt le Baptême,* & ne quitta plus depuis la compagnie de cet Apôtre. Mais ayant présenté de l'argent à S. Pierre pour obtenir de lui le don de l'Apostolat, il en fut repris très-vivement, & menacé des châtimens les plus terribles ; à quoi (b) *il ne répondit autre chose, sinon qu'il prioit les Apôtres d'interceder eux-mêmes pour lui auprès du Seigneur, afin que rien de tout cela ne lui arrivât.* Voilà tout ce que nous avons de certain & d'autentique au sujet de Simon le Magicien. Mais dans les tems voisins des Apôtres les Auteurs de livres Apocryphes & d'histoires faites à plaisir profiterent admirablement de la profession de Magicien, que Simon avoit faite pendant long-tems avec tant d'adresse ; & parce que l'art Magique est fécond en merveilles très-propres à ren-

___

(a) Videns etiam signa & virtutes maximas fieri, stupens admirabatur. *Ibid. v.* 13.

[b] Respondens autem Simon dixit: precamini vos pro me ad Dominum, ut nihil veniat super me horum quæ dixistis. *Ibid. v.* 24.

dre un récit agréable & amusant, ils lui attribuerent des prodiges sans fin : entr'autres ils supposerent que dans une espece de dispute publique qu'il eut avec S. Pierre, il s'éleva en l'air, & fut ensuite précipité par les prieres de cet Apôtre. Nous avons une relation apocryphe de cette prétendue dispute de S. Pierre avec Simon le Magicien, qu'on suppose avoir été écrite par un certain Marcel Disciple de S. Pierre; Sigebert en a fait mention, & si je ne me trompe, elle a paru imprimée à Florence. Les plus anciens ouvrages apocryphes qui nous restent sont les *Récognitions de S. Clement* & les *Constitutions Apostoliques*. Dans le premier on fait dire à Simon, (a) qu'il peut se rendre invisible, traverser les précipices les plus affreux, tomber de fort haut sans se blesser, lier de ses propres liens ceux qui l'auront enchaîné, ouvrir les portes fermées, animer les statues, passer au travers du feu sans se brûler, changer de figure, se métamorphoser en chevre ou en brebis, voler par l'air, &c. Dans le second on fait dire à S. Pierre, que Simon étant à Rome, &

[a] Possum enim facere, ut volentibus me comprehendere non appaream, &c. Recog. lib. 2. c. 9.

SUR LA MAGIE. 437

s'étant rendu au Théâtre fur le midi (*a*), ordonna au peuple de fe retirer & de lui faire place, promettant qu'il alloit voler dans l'air. On ajoute, qu'en effet il s'éleva dans l'air porté par les Diables, difant qu'il montoit au Ciel, ce qui fut fuivi des applaudiffemens de tout le peuple; mais que dans le moment S. Pierre obtint par fes prieres qu'il fût précipité, après lui avoir parlé auparavant comme s'ils euffent été proche l'un de l'autre. On peut lire toute l'hiftoire, qui eft évidemment fauffe & mal imaginée. Il eft vrai que ces anciens écrits, & quelques autres de même nature, ont fervi à tromper quelques-uns des Peres & des Auteurs Eccléfiaftiques, qui fans examiner autrement la vérité, fe font laiffés entraîner au torrent, & ont fuivi l'opinion publique; fur quoi il y auroit bien des chofes à dire, fi le tems me le permettoit. Comment, par exemple, peut-on croire fans balancer que S. Jérôme ait jamais écrit, que S. Pierre alla à Rome, non pour planter la foi dans cette Capitale

---

(*a*) Ὡς καὶ ποτε μέσης ἡμέρας περελθεῖν εἰς τὸ θέατρον αὐτῶν, κελεύσας τοῖς δήμοις ἁρπαγῆναι κ᾽ ἅμα ἐν τῷ θεάτρῳ, ἐπηγγέλετο πτῆναι, δὲ ἀέρος. Conft. Lib. 6. c. 9.

du monde, & pour y établir le premier siege de la Chrétienté, mais (*a*) *pour y détruire l'Empire de Simon le Magicien ?* N'y a-t'il pas au contraire tout lieu de soupçonner, que ce peu de mots a passé anciennement d'une note mise en marge mal à propos jusques dans le texte ? Mais pour me renfermer dans les bornes de mon sujet, je dis qu'il suffit de faire attention à la source impure de tant de livres apocryphes publiés sous des noms supposés, à la diversité & à la contrariété qui regne entr'eux par rapport au fait en question, au silence enfin des Souverains Pontifes & des autres Ecrivains sur ce même fait, même des Auteurs profanes qui devoient principalement en parler, pour rester convaincu que tout ce qu'on en dit, ainsi que tous les autres prodiges attribués à la Magie de Simon, n'est qu'une fable fondée uniquement sur le bruit public. N'y a-t'il pas jusqu'à une ancienne inscription qu'on croit exister encore aujourd'hui, & qui, suivant la copie que j'en ai autrefois tirée à Rome, porte : *Sanco Sancto Semoni Deo*

―――――――

(*a*) Ad expugnandum Simonem Magum. Hieron. de Vir. ill. c. 1.

Fidio, qui sur l'équivoque du nom a été appliquée à Simon le Magicien par S. Justin, & sur son autorité par quelques autres, ce qui a fait dire au P. Pagi sur l'année 42. que *S. Justin a été trompé ou par la ressemblance des noms, ou par quelque relation infidelle?* Mais ce qui doit sur-tout décider en cette matiere, c'est le témoignage d'Origene, qui dit, (a) *qu'à la vérité, Simon put bien tromper quelques-uns des gens de son tems par sa Magie;* mais que bientôt après il perdit son crédit au point qu'il ne croyoit pas que sur toute la terre il se trouvât trente personnes de sa secte, & cela seulement dans la Palestine, *son nom n'ayant jamais été connu ailleurs*; tant il s'en falloit qu'il eût été à Rome, qu'il y eût opéré des prodiges, & qu'on lui eût élevé des statues dans cette Capitale du monde! Origene conclut, en disant qu'où le nom de Simon étoit connu, il ne l'étoit que par les Actes des Apôtres, & que (b)

(a) Ἠθέλησε δὲ καὶ Σίμων ὁ Σαμαρεὺς Μάγος τῇ Μαγείᾳ ὑφέλεσθαι τινάς, ἢ τότε μὲν ἠπάτησι, &c. Τῆς δὲ λοιπῶν οἰκυμένης οὐδαμοῦ τὸ ὄνομα αὐτοῦ, &c. Orig. cont. Cels. l. I. n. 37.

(b) Καὶ ἡ ἐνέργεια ἐμαρτύρησεν, ὅτε οὐδὲν θεῖον ὁ Σίμων ἦν. Ibid.

la vérité des faits fit connoître évidemment, qu'il n'y avoit dans cet homme rien de divin, c'est-à-dire, rien de miraculeux ni d'extraordinaire. En un mot, les Actes des Apôtres ne rapportent de lui aucun prodige, parce que le Sauveur avoit détruit tout le pouvoir de la Magie.

XIII. Pour assurer la solidité de ce principe, après l'avoir fondé sur l'Ecriture, je vais encore l'établir avec ma franchise ordinaire sur la Tradition, & faire voir que c'est véritablement en ce sens que doivent s'entendre les passages des Peres & des anciens Ecrivains Ecclésiastiques. Je commence par S. Ignace Martyr, Evêque, & successeur des Apôtres dans la Chaire d'Antioche. Ce Pere dans la premiere des Épîtres qui sont véritablement de lui, parlant de la naissance du Sauveur & de l'étoile qui apparut alors, ajoute : (a) *Parce que tout le pouvoir de la Magie s'évanouit, tous les liens de la malice furent rompus, l'ignorance fut abolie, & l'ancien Royaume de Satan*

―――――――――――――――――
(a) Ὅθεν ἐλύετο πᾶσα Μαγεία, ἢ ταῖς δοροφαῖς ἠφανίζετο κακίας, ἄγνοια καθῃρεῖτο, παλαιὰ Βασιλεία διεφθείρετο. Ign. Ep. ad Eph. n. 19.

détruit; surquoi le sçavant Cotelerius fait cette remarque : (a) *Ce fut aussi dans ce tems-là que cesserent tous les prestiges de la Magie, comme l'attestent tant d'Auteurs celebres.* Tertullien dans le livre qu'il a écrit de l'Idolâtrie, dit, (b) *On sçait la liaison étroite qu'il y a entre la Magie & l'Astrologie. Dieu permit que cette Science regnât sur la terre jusqu'au tems de l'Evangile, afin qu'après la naissance de Jesus-Christ il ne se trouvât plus personne, qui entreprît de lire dans le Ciel le bonheur ou le malheur de qui que ce soit.* Un peu plus bas il ajoute : (c) *C'est ainsi que jusqu'au tems de l'Evangile Dieu toléra sur la terre cette autre espece de Magie qui opere des prodiges, & qui osa même se déclarer rivale des miracles de Moïse.*

Origene dans ses livres contre Celse

(a) Nec minùs cognita est dissolutio Magicorum præstigiorum, utpote testes nacta illustres.

(b) Scimus Magiæ & Astrologiæ inter se societatem, &c. At enim scientia ista usque ad Evangelium fuit concessa, ut Christo edito nemo exindè nativitatem alicujus de cælo interpretetur. *Tertul. de Idol. c.* 9.

(c) Sic & alia species Magiæ, quæ miraculis operatur, etiam adversùs Moysem æmulata, patientiam Dei traxit ad Evangelium usque. *Ibid.*

parlant des trois Mages & de l'étoile qui leur apparut, dit qu'alors le pouvoir de la Magie s'étendoit si loin, qu'il n'y avoit point d'art plus puissant & plus divin; mais à la naissance du Sauveur (a) l'Enfer fut déconcerté, les Démons perdirent leur force, tous les charmes furent détruits & toute leur vertu s'évanouit. Les Mages (b) voulant donc faire leurs enchantemens & leurs opérations ordinaires, & ne pouvant y réussir, en chercherent la raison; & ayant vû paroître au Ciel cette nouvelle étoile, ils conjecturerent que *celui-là étoit né qui devoit commander à tous les Esprits*, ce qui les détermina à partir pour venir l'adorer.

S. Athanase, dans son Traité de l'Incarnation, enseigne que le Sauveur (c) *a délivré toutes les créatures des tromperies & des illusions de Satan, & qu'il*

(a) Διὰ τοῦτο οἱ δαίμονες ἠτόνησαν καὶ ἐξηθύνησαν, ἐλεγχθείσης αὐτῶν τῆς γοητείας, καὶ καταλυθείσης τῆς ἐνεργείας. Orig. cont. Cels. l. I. n. 60.

(b) Οἱ τοίνυν Μάγοι τὰ συνήθη πρώτην θέλοντες, ἅπερ πρότερον διά τινων ἐπαδῶν καὶ μαγγανείων ἐποίουν, &c.

(c) Καὶ τὰ πάντα πάσης ἀπάτης ἠλευθέρωσε, καὶ ἤλεγξεν, ὡς Παῦλός φησι, ἀπεκδυσάμενος τὰς ἀρχὰς, καὶ τὰς ἐξουσίας. Athan. de Incarn. T. I. p. 87.

SUR LA MAGIE. 443

s'est enrichi, comme dit S. Paul, des dépouilles des Principautés & des Puissances. Quand est-ce, dit-il ensuite (a), que les Oracles ont cessé de répondre, tant dans la Grece que dans le reste du monde, si ce n'est depuis la venue du Sauveur sur la terre ? Quand a-t-on commencé à mépriser l'art Magique & ses préceptes ? n'est-ce pas depuis que les hommes ont commencé à jouir de la divine présence du Verbe ? Autrefois, continue-t-il, (b) les Démons faisoient illusion aux hommes par divers fantômes, & s'attachant aux rivieres ou aux fontaines, aux pierres & au bois, ils attiroient par leurs prestiges l'admiration des foibles mortels ; mais depuis la venue du Verbe divin, toutes leurs ruses se sont évanouies. Un peu plus bas il ajoute : (c) Mais que dirons-nous de la

---

(a) Πότε δὲ τὰ παρ᾽ Ἕλλησι ᾗ πανταχοῦ μαντεῖα πέπαυσαι, &c. Πότε δὲ τῆς Μαγείας ἡ τέχνη ᾗ τὰ διδασκαλεῖα ἤρξαντο καταπατεῖσθαι, εἰ μὴ ὅτε τὰ θεοφάνια τοῦ λόγου γέγονεν ἐν ἀνθρώποις. Ibid. n. 46.

(b) Καὶ πάλαι μὲν δαίμονες ἐφαντασιοσκόπουν τοὺς ἀνθρώπους, &c. Ibid. n. 47.

(c) Τί δὲ περὶ τῆς θαυμαζομένης παρ᾽ αὐτοῖς Μαγείας ἄν τις εἴποι; ὅτε πρὶν μὲν ἐπιδημῆσαι τὸν λόγον, ἴσχυε ᾗ ἐνήργει, &c. Διηλέγχθη ᾗ αὐτή, ᾗ κατηργήθη παντελῶς. Ibid.

T vj

Magie pour laquelle ils ont tant d'admiration? Avant l'Incarnation du Verbe elle étoit en honneur chez les Egyptiens, les Chaldéens, les Indiens, & se faisoit admirer de ces peuples par des prodiges; mais depuis que la vérité est descendue sur la terre & que le Verbe s'est montré aux hommes, son pouvoir a été détruit, & elle est elle-même tombée dans l'oubli. Dans un autre endroit réfutant les Gentils, qui attribuoient les miracles du Sauveur à la Magie, *Ils l'appellent Magicien,* dit-il; (a) *mais peut-on dire qu'un Magicien ait détruit toute espece de Magie, au lieu de travailler à l'établir?*

Dans son Commentaire sur Isaïe, S. Jerôme joint cette interprétation à plusieurs endroits du Prophete, (b) *Depuis la venue du Sauveur, tout cela doit s'entendre dans un sens allégorique;*

(a) Εἰ δὲ Μάγον λέγουσι, πῶς διοτί ἐστιν ἐκ Μάγου κατέστησε πᾶσαν τὴν Μαγείαν, ἢ μὴ μᾶλλον συνίστασθαι?

(b) In adventu Christi hæc omnia τροπικῶς intelligenda sunt; &c. Quòd scilicet omnis error Egyptiacarum aquarum, & artes maleficæ, quibus subjectis populus illudebatur, Christi solventur adventu. *Hier. in Is.* c. 19. & 49. p. 204.

car toute l'erreur des eaux d'Egypte, & tous les arts pernicieux, qui faisoient illusion aux peuples qui s'en étoient laissé infatuer, ont été détruits par l'arrivée de Jesus-Christ. Un peu après il ajoute: (a) Que Memphis ait été aussi fort adonnée à la Magie, les vestiges qui subsistent encore de nos jours de ses anciennes superstitions, ne permettent pas d'en douter. Or ceci nous apprend en peu de mots, qu'à l'approche de la désolation de Babylone, tous les projets des Magiciens & de ceux qui promettoient de dévoiler l'avenir, sont une pure folie, & s'en vont en fumée à la venue de Jesus-Christ. Il dit encore ailleurs, que Jesus-Christ étant venu au monde, (b) toutes les especes de divination & toutes les fourberies de l'Idolâtrie perdirent leur efficace; en sorte que les Mages de l'Orient comprenant qu'il

(a) Memphim quoque Magicis artibus dedicatam pristini usque ad præsens tempus vestigia erroris ostendunt. Et hoc breviter indicatur, quòd Babyloniæ vastitate veniente., &c.

(b) Ita ut divinationes, & universa fraus Idololatriæ, quæ deceptum possidebat orbem, se fractam esse sentiret; in tantùm ut Magi de Oriente... intelligentes natum Filium Dei, qui omnem artis eorum destruerat potestatem, venirent Bethleem. Ibid. pag. 290.

étoit né un Fils de Dieu qui avoit détruit toute la puissance de leur art, vinrent à Béthléem.

Théophile d'Alexandrie, dans sa lettre Paschale adressée aux Evêques d'Egypte, & après lui S. Jérôme qui nous a donné une traduction Latine de cette lettre, disent que (a) *Jesus-Christ par sa venue a détruit tous les prestiges de la Magie.* Ils ajoutent: *Jesus-Christ par sa présence ayant détruit l'Idolâtrie, il s'en suit que la Magie qui est sa mere, a été détruite de même.* On appelle la Magie mere de l'Idolâtrie, parce qu'elle transporte à un autre la confiance & la soumission qui n'est dûe qu'à Dieu. S. Ambroise dit : (b) *Le Magicien s'apperçoit de l'inutilité de son art, & vous ne comprenez pas encore que le Rédempteur qui vous a été promis est arrivé!* Je pourrois rassembler ici beaucoup d'autres passages des Peres,

___

(a) Quia Christus Magorum præstigia suo delevit adventu. *Hier. t. 1. p. 570.*

Cùm autem Idololatria Christi majestate deleta sit, indicat & parentem suam artem Magicam secum pariter dissolutam.

(b) Magus ergò intelligit suas cessare artes ; tu non intelligis tua dona venisse! *Ambros. in Luc. l. 2. c. 20.*

si j'avois les livres à la main, ou si le tems me permettoit de les recueillir.

XIV. Mais pourquoi s'amuser à une recherche inutile ? Ce que j'ai dit suffit pour faire voir que ce sentiment a été celui non pas d'un ou deux des Peres seulement, ce qui ne prouveroit rien, mais de la plus grande partie de ceux d'entr'eux, qui ont parlé de cette matiere ; ce qui ne fait pas le grand nombre. Après cela peu importe, que dans des siecles postérieurs & moins éclairés il se soit répandu mille contes au sujet de la Sorcellerie & des enchantemens, & qu'ils ayent acquis créance dans l'esprit des peuples, à proportion de leur ignorance & de leur grossiereté. On peut lire, si l'on en est curieux, cent histoires de cette nature rapportées par Saxon le Grammairien & par Olaus Magnus. On trouvera aussi dans Lucien & dans Apulée, comment de leur tems même, ceux qui vouloient être portés par les airs ou être métamorphosés en bêtes, commençoient par se dépouiller, se frottant de certaines huiles depuis les pieds jusqu'à la tête ; il se trouvoit encore alors des Imposteurs, qui promettoient comme auparavant d'opérer par le moyen de la Magie toutes sortes de prodiges, & qui continuoient les mêmes extravagances.

Il y a des personnes en assez grand nombre, qui ont une certaine répugnance à refuser d'ajoûter foi à tout ce qui se dit des prodiges de la Magie, comme si c'étoit nier la vérité des miracles, & l'existence du Diable; & à ce sujet ils ne manquent pas d'alléguer, qu'au nombre des Ordres reçus dans l'Eglise se trouve celui des Exorcistes, & que les Rituels sont remplis de prieres & de bénédictions contre la malice & les embûches du Démon. Mais il ne faut pas confondre ici deux choses fort différentes. Bien-loin que les miracles & les merveilles opérées par la vertu divine doivent nous porter à croire la vérité de ceux que l'on attribue au Démon, ils nous apprennent au contraire que Dieu s'est réservé ce pouvoir à lui seul. Nous n'éprouvons que trop qu'il y a véritablement des Esprits malins, & qu'ils ne cessent de nous tenter. A l'égard de l'Ordre des Exorcistes, on sçait qu'il a été établi dans l'Eglise dès les premiers siécles du Christianisme: les Peres les plus anciens en font mention; mais nous n'apprenons d'aucun d'eux qu'ils ayent été institués contre la Sorcellerie & autres fourberies de même nature, mais seulement, comme encore aujourd'hui, pour délivrer les Possedés ; (a) *pour chasser les Démons des corps des Possedés*, dit le Manuel de l'Ordination. On ne nie donc pas que pour des raisons qu'il ne nous appartient pas d'examiner, Dieu ne permette quelquefois au Démon de s'emparer de quelqu'un & de le tourmenter ; on nie seulement que l'Esprit de ténébres puisse jamais en venir là pour obéir ou pour complaire à une malheureuse de la lie du peuple. On ne nie pas que pour punir les péchés des hommes le Tout-puissant ne puisse se servir quelquefois en différentes façons du ministere des Esprits malins : car, comme le dit S. Jérome (b), *Dieu fait sentir aux hommes sa colere & sa fureur par le ministere des Anges rebelles* ; mais on nie que cela arrive jamais par la vertu de certaines figures, de certaines paroles, de certains signes que feront des ignorans ou des scélérats,

---

(a) Ad abjiciendos Dæmones de corporibus obsessis.
(b) Mittit siquidem Dominus in iram & furorem suum per Angelos pessimos. *Hier. ad Eph.* 1. 7. *pag.* 574.

ou bien quelques malheureuses & vieilles folles, ou par aucune autorité qu'ils ayent sur le Démon, Le Souverain Pontife qui gouverne aujourd'hui l'Eglise avec tant de gloire, traite fort au long (a) dans ses excellens Ouvrages des prodiges opérés par le Démon & rapportés dans l'Ancien Testament; mais il n'y parle nulle part d'aucun effet produit par la Magie ou par la Sorcellerie depuis la venue de Jesus-Christ. Nous avons dans le Rituel Romain des prieres & des oraisons pour toutes sortes de besoins : on y trouve des conjurations & des exorcismes contre les Démons ; mais par tout où le texte n'en a point été corrompu, il n'y est fait aucune mention ni de personnes ni de choses ensorcelées, & s'il y en est parlé, ce n'est que dans des additions postérieures faites par des particuliers. On sçait au contraire que plusieurs livres traitant de cette matiére, & contenant des prieres nouvellement composées par quelques particuliers, ont été prohibés. Ainsi on a défendu le livre intitulé *Circulus Aureus*, dans lequel on prescrit les con-

___
(a) Vid. *de Beatif.* l. 4. P. 1. c. 30.

jurations nécessaires pour évoquer *les Démons de toute espéce, du ciel, de l'enfer, de la terre, du feu, de l'air & de l'eau*, pour détruire toutes sortes *d'enchantemens, de charmes, de sorts & de maléfices*, en quelque lieu qu'ils soient cachés, même les eût-on avalés, & de quelque matiére qu'ils soient composés, soit mâle ou femelle, *Magicien ou Sorciere* qui les ait faits ou donnés, & nonobstant *tous pactes & toutes conventions faites entr'eux & le malfaiteur par le moyen de la Magie*. La défense que fait l'Eglise de lire & de garder ces sortes de livres, ne devroit-elle pas suffire pour nous convaincre de la fausseté de ce qu'ils supposent, & pour nous apprendre combien ils sont contraires à la vraie religion & à la saine dévotion? Il y a trois ans qu'on imprima en cette ville un petit livre, dont l'Auteur n'étoit pourtant pas de Vérone, où l'on promettoit d'enseigner la maniére *de délivrer les Possedés, & de défaire toutes sortes de maléfices.* On y lit (a) que

---

(a) Qui maleficiis obstricti sunt, vitam agunt acerbissimam, quæ potiùs prolixa mors dicenda est: similes recenti cadaveri, &c. *pag.* 53. & 54.

ceux sur lesquels on a jetté quelque sort ou maléfice, menent une vie malheureuse qu'on devroit plutôt appeller une longue mort, semblables à un cadavre d'un homme qui vient d'expirer, &c. Ce n'est pas tout : car *presque tous en meurent ; & si ce sont des enfans, ils ne vivent gueres.* Voyez jusqu'où va la puissance, que des personnes simples attribuent, non seulement au Démon, mais aux hommes les plus vils, qu'elles croyent bonnement entretenir liaison & commerce avec lui. On dit ensuite dans ce livre (a), que *les signes qui dénotent qu'il y a du maléfice, sont des écorces, des herbes, des plumes, des os, des clous, des cheveux* ; mais on avertit, que les plumes ne prouvent qu'il y a de la Sorcellerie, *que quand elles sont entrelacées ensemble en forme de cercle, ou à peu près.* Et il faut encore bien prendre garde, si quelque *femmelette* n'a point donné quelque chose à manger, quelques fleurs à sentir, ou si elle n'a point touché l'épaule de la personne maléficiée. Nous avons un excellent préservatif contre ces sortes de simplicités dans le vaste

(a) Pag. 67. & 75.

recueil de Dom Martene, intitulé *De antiquis Ecclesiæ Ritibus*, où l'on voit qu'entre une infinité de prieres, d'oraisons & d'exorcismes usités dans tous les tems & dans tous les pays de la Chrétienté, il ne se trouve pas un seul endroit où il soit parlé de maléfices, de Sorcellerie, de Magie ou d'opérations Magiques. On y fait bien commandement au Démon au nom de Jesus-Christ de sortir & de s'éloigner; on y implore la protection divine, pour être délivré de son pouvoir, auquel nous naissons tous sujets par la tache que nous avons contractée du péché originel; on y prie pour que l'eau bénite, le sel & l'encens sanctifiés par les prieres de l'Eglise chassent l'ennemi; pour que nous ne tombions point dans ses lacs, & que nous n'appréhendions point les attaques des Esprits immondes; mais il n'y est dit nulle part que les charmes ayent le pouvoir de les faire agir, & on n'y prie Dieu en aucun endroit de nous en délivrer ou de nous en guérir. Il est si peu vrai que nous devions ajouter foi aux fables qui se débitent à ce sujet, que je me souviens parfaitement d'avoir lû il y a long-temps dans d'anciens Casuistes, qu'on doit mettre au nombre des péchés griefs, de croire que l'art Magique puisse véritablement opérer les merveilles qu'on en raconte. J'observerai à cette occasion, que j'ignore comment l'Auteur du livre en question a fait la bévûe de citer deux fois certain manuscrit comme se trouvant dans un autre cabinet que le mien, tandis que c'est un fait public que je l'achetai autrefois fort cher, ne sçachant pas qu'il y manquoit la partie la plus importante & la plus curieuse. On peut voir ce que j'en ai dit dans les opuscules que j'ai joints à *l'Histoire de la Théologie* (*a*). Il suffit pour le présent de se rappeller, que dans le fameux Canon *Episcopi* rapporté premiérement par Réginon (*b*) on lit ces paroles remarquables : (*c*) *Une infinité de gens trompés par ce faux préjugé, croyent que tout cela est vrai, & en le croyant s'éloignent de la vraie foi pour donner*

_____

(*a*) Pag. 243.
(*b*) Lib. 2. n. 364.
(*c*) Innumera multitudo, hâc falsâ opinione decepta, hæc vera esse credunt, & credendo à rectâ fide deviant, & errore Paganorum involvuntur, cùm aliquid divinitatis aut numinis extra unum Deum arbitrantur. *Caus.* 26. *Qu.* 6. *cap.* 12.

dans la superstition des Payens, s'imaginant pouvoir trouver ailleurs que dans Dieu quelque Divinité & quelque vertu surnaturelle.

XV. Par tout ce que j'ai dit jusqu'ici, il paroît combien ce qui se dit communément de cette prétendue Magie est éloigné de la vérité, contraire à toutes les maximes de l'Eglise, & opposé à l'autorité la plus respectable, & quel tort pourroit faire à la saine Doctrine & à la vraie piété, d'entretenir & de favoriser des opinions si extravagantes. On lit dans l'Auteur que je combats: *Que dirons nous des Esprits folets, prodige si notoire & si commun?* C'est merveille que ce soit un *prodige*, & qu'en même tems il soit *commun*. On ajoute: *Il n'y a point de ville, pour ne pas dire de village, qui ne puisse en fournir plusieurs exemples.* Pour moi, j'ai vû bien du pays, j'ai soixante & quatorze ans bien comptés, je n'ai peut-être porté que trop loin ma curiosité sur cet article; & j'avoue qu'il ne m'est jamais arrivé de rencontrer aucun prodige de cette espece: je puis même ajoûter, que plusieurs Inquisiteurs très-sensés, après avoir exercé cet emploi pendant fort long-tems, m'ont aſſûré auſſi qu'ils n'en avoient jamais connu. Ce n'eſt pas que ſouvent il ne me ſoit paſſé par les mains bien des Folets en toutes ſortes de formes & de figures différentes ; mais j'ai toujours découvert & fait connoître, que ce n'étoit qu'imagination & rêverie. D'un côté on prétend qu'il y en a parmi eux d'une eſpece malicieuſe, qui ſont amoureux des belles filles, & de l'autre on veut qu'au contraire toutes les Sorcieres ſoient vieilles & laides. Combien ne ſeroit-il pas à ſouhaiter, que le peuple fût une bonne fois détrompé de ces folies, qui s'accordent ſi mal avec la ſaine doctrine & la vraie piété ! N'eſt-on pas encore infatué de nos jours de ce qu'on dit des charmes qui rendent invulnérables, des anneaux dans leſquels ſont renfermés des Folets, des billets qui guériſſent de la fiévre quarte, des paroles qui font deviner le numero auquel le lot doit tomber, du ſas qu'on fait tourner pour découvrir un voleur ; de la cabale qui par le moyen de certains vers & de certaines réponſes, qu'on ſuppoſé fauſſement renfermer une certaine combinaiſon de mots, dévoile les choſes les plus cachées ? Ne ſe trouve t'il pas

encore

encore des gens assez simples, ou qui ont assez peu de religion, pour acheter quelquefois fort cher toutes ces bagatelles? Car le monde ne manque point encore aujourd'hui de ces Prophetes dont parle Michée, que (a) *l'argent inspiroit & rendoit sçavans*. N'avons nous pas encore des Calendriers, où l'on marque les jours heureux & malheureux, comme cela s'est fait pendant un tems sous le nom des Egyptiens? N'empêche-t'on pas d'habiter certaines maisons sous prétexte qu'elles sont infestées, c'est-à-dire, que la nuit on y voit des spectres & qu'on y entend un grand bruit de chaînes, les uns voulant que ce soient les Diables, d'autres que ce soient les Ames des Trépassés qui font tout ce tintamarre? ce qui est assez surprenant, que ce soient des Ames ou des Diables, & qu'ils n'ayent le pouvoir de se faire sentir que la nuit. Et combien de fois n'a-t'on pas vû arriver des divisions funestes, principalement entre les paysans, sur ce que quelqu'un d'eux en aura accusé d'autres de Sorcellerie? Mais que dire des Esprits incubes & succubes, dont-on veut, malgré l'impos-

---

(a) In pecuniâ divinabant. *Mich.* III. 11.

fibilité, foutenir la réalité & l'exiſtence? M. Muratori, dans l'endroit où il traite de l'imagination, met les contes qu'on en fait au même rang que ce qui ſe raconte du Sabat; & il dit (a) que *ces opinions extravagantes ſont aujourd'hui ſi décréditées, qu'il n'y a plus que le peuple le plus groſſier qui s'en laiſſe bercer*. Un de mes amis me fit rire l'autre jour, quand parlant de ces prétendus Eſprits incubes, il dit que ceux qui les croyoient, n'étoient pas ſages de ſe marier. Que dirons nous encore des pacts tacites dont l'Auteur fait ſi ſouvent mention, & dont il ſuppoſe la réalité? Ne voit-on pas que cette opinion va à faire du Diable un Dieu? Car que quelqu'un, par exemple, demeurant à deux ou trois cens lieues de nous, ait fait pact avec le Démon, que toutes les fois qu'on ſuſpendra un pendule au-deſſus d'un verre, il marquera l'heure auſſi réguliérement que l'horloge la plus exacte; ſelon ce ſentiment, cette même merveille arrivera également & au même inſtant, non ſeulement dans cette ville où nous ſommes, mais par toute la terre, &

(a) Pag. 127.

elle se réiterera autant de fois que l'on voudra en faire l'épreuve. Or ceci est toute autre chose, que de porter une Sorciere au Sabat au travers des airs, ce que l'Auteur prétend être au dessus des forces du Démon ; c'est attribuer à cet Esprit de malice une espece de toute-puissance & d'immensité. Mais qu'arrivera-t'il, quand quelqu'un aura fait pact avec un Démon pour qu'il y ait du beau tems, tandis qu'un autre aura fait pact de son côté avec un autre Démon pour qu'il y en ait de mauvais ? Le bon Pere le Brun veut que l'on attribue à des pacts tacites tous les effets qu'on ne peut expliquer naturellement ; si cela est, que de pacts tacites il y aura dans le Monde ! Il ajoûte foi aux contes que l'on a faits de la Baguette divinatoire, & à la vertu qu'on lui a attribuée de faire découvrir les voleurs & les meurtriers, quoique toute la France ait reconnu depuis, que le premier Auteur de cette fable étoit un fourbe, qui ayant été appellé à Paris, ne put jamais y faire voir aucun des effets dont il s'étoit vanté. Pour peu qu'on ait d'idée du nombre infini de corpuscules invisibles qui sont répandus dans le monde, de leur écoulement continuel des corps naturels, & des effets cachés & merveilleux qu'ils produisent, on ne sera jamais fort étonné, qu'à une distance médiocre l'eau & les métaux operent sur certaines sortes de bois. Le même Auteur croit encore bonnement ce qui se disoit, que la contagion & la mortalité répandue parmi les bestiaux provenoit de quelque sort; de même que celui qui assuroit, que son pere & sa mere étoient demeurés impuissans pendant sept ans, *ce qui ne cessa que lorsqu'une vieille eut rompu le charme.* Il cite à ce sujet un Rituel dont le P. Martene ne parle point, d'où il suit qu'il ne l'a pas reconnu pour autentique. Pour se faire une idée de la crédulité de cet Ecrivain, il suffit de lire l'historiette qu'il rapporte d'un certain Damis. Mais on trouve sur-tout un abregé incomparable de ces merveilles extravagantes dans un petit livre dédié au Cardinal Horace Maffei, intitulé *Compendium Maleficarum*, ou l'*Abregé des Sorcieres*, & imprimé à Milan en 1608.

XVI. En un mot il n'est pas peu important de détruire les erreurs populaires, qui attaquent les attributs inaltérables de l'Etre suprême, com me s'il se fût fait une loi de condescendre à tous les désirs impies & bisarres des Esprits malins & des fous qui ont recours à eux, en les secondant, & permettant les effets merveilleux qu'ils veulent produire. La raison & le bon sens permettent-ils d'imaginer, que le Souverain Maître de toutes choses, qui pour des raisons qu'il ne nous est pas permis d'examiner, refuse si souvent d'exaucer les prieres les plus vives que nous lui faisons pour nos besoins, tant publics que particuliers, soit si prompt à se prêter aux désirs du plus vil & du plus méchant de tous les hommes, en permettant que ce qu'il souhaite arrive ? Tant qu'on croira la réalité de la Magie, qu'elle est capable d'opérer des prodiges, & que par son moyen l'homme peut forcer le Démon à lui obéir, on aura beau prêcher contre la superstition, l'impiété & la folie des Sorciers ; il ne se trouvera toujours que trop de gens qui essayeront d'y réussir, qui feront pour cela des tentatives, & qui même s'imagineront y avoir en effet réussi. Pour déraciner cette peste, il faut commencer par faire bien entendre aux hommes, que c'est inutilement qu'ils se rendent coupables de ce crime horrible, que par cette voie on n'obtient jamais rien de ce que l'on souhaite, & que tout ce qui se débite à ce sujet n'est que fable & que chimere. Il ne sera pas difficile de persuader de cette vérité toute personne sensée, en l'engageant seulement à faire attention, s'il est possible que tous ces miracles prétendus soient véritables, tandis qu'il est averé que la Magie n'a jamais eu le pouvoir d'enrichir ceux qui en faisoient profession; ce qui seroit beaucoup plus facile. Comment cet art si merveilleux pourroit-il envoyer des maladies à ceux qui se portent bien, rendre deux époux impuissans, faire devenir invisible ou invulnérable, tandis qu'il n'a jamais pû faire passer dans la bourse d'un Magicien cent écus, qu'un autre tenoit serrés dans son coffre? Et pourquoi ne fait-on aucun usage d'un art si merveilleux dans les armées? pourquoi est-il si peu recherché des Princes & de leurs Ministres? Le moyen le plus efficace pour dissiper toutes ces imaginations vaines, seroit de n'en parler jamais, & de les ensévelir dans un silence & dans un oubli éternel. Que dans un pays où de tems immémorial personne n'aura jamais été soupçonné de sorcellerie, on apprenne qu'il soit arrivé un Religieux pour informer de ce crime, & pour les punir; aussitôt on verra courir à lui des troupes de filles attaquées des pâles couleurs, & d'hommes hypocondriaques: on y verra porter en foule des enfans attaqués de maladies inconnues; & on ne manquera pas d'assurer que c'est l'effet de sorts qu'on a jettés sur eux, & même de raconter quand & comment la chose est arrivée. C'est certainement s'y prendre fort mal, soit dans les prédications, soit dans les ouvrages que l'on met au jour contre les Sorcieres, de s'amuser à faire l'histoire de tout ce dont se vantent ces extravagantes, des faits auxquels on prétend qu'elles ont eu part, & de la maniere dont ils sont arrivés: on a beau alors déclamer contre elles; on doit être assuré qu'il ne manque pas de se trouver aussitôt des gens, qui se laissent éblouir par ces prétendues merveilles, qui deviennent épris de ces effets si extraordinaires & si prodigieux, qui mettent en œuvre pour y parvenir ces mêmes moyens qu'on vient de leur apprendre, & qui n'oublient rien pour mériter d'être du nombre de cette société imaginaire. C'est donc avec raison que l'Auteur dit dans son livre, que le châtiment même ne sert quelquefois qu'à rendre le crime plus commun, & qu'*il n'y a jamais plus de Sorcieres, que dans les lieux où elles sont le plus persécutées.* Je suis charmé de pouvoir finir par cet éloge, afin que l'on voie d'autant mieux que si j'ai attaqué ici la Magie, ce n'est qu'avec des intentions droites.

XVII. L'empressement avec lequel jai écrit cette lettre, m'a fait oublier plusieurs choses qui pouvoient fort bien y avoir place. La plus grande difficulté qu'on puisse opposer pour combattre mon sentiment, est qu'il se trouve quelquefois, même parmi les personnes d'un certain sçavoir & d'un certain bon sens, des gens qui vous disent : *mais moi j'ai vû ceci & cela ; il m'est arrivé à moi-même d'éprouver telle & telle chose.* Sur quoi il est à propos de faire d'abord attention aux tours merveilleux de certains joueurs de gobelets, qui par leur expérience & par leur adresse viennent à bout de faire illusion aux personnes mêmes les plus clairvoyantes & les plus sensées. On doit considérer ensuite, que les effets les plus naturels peuvent quelquefois paroître surpasser les forces de la nature, lorsqu'on sçait les représenter habillement sous un point de vûe favorable. J'ai vû autrefois un Charlatan, qui ayant passé un clou ou une grosse épingle dans la tête d'un poulet, le clouoit avec cela sur une table, ensorte qu'il paroissoit mort, & étoit crû tel de tous ceux qui étoient présens; ensuite le Charlatan ayant ôté le clou, & ayant fait quelques singeries, le poulet reprenoit la vie & marchoit par la chambre. Tout le secret consiste en ce que ces oiseaux ont au devant de la tête deux os joints par une suture, dans laquelle si on fait passer quelque chose avec adresse, on leur cause de la douleur, mais ils ne meurent point pour cela. On peut faire entrer dans le gras de la jambe d'un homme des épingles assez grosses sans blessure & sans douleur, sinon très-légere, telle qu celle d'une piquûre, qui se fait sentir lorsque l'épingle commence à entrer; ce qui a servi quelquefois de passetems à des badins. Dans mon jardin qui, grace aux soin de M. Seguier, est devenu un vrai jardin de Botanique, j'ai une plante nommée *Onagra*, qui monte jusqu'à la hauteur d'un homme, & qui porte de très-belles fleurs ; mais elles demeurent fermées pendant tout le jour : elles ne s'ouvrent & n'épanouiffent que vers le coucher du foleil, & cela non pas peu à peu, comme il arrive à celles de toutes les autres plantes de nuit, mais en pouffant tout d'un coup, & fe montrant en un moment dans toute leur beauté. Un peu avant que leur calice creve, il fe gonfle & s'enfle quelque peu. Or fi quelqu'un profitant de cette derniere particularité peu connue, vouloit perfuader à quelques perfonnes fimples qu'à l'aide de quelques paroles Magiques il peut, quand il le veut, faire naître en un moment une belle fleur, n'eft-il pas certain qu'il trouveroit affez de gens difpofés à le croire ? Il n'y a rien que ne faffent aujourd'hui les gens du commun, pour trouver le fecret de fe rendre invulnérables ; en quoi ils font voir qu'ils attribuent plus de pouvoir à la Magie, que ne lui en accordoient les Anciens, qui la croyoient bien capable de faire le mal, mais non pas de faire le bien. Auffi quand la plûpart des Juifs attribuoient au Démon les miracles du Sauveur, quelques-uns d'entr'eux plus sensés & plus raisonnables leur demandoient : (a) *Est-ce que le Démon peut rendre la vûe aux aveugles ?* Aujourd'hui on a plus de moyens que jamais d'en faire accroire aux personnes simples & ignorantes. Seroit-il, par exemple, fort difficile à un homme de se faire passer pour Magicien, s'il disoit aux assistans : je puis à ma volonté faire passer la balle de ce pistolet au travers de cette planche, ou faire seulement qu'elle la touche, & qu'elle tombe au pied sans la percer ? Cependant rien n'est plus facile ; il s'agit seulement quand on charge le pistolet, au lieu de chasser la bourre immédiatement sur la balle, comme c'est l'usage, de la mettre au contraire à l'embouchure du canon. Après cela, lorsqu'on vient à tirer, si l'on hausse un peu le bout du pistolet, la balle qui ne sera point déplacée, produira l'effet ordinaire ; au contraire si on baisse le pistolet, ensorte que la balle coule dans le canon & joigne la bourre qui est à l'embouchure, elle ira donner dans la planche, & tombera à terre

―――――――――――

(a) Numquid Dæmonium potest cæcorum oculos aperire ? *Joan.* x. 21.

sans la percer. Il me semble qu'il se trouve quelque chose de semblable dans les *Expériences naturelles* de Redi, que je n'ai pas pour le moment sous la main. Combien d'autres maniéres ingénieuses de faire illusion ne pourrois-je pas rapporter ici? On pourra consulter à ce sujet Jean-Baptiste Porta & autres. Il ne faudroit pourtant pas mettre au nombre de ces especes de Magie ce que me marquoit un ami en badinant dans une lettre très-polie qu'il m'écrivit il y a deux mois. Une exhalaison bruyante s'étant enflammée dans une maison, & n'ayant point été apperçue de lui qui étoit dans la place voisine, non plus que de tout autre endroit, il me mandoit que ceux qui, selon le préjugé vulgaire, persistoient à croire que ces sortes de feux venoient du Ciel & des nuées, étoient nécessairement obligés d'attribuer cet effet à une vraie Magie. J'ajoûterai encore au sujet des Phénomenes de l'Electricité, que ceux qui croyent pouvoir les expliquer par le moyen de deux fluides électriques, l'un caché dans les corps, l'autre qui circule autour d'eux, diroient peut-être quelque chose de moins étonnant & de moins étrange, s'ils les attribuoient à la Magie. J'ai tâché dans la derniere lettre qui est jointe à celle que j'ai écrite sur les exhalaisons, de donner quelque explication de ces merveilles, & je l'ai fait du moins sans être obligé d'inventer de ma tête & sans fondement deux matiéres électriques universelles, qui circulent au dedans des corps & au dehors. Certes les Philosophes Anciens, qui ont tant raisonné sur l'Aiman, se seroient épargné bien de la peine, s'ils eussent crû pouvoir attribuer ses propriétés admirables à un esprit magnétique qui en fortît. Mais le plaisir que je trouverois à raisonner avec eux, m'engageroit peut-être dans d'autres matiéres : c'est pourquoi je finis.

FIN.

APPROBATION.

J'AI lû par ordre de Monseigneur le Chancelier, *une Lettre de M. le Marquis Maffei sur la Magie, traduite de l'Italien en François* ; je n'y ai rien trouvé qui puisse en empêcher l'impression. Fait à Paris ce 27 Juin 1751.

GEINOZ.

PRIVILEGE DU ROI.

LOUIS, par la grace de Dieu, Roi de France & de Navarre : A nos amés & féaux Conseillers, les Gens tenans nos Cours de Parlement, Maîtres des Requêtes ordinaires de notre Hôtel, Grand Conseil, Prévôt de Paris, Baillifs, Sénéchaux, leurs Lieutenans Civils, & autres nos Justiciers qu'il appartiendra : SALUT. Notre bien-amé JEAN DEBURE l'aîné, Libraire à Paris, ancien Adjoint de sa Communauté, Nous a fait exposer qu'il désireroit faire imprimer & donner au Public des ouvrages qui ont pour titre : *Considérations sur la cause Physique des tremblemens de terre*, par M. Hale, avec la lettre Pastorale de M. l'Evêque de Londres sur *la cause Morale du même Phénomène. Lettre sur la Magie traduite de l'Italien de M. le Marquis Maffei*; s'il Nous plaisoit de lui accorder nos Lettres de Permission pour ce nécessaires. A ces causes, voulant favorablement traiter l'Exposant, Nous lui avons permis & permettons par ces Présentes, de faire imprimer ledit ouvrage en un ou plusieurs volumes, & autant de fois que bon lui semblera, & de le faire vendre & débiter par tout notre Royaume, pendant le tems de trois années consécutives, à compter du jour de la date des Présentes. Faisons défenses à tous Imprimeurs, Libraires & autres personnes de quelque qualité & condition qu'elles soient, d'en introduire d'impression étrangére dans aucun lieu de notre obéissance; à la charge que ces Présentes seront enregistrées tout au long sur le Regiftre de la Communauté des Imprimeurs & Libraires de Paris, dans trois mois de la date d'icelles ; que l'impression desdits ouvrages sera faite dans notre Royaume, & non ailleurs, en bon papier & beaux caracteres, conformément à la feuille imprimée attachée pour modele sous le contre-scel des Présentes ; que l'impétrant se conformera en tout aux Reglemens de la Librairie, & notamment à celui du 10 Avril 1725. qu'avant de les exposer en vente, le manuscrit ou imprimé qui aura servi de copie à l'impression desdits Ouvrages, seront remis dans le même état où l'Approbation y aura été donnée, és mains de notre très cher & féal Chevalier Chancelier de France le Sieur DELAMOIGNON, & qu'il en sera ensuite remis deux Exemplaires de chacun dans notre Bibliotheque publique, un dans celle de notre Château du Louvre, un dans celle de notredit très-cher & féal Chevalier, Chancelier de France, le Sieur DELAMOIGNON, & un dans celle de notre très-cher & féal Chevalier Garde des sceaux de France, le sieur DEMACHAULT, Commandeur de nos Ordres; le tout à peine de nullité des Présentes; du contenu desquelles vous mandons & enjoignons de faire jouir ledit Exposant & ses ayans cause pleinement & paisiblement, sans souffrir qu'il leur soit fait aucun trouble ou empêchement. Voulons qu'à la copie des Présentes qui sera imprimée tout au long au commencement ou à la fin desdits ouvrages, foi soit ajoutée comme à l'original. Commandons au premier Huissier ou Sergent sur ce requis de faire pour l'éxécution d'icelles tous Actes requis ou nécessaires, sans demander autre permission, & nonobstant Clameur de Haro, Charte Normande, & Lettres à ce contraires; CAR tel est notre plaisir. Donné à Arnouville le vingt-cinquiéme jour du mois de Juin, l'an de grace mil sept cens cinquante-un, & de notre Regne le trente-sixiéme. Par le Roi en son Conseil.

Signé, SAINSON.

Regiſtré ſur le Regiſtre XII. de la Chambre Royale des Libraires & Imprimeurs de Paris, Numero 623. fol. 426. conformément aux anciens Reglement confirmés par celui du 28 Février 1723. A Paris le 9 Juin 1751.

LE GRAS, Syndic.

LETTRE DU REVEREND PERE
Dom Augustin Calmet, *Abbé de Sénones, à M. de Bure l'aîné, Libraire à Paris.*

MONSIEUR ;

J'ai reçu le *Traité Historique & Dogmatique sur les Apparitions, les Visions & les Révélations particulieres, avec les Observations sur les Dissertations du Révérend Pere Dom Calmet, Abbé de Senones, sur les Apparitions & les Revenans. A Avignon* 1751. *par M. l'Abbé Lenglet du Frenoy.*

J'ai parcouru cet Ouvrage avec plaisir. M. Du Frenoy a voulu y mettre à profit ce qu'il avoit écrit il y a cinquante-cinq ans, comme il le dit lui-même, au sujet des visions & de la vie de Marie d'Agreda dont on parloit alors, & dont on parle encore à présent d'une maniére si indécise. M. Du Frenoy avoit entrepris alors d'examiner la chose à fond, & d'en faire voir les illusions ; il est encore tems d'en donner son sentiment, puisque l'Eglise ne s'est point déclarée sur l'Ouvrage, sur la vie & sur les visions de cette fameuse Abbesse Espagnole.

Ce n'est que par occasion qu'il a composé ses Remarques sur mes Dissertations, sur les Apparitions & sur les Vampires. Je n'ai pas lieu de m'en plaindre; il a gardé envers moi les régles de la politesse & de la bienséance, & je tâcherai de l'imiter dans ce que je dirai pour ma défense. Mais s'il avoit lû la seconde édition de mon Ouvrage fait à Einsidlen en Suisse en 1749. la troisiéme faite en Allemand à Ausbourg en 1750. & la quatriéme à laquelle vous travaillez actuellement, il se seroit épargné la peine de censurer plusieurs passages, que j'ai corrigés, réformés, supprimés ou expliqués moi-même.

Si j'avois voulu grossir mon Ouvrage, j'aurois pû y ajoûter des régles, des remarques & des réflexions, & une infinité de faits. Mais je serois par-là tombé dans l'inconvénient qu'il semble avoir reconnu lui-même, lorsqu'il dit qu'il a peut être mis dans son Ouvrage trop de ces régles & de ces remarques; & je suis persuadé que c'est en effet ce que l'on lira le moins, & dont on fera le moins d'usage (a).

(a) Dom Calmet a bien mauvaise opinion

On sera bien plus frappé des histoires tirées avec affectation de Thomas de Cantimpré & de Cesarius, dont les Ouvrages sont décriés par tout, & qu'on n'ose plus citer sans les exposer à la risée. On ne lira que trop avec plaisir ce qu'il rapporte des Apparitions de Jesus-Christ à S. François d'Assise sur l'Indulgence de la Partioncule, & des particularités de l'établissement des Peres Carmes & de la Confrairie du Scapulaire par Simon Stock, à qui la Sainte Vierge donna elle-même le Scapulaire de l'Ordre. On verra dans son Ouvrage qu'il y a peu d'établissement & de société Religieuse, qui ne soit fondée sur quelques visions & révélations. Il sembloit même que la chose étoit nécessaire pour la propagation de certains Ordres & de certaines Congrégations ; en sorte qu'on faisoit *assaut de ces sortes de Révélations*, & que c'étoit à qui en produiroit en plus grand nombre & de plus extraordinaires, pour les accréditer.

 Je ne me sçaurois persuader qu'il

du Public, de croire qu'il fasse si peu de cas de ce qu'il y a peut-être de meilleur & de plus sensé dans ce livre. Les gens sages en pensent tout autrement que lui.

ait rapporté férieufement la prétendue Apparition de S. François à Erafme. On comprend fort bien que c'eft là une badinerie d'Erafme, qui a voulu fe divertir aux dépens des P. res Cordeliers. Mais on ne peut lire fans peine la maniére dont il traite plufieurs Peres de l'Eglife, comme S. Grégoire le Grand, S. Grégoire de Tours, S. Sulpice Sévére, Pierre le Vénérable Abbé de Cluny, S. Anfelme, le Cardinal Pierre Damien, S. Athanafe même & S. Ambroife (a), par rapport à leur crédulité, & au récit qu'ils nous ont donné de plufieurs apparitions & vifions, dont on fait peu de cas aujourd'hui; j'en dis de même de ce qu'il raconte des vifions de fainte Elifabeth de Schonaw, de fainte Hildegrade, de fainte Gertrude, de fainte Mecthilde, de fainte Brigide, de fainte Catherine de

(a) Ni Grégoire de Tours, ni Sulpice Sévere, ni Pierre le Vénérable ou Pierre Damien, n'ont jamais été mis en parallele avec les Peres de l'Eglife. A l'égard de ceux-ci, il a toujours été permis, fans manquer au refpect qui leur eft dû, de relever dans leurs écrits certaines foibleffes, quelquefois même des erreurs, comme l'Eglife l'a fait en condamnant les Millénaires, &c.

Sienne, &c. à peine fait-il grace à celles de fainte Théréfe.

N'auroit-il pas mieux valu laiffer le monde à cet égard comme il eft (a), que de remuer les cendres de tant de faints Perfonnages & de faintes Religieufes, dont la vie eft en bénédiction dans l'Eglife, & dont les écrits & les révélations ont fi peu d'influence fur le falut & fur les mœurs du commun des Fideles ? De qu'elle utilité pour l'Eglife que l'on reléve les œuvres des Contemplatifs, des Thaulers, des Rufbrocs, des Barthelemis de Pife, de S. Vincent Ferrier, de S. Bernardin de Sienne, de Henri Harphius, de Pierre de Natalibus, de Bernardin de Buftis, de Ludolphe le Chartreux, & d'autres Auteurs de ce genre, dont les écrits font fi peu lûs & fi peu connus, dont les fectateurs font en fi petit nombre, & ont fi peu de crédit dans le monde & même dans l'Eglife ?

M. l'Abbé du Frenoy reconnoit les vifions & les révélations qui font clairement marquées dans l'Ecriture; mais n'y a-t'il pas lieu de craindre, que certaines gens n'y appliquent les regles de critique qu'il emploie contre

(a) Excellente maxime pour fomenter la crédulité, & nourrir la fuperftition.

les visions des Saints & Saintes dont il parle dans son Ouvrage, & qu'on ne dise, par exemple, que Jérémie s'est laissé aller à son humeur chagrine, & Ezéchiel à son tempérament caustique & mordant, pour prédire des choses tristes & désagréables au peuple Juif (a)?

On sçait combien de contradictions les Prophetes ont essuyées de la part des Juifs, & qu'en particulier (b) ceux d'Anathon avoient résolu de faire mourir Jérémie leur compatriote, pour l'empêcher de prophétiser au nom du Seigneur. A qu'elles persécutions n'a-t'il pas été exposé lui & Baruch son Disciple, pour avoir parlé au nom du Seigneur ? Le Roi Joakim fils de Josias ne jetta-t'il pas au feu le livre de Baruch (c), après l'avoir percé d'un canif en haine des vérités qu'il lui annonçoit ?

Les Juifs alloient quelquefois jusqu'à les insulter dans leurs maisons, jusqu'à leur dire (d) : *Ubi est verbum Domini ? Veniat ;* & ailleurs : *formons des desseins contre Jérémie ; car les Prêtres*

(a) Quel parallele ! Pourroit-on le faire sans renoncer au sens commun ?
(b) Jérémie, XXI. 21.
(c) Jérémie, XXXVI.
(d) Jérémie, XVII. 15.

ne manqueront point de citer la loi, & les Prophetes ne manqueront point d'alleguer les paroles du Seigneur: venez; attaquons-le à coups de langue, & n'ayons aucun égard à ses discours.

Isaïe n'a point essuyé de moindres contradictions, ni de moindres insultes, les Juifs libertins étant allés jusqu'en sa maison lui dire avec insolence: (a) *Manda, remanda, expecta, reexpecta, modicum i i & modicum ibi*; comme pour se railler de ses menaces.

Mais tout cela n'a pas prévalû, & ne prévaudra jamais contre la vérité & la parole de Dieu; la fidéle & exacte exécution des menaces du Seigneur a justifié & justifiera toujours les prédictions & les visions des Prophétes. Les portes de l'Enfer ne prévaudront pas contre l'Eglise Chrétienne, & la parole de Dieu triomphera de la malice de l'Enfer, de l'artifice des hommes corrompus, des libertins, & de toute la subtilité des prétendus esprits forts; les vraies & réelles visions, révélations & apparitions porteront toujours en elles-mêmes le caractére de vérité, & serviront à détruire celles qui sont faus-

(a) Isaï. XXVIII. 10.

ses, & qui viennent de l'esprit d'erreur & de séduction.

Pour venir à présent à ce qui me regarde en particulier, M. Du Frenoy dit (*a*) que le Public a été frappé, de ce que, au lieu de faire précéder mes preuves sur le fait des apparitions, je les ai mises à la suite de ces mêmes apparitions, & que je ne me suis pas assez étendu sur l'article de ces preuves.

Je vais rendre compte au Public de ma méthode & de mon dessein. M'étant proposé de prouver la vérité, la réalité, & par conséquent la possibilité des apparitions, j'en ai rapporté un grand nombre d'exemples authentiques tirés de l'Ancien & du Nouveau Testament; ce qui forme une preuve complette de mon sentiment: car la certitude des faits emporte ici la certitude du dogme.

Après cela j'ai rapporté des exemples & des sentimens tirés des Hébreux, des Musulmans, des Grecs & des Latins, pour assurer la même vérité. Je n'ai garde de mettre en parallele ces témoignages avec ceux de l'Ecriture qui ont précédé. Mon objet en cela a été de montrer, que de tout tems, & parmi toutes

―――――――――
(*a*) Tome 2. pag. 92. & suivantes.

les nations policées, le sentiment de l'immortalité de l'ame, de son existence après la mort, de son retour & de ses apparitions, est une de ces vérités que la longueur des siécles n'a pû effacer de l'esprit des peuples.

Je tire la même conséquence des exemples que j'ai rapportés, & dont je ne prétends pas garantir la vérité ni la certitude. J'abandonne volontiers tous les faits qui ne sont pas révélés, à la censure & à la critique ; je ne tiens pour vrai que ce qui l'est en effet.

M. Du Frenoy trouve que la preuve que je tire pour l'immortalité de l'ame de l'apparition des Ames après la mort du corps, que cette preuve n'est pas assez solide ; mais elle est certainement des plus sensibles & des plus à portée de la plûpart des hommes : elle fera plus d'impression sur eux, que les raisons tirées de la Philosophie & de la Métaphysique. Je ne prétends pas pour cela donner atteinte aux autres preuves de la même vérité, ni affoiblir un dogme si essentiel à la Religion.

Il s'étend à prouver (a) que le sa-

_____
(a) Page 55.

lut de l'Empereur Trajan n'est pas une chose que la Religion Chrétienne puisse approuver. J'en conviens avec lui; & il étoit assez inutile de se mettre en frais pour le démontrer (a).

Il parle du jeune homme de Delme, qui étant tombé en syncope, y demeura quelques jours; on l'en fit revenir, & il lui en resta une langueur qui le conduisit enfin à la mort au bout de l'année. C'est ainsi qu'il tourne cette histoire.

M. Du Frenoy déguise un peu la chose; & quoique je ne croie point que le Diable ait pû rendre la vie à ce jeune homme, cependant les Auteurs originaux & contemporains que j'ai cités, soutiennent que le Démon a eu beaucoup de part à cet évenement (b).

Ce qui m'a principalement détourné de donner des regles & de prescrire une méthode pour discerner les vraies des fausses apparitions, c'est que je suis très-persuadé que la maniére dont elles

---

(a) Il est vrai que ce que Dom Calmet en avoit dit dans sa première édition, qui est la seule que M. Lenglet a vûe, a été corrigé dans les suivantes.

(b) Mauvais fondement; Auteurs crédules, ou intéressés.

arrivent, nous est absolument inconnue; qu'elle enferme des difficultés insurmontables ; & qu'à ne consulter que la raison & les regles de la Philosophie, je serois plus porté à les croire impossibles qu'à en assurer la vérité & la possibilité. Mais je suis retenu par le respect des Saintes Ecritures, par le témoignage de toute l'Antiquité & par la tradition de l'Eglise.

   Je suis très-parfaitement, Monsieur, votre très-humble & très-obéissant serviteur, D. A. CALMET, Abbé de Sénones.

PERMISSION

Du Président Supérieur Général de la Congrégation de S. Vanne & de S. Hidulphe.

NOus, Dom Sebastien Guillemin, Président & Supérieur Général de la Congrégation de S. Vanne & S. Hidulphe, Ordre de S. Benoît ; sur la communication que le très-Révérend Pere Dom Augustin Calmet Abbé de Sénones nous a faite du deſſein qu'il avoit de donner au Public deux Diſſertations qu'il a compoſées, l'une ſur les *Apparitions des Eſprits*, l'autre touchant les *Vampires ou Revenans de Hongrie*, perſuadés que rien ne pouvoit ſortir de la plume de ce célebre Auteur, que de très-recherché & très-inſtructif, avons permis, & par ces préſentes permettons audit très-Révérend Pere Abbé de faire imprimer leſdites Diſſertations, après néanmoins en avoir obtenu les Approbations & Permiſſions ordinaires. Donné en notre Abbaye de S. Manſuy lez-Toul le 18 Janvier 1746. ſous le ſcel ordinaire de notre Office, de notre Sein manuel, & de celui de notre Chancelier.

D. Sebaſtien Guillemin, Préſident.

Par ordonnance du très-R. P. Préſident. D. Jean Magron, Chancelier.

APPROBATION.

J'AI lû par ordre de Monſeigneur le Chancelier un manuſcrit qui a pour titre: *Diſſertations ſur les Apparitions des Anges, des Démons & des*

Esprits, & sur les Revenans & Vampires. Cette matiére demandoit de la recherche & de la critique : l'Auteur si connu dans la République des Lettres paroît n'avoir épargné aucun travail pour se mettre au fait de ce qui concerne le sujet qu'il traite ; ses sages réflexions prouveront également sa judicieuse critique. Elle mettra sans doute le Lecteur à l'abri d'une vaine crédulité, qui porte à tout croire, & d'un Pyrrhonisme dangereux, qui porte à douter de tout.

En Sorbonne, le 16 Décembre 1745. DE MARCILLY.

APPROBATION.

J'AI lû par ordre de Monseigneur le Chancelier les *Dissertations sur les Apparitions des Anges, des Démons, des Esprits, & sur les Vampires*, avec des augmentations, par D. Augustin Calmet ; je n'y ai rien trouvé qui doive en empêcher l'impression. Fait à Paris ce 23 Janvier 1751.

GEINOZ.

PRIVILEGE DU ROI.

LOUIS, par la Grace de Dieu, Roi de France & de Navarre, à nos Amés & féaux Conseillers les Gens tenans nos Cours de Parlement, Maîtres des Requêtes ordinaires de notre Hôtel, Grand-Conseil, Prevôt de Paris, Baillifs, Sénéchaux, leurs Lieutenans-Civils & autres nos Justiciers qu'il appartiendra, SALUT. Notre Amé JEAN DE BURE l'aîné, Libraire, ancien Adjoint de sa Communauté, Nous a fait exposer qu'il désireroit faire imprimer & donner au Public un Ouvrage qui a pour titre: *Dissertation du Pere Calmet, sur les Apparitions des Anges, des Démons, & des Esprits, & sur certains effets qui paroissent surnaturels*; s'il nous plaisoit lui accorder nos Lettres de Privilege sur ce nécessaires. A ces causes, voulant favorablement traiter l'Exposant, Nous lui avons permis & permettons par ces Présentes, de faire imprimer ledit Ouvrage en un ou plusieurs volumes, & autant de fois que bon lui semblera, & de le vendre, faire vendre & débiter par tout notre Royaume pendant le tems de six années consécutives, à compter du jour de la datte desdites Présentes : Faisons défenses à tous Libraires, Imprimeurs & autres personnes de quelque qualité & condition qu'elles soient, d'en introduire d'impression étrangere dans aucun lieu de notre obéissance; comme aussi d'imprimer, faire imprimer, vendre, faire vendre, débiter, ni contrefaire ledit Ouvrage, ni d'en faire aucun extrait, sous quelque prétexte que ce soit, d'augmentation, correction, changement ou autres, sans la permission expresse, & par écrit, dudit Exposant ou de ceux qui auront droit de lui, à peine de confiscation des Exemplaires contrefaits, de trois mille livres d'amende contre chacun des contrevenans, dont un tiers à Nous, un tiers à l'Hôtel-Dieu de Paris, l'autre tiers audit Exposant, ou à celui qui aura droit de lui, & de tous dépens, dommages & intérêts; A la charge que ces Présentes seront enregistrées tout au long sur le Regiftre de la Communauté des Libraires & Imprimeurs de Paris, dans trois mois de la date d'icelles; que l'impression desdits Ouvrages sera faite dans notre Royaume & non ailleurs, en bon papier, & en beaux caracteres, conformément à la feuille imprimée attachée pour modele sous le contre-scel desdites Présentes; que l'Impétrant se conformera en tout aux Reglemens de la Librairie, & notamment à celui du 10 Avril 1725. qu'avant de les exposer en vente, le manuscrit qui aura servi de copie à l'impression desdits Ouvrages, sera remis dans le même état où l'Approbation y aura été donnée, ès mains de notre très-cher & féal Chevalier, le sieur Daguesseau, Chancelier de France, Commandeur de nos Ordres; & qu'il en sera ensuite remis deux Exemplaires dans notre Bibliotheque publique, un dans celle de notre Château du Louvre, & un dans celle de notre très-cher & féal Chevalier, le sieur Daguesseau Chancelier de France; le tout à peine de nullité des Présentes: du contenu desquelles vous mandons & enjoignons de faire jouir ledit Exposant, & ses Ayans cause, pleinement & paisiblement, fans fouffrir qu'il leur foit fait aucun trouble ou empêchement. Voulons que la copie des Préfentes, qui fera imprimée tout au long au commencement ou à la fin defdits Ouvrages, foit tenue pour duement fignifiée, & qu'aux copies collationnées par l'un de nos amés & féaux Confeillers & Secretaires, foi foit ajoûtée comme à l'Original. Commandons au premier notre Huiffier ou Sergent fur ce requis, de faire pour l'exécution d'icelles tous actes requis & néceffaires, fans demander autre permiffion, & nonobftant clameur de Haro, Charte Normande, & Lettres à ce contraires; Car tel eft notre plaifir. Donné à Paris le dix-huitiéme jour du mois de Janvier, l'an de grace mil fept-cens quarante-fix, & de notre Régne le trente-uniéme. Par le Roi en fon Confeil.

SAINSON.

Régiftré fur le Régiftre 12 de la Chambre Royale des Libraires & Imprimeurs de Paris, N°. 563. fol. 402. conformément aux anciens Réglemens, confirmés par celui du 28 Février 1724. A Paris ce 22 Janvier 1746.

Signé VINCENT, Syndic.

www.ingramcontent.com/pod-product-compliance
Lightning Source LLC
Chambersburg PA
CBHW050603230426
43670CB00009B/1243